Rural Revitalization

国家住宅与居住环境工程技术研究中心 发布
CHINA NATIONAL ENGINEERING RESEARCH CENTER FOR HUMAN SETTLEMENTS



Report and Implementation Guidebook for Village and Town Construction and Development

# 乡村振兴：
# 村镇建设发展报告与实施指南

**主 编** 焦 燕 贾子玉 张 蔚
**副主编** 蔡伟光 陈明曼

中国建材工业出版社

**图书在版编目（CIP）数据**

乡村振兴：村镇建设发展报告与实施指南 / 焦燕，贾子玉，张蔚主编 . -- 北京：中国建材工业出版社，2023.3

ISBN 978-7-5160-3645-7

Ⅰ. ①乡… Ⅱ. ①焦… ②贾… ③张… Ⅲ. ①城乡建设—研究—中国 Ⅳ. F299.21

中国版本图书馆 CIP 数据核字（2022）第 244614 号

**乡村振兴：村镇建设发展报告与实施指南**

Xiangcun Zhenxing: Cunzhen Jianshe Fazhan Baogao yu Shishi Zhinan

主　编　焦　燕　贾子玉　张　蔚

副主编　蔡伟光　陈明曼

出版发行：中国建材工业出版社

地　　址：北京市海淀区三里河路 11 号

邮政编码：100831

经　　销：全国各地新华书店

印　　刷：北京印刷集团有限责任公司

开　　本：787mm×1092mm　1/16

印　　张：13.25

字　　数：200 千字

版　　次：2023 年 3 月第 1 版

印　　次：2023 年 3 月第 1 次

**定　　价：128.00 元**

---

**本社网址：www.jccbs.com，微信公众号：zgjcgycbs**

**请选用正版图书，采购、销售盗版图书属违法行为**

# 序　言

PREFACE

乡村振兴的释义就是大力发展乡村，使之兴旺强盛。

然而，如今有哪个领域不提振兴呢？我想在众多需要振兴的领域中，乡村振兴是最为迫切也是最为艰巨的。

本书将研究课题的成果《乡村振兴：村镇建设发展报告与实施指南》呈现给读者，系统列举了从中央到地方的方针政策，构建了村镇建设发展的指标体系，以绿色宜居低碳为导向提出村镇建设的发展目标，并给出五个典型案例，内容非常丰富，对于各地为乡村振兴而开展的村镇建设具有重要的指导意义。

20 世纪 70 年代，我作为知识青年在农村插队落户，对我国的农村有一些切身体会。在当时特殊的历史背景下，很多知识青年抱有一个消灭三大差别的理想，即所谓的“工农差别、城乡差别、体力劳动和脑力劳动的差别”，这是二元化社会留给我最深的烙印，今天的乡村振兴与当年的三大差别有多少关系呢？近些年，我们这些变老的知青偶尔也会结伴回到村里去转一转。农村已今非昔比，发生了巨大的变化，不用说知青的根已经难寻，就是土生土长的农民也很少有根的概念，特别是年轻一代，他们对家乡的感情更淡薄了，离土离乡成为新一代的潮流，这应该是对乡村振兴的最大挑战。

乡村振兴，首先是人的振兴，离不开当地的原住民，也离不开新时期生产方式的变革所带来的新住民，在大力发展城镇化的同时，如何把人和人心留在乡村是振兴的关键所在。本书提出的从经济与产业、区位与交通、资源禀赋与生态环境、基础设施与公共服务、政策制度与公共管理五个特征维度提炼典型发展模式，为乡村振兴贡献了一种思路。

乡村振兴任重道远，也只有实现乡村振兴才能实现国家振兴。

中国建筑设计研究院有限公司原顾问总建筑师

国家住宅与居住环境工程技术研究中心原主任

刘燕辉

# 前 言

FOREWORD

为解决我国城乡之间发展不平衡不充分的问题，2017 年 10 月，党的十九大报告中首次提出实施乡村振兴战略。2018 年 9 月，中共中央、国务院进一步印发《乡村振兴战略规划（2018—2022 年）》（以下简称《规划》），对优先发展农业农村、全面推进乡村振兴作出重大决策部署。期间，为配合《规划》落地实施，科技部设立国家重点研发计划“绿色宜居村镇技术创新”重点专项，以建设绿色宜居村镇为导向展开技术攻关，推动我国村镇领域技术创新，培育农村发展新动能。本书内容就出自该专项下设项目“村镇建设发展模式与技术路径研究”（2018YFD1100200）的研究成果。

本书旨在系统梳理乡村振兴战略实施以来我国村镇的建设发展情况，对典型村镇的建设情况加以评估，制定中长期发展目标并围绕目标进行工作指导，具体内容包含以下四个部分：

第一部分，从《规划》发布以来中央部委出台的政策文本出发，对我国村镇建设发展的关键要素进行梳理，并结合实地调研和宏观统计数据分析对村镇未来的发展趋势进行研判。这部分内容主要着眼于村镇建设现状的分析与总结，帮助了解我国政策工具的应用情况和把握未来的发展方向。

第二部分，构建村镇建设发展指标体系，通过模型算法对村镇进行典型特征刻画及发展模式分类，并加以综合评估。这部分内容主要通过学术方法尝试提炼村镇典型特征，达到直观呈现便于比对的目的，成果内容可为村镇建设决策提供辅助工具，方便后期进行分类指导和经验借鉴学习。

第三部分，以绿色宜居低碳为导向，提出不同时间节点下村镇建设的发展目标，并围绕九个细分工作领域给出具体的实施路径。这部分内容主要围绕目前村镇规划建设的工作领域展开，目的在于切实指导地方村镇建设相关部门开展具体工作，以实现资源集约利用、产业创新融合、生态环境友好、社会文明和谐、信息高效通达，达到乡村振兴的长远目标。

第四部分，我们选取项目组协同调研的五个代表性案例以供参考。这五个案例覆盖了不同地域、气候区、发展类型的村镇，调研内容涵盖总体规划、工程管理、基础设施与公共服务设施配置、农房建设等方方面面，如实反映了当下我国部分村镇的建设发展情况。

在“十四五”时期和《乡村振兴战略规划（2018—2022年）》收官之际推出这本书，我们期盼本书对后续乡村振兴工作能起到指导和借鉴作用，希望书中的研究成果，能够切实有效地优化村镇建设的战略布局，推广绿色集约的建设模式，保障并改善人居环境质量，从而实现科学决策、高效发展、优化环境、改善民生的长远目标。

国家住宅与居住环境工程技术研究中心总工程师

# 目　录

CONTENTS

# 1 政策分析与趋势研判

# 1.1 乡村振兴背景下村镇建设发展相关国家政策研究

## 1.1.1 背景

当前，全球新冠病毒感染影响仍在，世界经济复苏疲软，气候变化挑战突出，我国城乡社会经济发展建设的任务繁重艰巨。乡村振兴和农村建设是对中国特色社会主义农业农村工作的战略部署，与新型城镇化战略构成耦合协同的“双轮驱动”机制，直接关系到我国社会经济基本盘的稳定和综合国力的可持续提升，在当下的重要性毋庸置疑。

2004 年至今，国家连续颁布的中央一号文件都聚焦在农业农村领域，乡村建设经历了从新农村、美丽乡村建设到乡村振兴建设的不同阶段，发展目标逐渐走向特色产业发展、绿色低碳宜居、乡土文化传承等全面振兴的方向。2017 年 10 月，习近平总书记在党的十九大报告中指出，农业农村农民问题是关系国计民生的根本性问题，必须始终把解决好“三农”问题作为全党工作的重中之重，实施乡村振兴战略。2018 年 1 月，中共中央、国务院正式发布《关于实施乡村振兴战略的意见》，全面打响大规模推进农业农村建设的战役。2018 年 9 月，中共中央、国务院印发了《乡村振兴战略规划（2018—2022 年）》，对农业农村工作进行了全面部署。乡村振兴战略发布后，国家聚焦“产业兴旺、生态宜居、乡风文明、治理有效、生活富裕”的总体要求，围绕着“绿色宜居村镇”“乡村建设”“城乡融合发展”“县域新型城镇化”等主题陆续出台了一系列不同领域、类型的政策文件，对乡村振兴的方向、路线、内容起到了至关重要的指引作用。

我国城乡建设发展经历了从二元分割到统筹融合的多个阶段，广大乡村地区在自然地理、文化经济等方面存在着显著差异，选择科学适用、协同有效的政策工具对于指导解决复杂的乡村建设发展问题非常关键。基于政策工具视角对村镇发展建设进行研究十分必要，本书融合了农村产业经济、基础设施建设、金融财政税收等行业领域，对村镇发展建设政策体系展开全局性和系统性的研究。对于政策内容的分析，本书不仅聚焦于政策数量内容基本计量和政策参与部门结构，还注重于村镇发展建设政策分析模型的构建，强调对政策力度、工具类型、政策目标、建设要素等维度的交叉、综合分析。

我国目前农业农村领域很多工作的决策权限在县级行政单位，因此研究涉农政策需要包含县级。中共中央办公厅、国务院印发的《关于推进以县城为重要载体的城镇化建设的意见》明确提出“增强县城综合承载能力”“以县域为基本单元推进城乡融合发展，发挥县城连接城市、服务乡村作用，增强对乡村的辐射带动能力”等战略指导方针，进一步将城乡关系和农村发展推入转型重构的新阶段。在我国第十四个五年计划的开端之年和《乡村振兴战略规划（2018—2022 年）》收官之际，从中央部委出台的政策文本出发对我国乡村振兴背景下村镇建设发展关键要素和政策工具运用情况进行梳理和分析，对后续乡村振兴工作具有重要指导意义。

## 1.1.2 村镇建设发展政策三维分析框架构建

### 1. 政策工具文献综述

政策工具是政府治理的手段和途径，是政策目标和结果之间的桥梁，也是了解公共政策网络、政策衔接和政策过程的重要窗口。根据研究目的的差异，可将政策工具的研究分为对一般性政策工具的研究和对某一特殊政策领域政策工具的研究，前者注重对于政策工具的类型、特征、适用环境的分析，后者则关注具体政策的实践性和实施评估等内容。对于政策工具类型学的研究基础深厚，学者们基于不同学科角度的界定和分类提出了多种经典政策工具分类方法，其中影响力较大且应用广泛的包括：M.Howlett 和 M.Ramesh 基于政府对政策介入的强制性程度将政策工具分为自愿型、强制型和混合型；L.M. McDonnel 和 R.F.Elmore 基于工具目的将其分为命令型、激励型、能力建设型、系统变化型；R.Rothwell 和 W. Zegeld 基于供需差异将政策工具分为环境型、供给型和需求型。其中，R.Rothwell 和 W.Zegeld 的工具分类方法被广泛地应用于农业农村建设发展及其他领域，在该分类方法的视角下，政府功能不仅在于控制干预供给和需求的关系，更注重政策实施过程中的环境营造作用，对实现政策目标具有整体综合的推动作用，契合我国政府对于乡村治理“简政放权、放管结合、优化服务”的职能改革方向，适合用来分析我国的涉农政策。

2. 政策分析三维框架构建

为实现较为清晰系统地反映政策体系结构、内容建设和协同情况的目标，从而对未来政策优化路径提供科学支撑，本书通过构建“建设要素—工具类型—政策力度”政策分析三维框架，对村镇建设发展政策工具的组合与选择进行研究（图 1-1，表 1-1）。

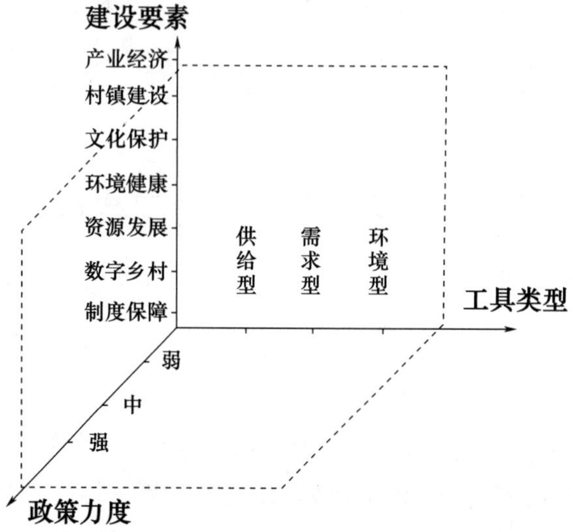


图 1-1　村镇建设发展政策三维分析框架

**表 1-1　村镇建设发展政策三维分析框架具体内容**

| 维度 | 一级分类 | 具体内容 |
| --- | --- | --- |
| 建设要素 | 产业经济 | 一产、二产、三产建设及产业融合发展 |
| | 村镇建设 | 总体规划布局、基础设施配建、公共服务供给、农房建设 |
| | 文化保护 | 物质和非物质文化保护 |
| | 环境健康 | 自然生态与人居环境保护修复，环境健康防疫防灾 |
| | 资源发展 | 资源节约利用、新能源发展与生产生活低碳转型 |
| | 数字乡村 | 数字基础设施建设与相关信息化服务供给 |
| | 制度保障 | 土地政策、财政金融政策、人才培养政策与社会保障管理 |
| 工具类型 | 环境型政策工具 | 管理规章制度、目标规划、财政税收支撑 |
| | 供给型政策工具 | 土地、资金、人才、科技、基础设施、公共服务 |
| | 需求型政策工具 | 直接采购、服务外包、示范工程建设 |
| 政策力度 | 强 | 国务院颁布的暂行条例、意见、方案及各部委颁布的条例、规定、决定 |
| | 中 | 各部委的意见、办法、规划、方案、纲要、细则、暂行规定 |
| | 弱 | 各部委颁布的通知、公告 |

（1）建设要素维度

结合乡村振兴建设工作的部门和领域分工，村镇发展建设要素可分类为：产业经济、村镇建设、文化保护、环境健康、资源发展、数字乡村和制度保障七个方面，基本涵盖了农业农村建设发展的全部内容。其中产业经济包括一产、二产、三产建设及产业融合发展；村镇建设包括总体规划布局、基础设施配建、公共服务供给、农房建设；文化保护包括对历史文化名镇名村、传统村落、历史建筑等历史文化物质载体的保护，以及对民俗文化、非遗等非物质历史文化的保护传承；环境健康包括自然生态与人居环境保护修复，以及环境健康防疫防灾；资源发展包括资源节约利用、新能源发展与生产生活低碳转型；数字乡村包括新一代数字基础设施建设与相关信息化服务供给；制度保障包括土地政策、财政金融政策、人才培养政策与社会保障管理。本书根据政策文件主要关注领域确定要素分类，《乡村振兴战略规划（2018—2022年）》《全面推进乡村振兴加快农业农村现代化的意见》等文件包含了全部七类建设要素，归类为综合性文件。

（2）工具类型维度

根据我国政府职能向“放管服”转变的趋势和乡村振兴的政策特点，本书采用R.Rothwell和W.Zegeld的工具分类方法构建政策工具类型维度，包含供给型、需求型、环境型。其中环境型政策工具指政府从顶层设计出发，通过在理论和制度环境层面的宏观引导为政策实施营建有利环境，其特点是规范性和约束性较强，具体包括管理规章制度、目标规划、财政税收支撑等。供给型政策工具指政府以直接提供资源的形式推动乡村建设发展，资源包括土地、资金、人才、科技、基础设施和公共服务等。需求型政策工具主要体现为政府市场机制下通过利用市场供需关系减少农业农村发展障碍，推动乡村振兴发展，具体包括政府直接采购、服务外包、示范工程建设等。

（3）政策力度维度

政策力度体现了政策的重要程度，一般根据我国行政权力等级结构和政策类型等级进行评级。本书政策发文主体包括国务院和各部委，政策文件主要类型包括条例、意见、办法、方案、通知、规划纲要等。根据政策文件收录特征，政策力度可分为三个等级，由强到弱分别为：国务院颁布的暂行条例、意见、方案及各部委颁布的条例、规定、决定；各部委的意见、办法、规划、方案、纲要、细则、暂行规定；各部委颁布的通知、公告。

## 1.1.3 研究范围与数据来源

2018年1月，中共中央、国务院正式发布《关于实施乡村振兴战略的意见》，开启了全面大规模推进农业农村建设的工作。这里以国务院政策文件库中的部门文件与公报为基础，考虑研究主题与政策工具分析的有效性，分析数据筛选遵循了以下原则：

（1）政策文件标题检索关键词为“乡村振兴”“乡村发展”“村镇建设”“县建设”“城乡建设”“人居环境”；（2）政策文件公开发布，发文机关为中央部委、其直属机构及管理的国家局等，主要包括中共中央、国务院、国家发展改革委、住房城乡建设部、农业农村部、自然资源部、财政部等；（3）政策发布时间为 2018 年 1 月—2022 年 6 月；（4）政策文件主要类型为国务院文件、国务院部门文件、国务院公报，具体类型为意见、办法、方案、通知、规划纲要等，不包含答复、转发、复函、政策解读等文件。最终形成乡村振兴背景下村镇建设发展相关国家政策文件数据库，共包含文件数量 202 份（表 1-2）。

**表 1-2　政策文件数据库（部分截取）**

| 文件名称 | 牵头部委 | 发布年 |
|---|---|---|
| 关于实施乡村振兴战略的意见 | 中共中央 国务院 | 2018 |
| 农村人居环境整治三年行动方案 | 中共中央 国务院 | 2018 |
| 关于进一步加强村庄建设规划工作的通知 | 住房城乡建设部 | 2018 |
| …… | …… | …… |
| 关于坚持农业农村优先发展做好“三农”工作的若干意见 | 中共中央 国务院 | 2019 |
| 关于促进乡村产业振兴的指导意见 | 国务院 | 2019 |
| 农田建设项目管理办法 | 农业农村部 | 2019 |
| …… | …… | …… |
| 关于抓好“三农”领域重点工作确保如期实现全面小康的意见 | 中共中央 国务院 | 2020 |
| 关于印发全国乡村产业发展规划（2020—2025 年）的通知 | 农业农村部 | 2020 |
| 关于公布 2020 年优势特色产业集群建设名单的通知 | 农业农村部 财政部 | 2020 |
| …… | …… | …… |
| 关于全面推进乡村振兴加快农业农村现代化的意见 | 中共中央 国务院 | 2021 |
| 关于加强县城绿色低碳建设的意见 | 住房城乡建设部等 | 2021 |
| 关于印发中央财政衔接推进乡村振兴补助资金管理办法的通知 | 财政部等 | 2021 |

续表

| 文件名称 | 牵头部委 | 发布年 |
|---|---|---|
| …… | …… | …… |
| 关于做好二〇二二年全面推进乡村振兴重点工作的意见 | 中共中央 国务院 | 2022 |
| 关于推进以县城为重要载体的城镇化建设的意见 | 中共中央 国务院 | 2022 |
| 乡村建设行动实施方案 | 中共中央 国务院 | 2022 |
| …… | …… | …… |

## 1.1.4 政策文本分析

### 1. 基本统计

发布主体：对独立和牵头发布政策的中央部委主体进行统计分析，发文数量排名前五的分别是住房城乡建设部、农业农村部、中共中央、财政部以及国家发展改革委，共占发文总数的 65%（图 1-2）。

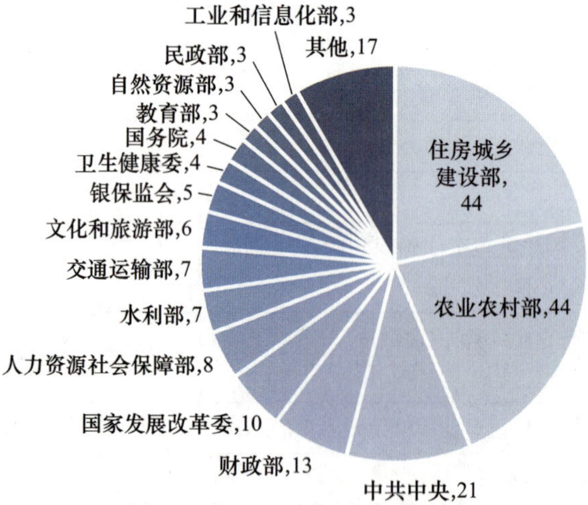


图 1-2 政策发布主体数量

建设要素：发文数量前三的分别是村镇建设、制度保障与产业发展，分别占发文总数的 32%、31% 和 14%（图 1-3）。

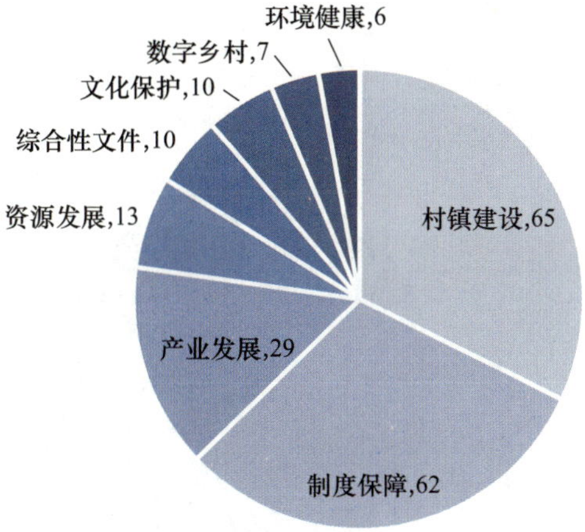


图 1-3　政策建设要素数量

细分建设要素数量和逐年发布情况：一产农业发展、基础设施建设、公共服务建设、资源发展、农房建设是历年政策的关注重点，近五年每年发文数量均较多；此外，数字乡村、财政金融、人才培养、社会保障与管理逐渐成为乡村振兴建设的重点特色领域；相比之下，农村土地管理制度、三产融合和环境健康方面政策数量较少（图 1-4）。

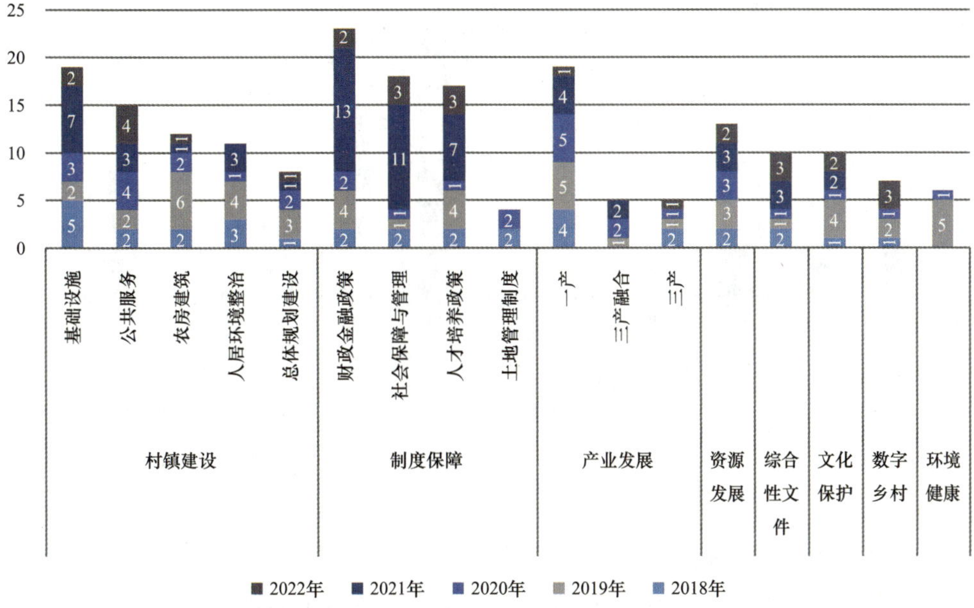


图 1-4　细分建设要素数量和逐年发布情况

工具类型：环境型、供给型、需求型工具的数量分别占 45%、32%、23%，说明我国乡村振兴发展兼顾了不同政策工具的综合运用，其中环境型政策数量最多，起到主导作用（图 1-5）。

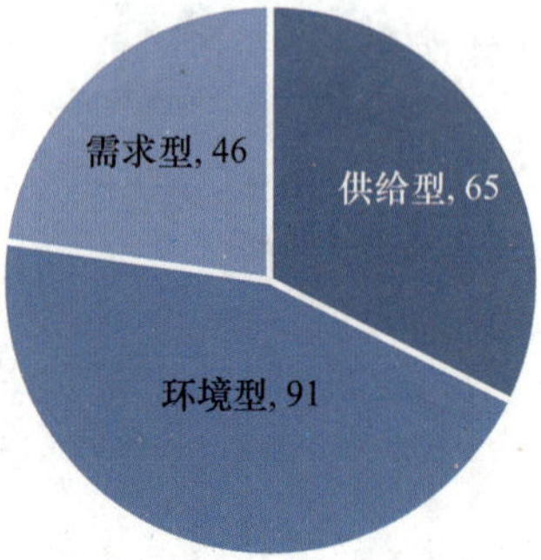


图 1-5　政策工具类型数量

细分工具类型数量和逐年发布情况：供给型工具中人才供给、基础设施供给、公共服务供给类工具的数量较多且呈增加趋势；环境型工具中目标规划、规章制度类工具的数量较多且呈增加趋势；需求型工具中示范工程类工具的数量较多，逐年发布数量较稳定（图 1-6）。

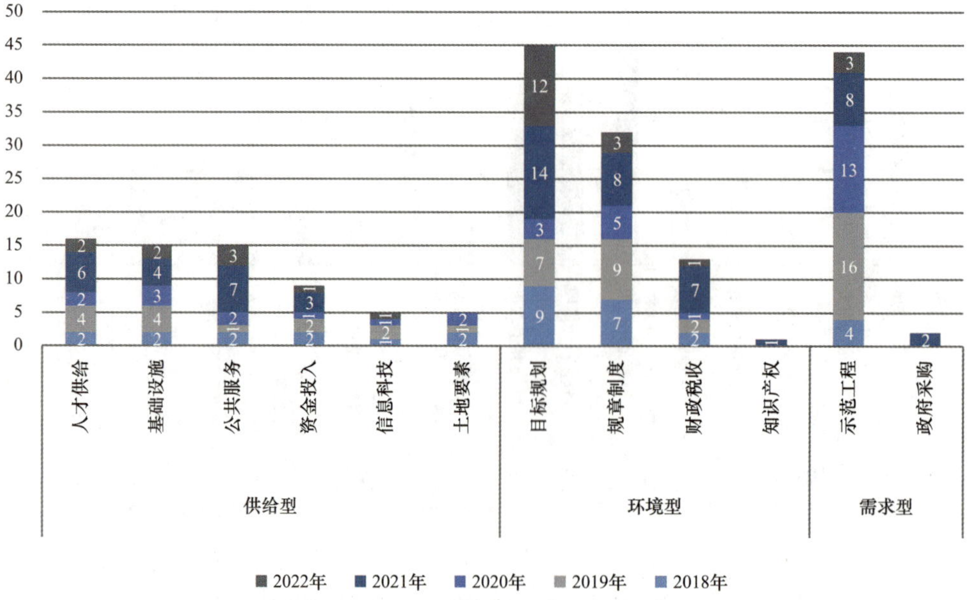


图 1-6　细分工具类型数量和逐年发布情况

### 2. 建设要素、工具类型、政策力度三维交叉分析

综合建设要素、工具类型和政策力度三个维度来看，我国政府在产业发展、村镇建设、制度保障三个领域政策发文数量多、平均力度较高且兼顾了三类政策工具的综合使用，代表了国家现阶段乡村振兴建设中的关注焦点和工作实施的重点；在七大工作领域中环境型、需求型政策协同使用的频率较多、力度较大，且涵盖了产业发展、村镇建设、制度保障和数字乡村四个重点领域，体现了政府注重宏观引导乡村发展和深化需求侧改革的大趋势。以下是综合三个维度的具体分析（图 1-7）。

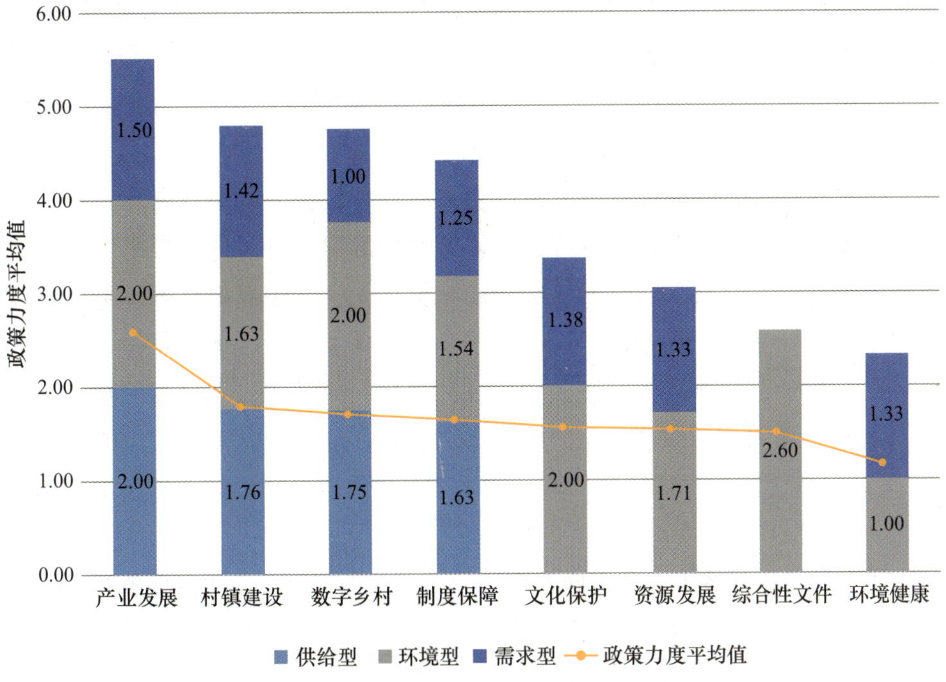


图 1-7　我国乡村振兴建设政策三维交叉分析

（1）环境型政策工具的平均力度最高，为 1.77，其中包括历年中央一号文件及《乡村振兴战略规划（2018—2022 年）》《关于推进以县城为重要载体的城镇化建设的意见》等重要的综合性目标规划文件。政策工具具体类别主要为目标规划、财政税收和规章制度，使用领域主要集中在产业发展、村镇建设和

制度保障三个方面，占环境型工具总数的73%。

产业发展领域，近年连续出台了一系列针对乡村产业振兴、乡村旅游业、乡村文化产业、乡村特色产业等的目标规划政策：如农业农村部印发的《全国乡村产业发展规划（2020—2025年）》《关于拓展农业多种功能促进乡村产业高质量发展的指导意见》、国家发展改革委等部门印发的《促进乡村旅游发展提质升级行动方案（2018年—2020年）》等，突出强调坚持市场导向、产业融合、绿色引领、创新驱动等基本原则，力图从规划布局、统筹协同、政策扶持、资源支持等各方面创造乡村产业融合转型的有利环境。

村镇建设领域环境型政策工具涉及多个细分领域，包括总体规划、基础设施、公共服务、农房建设等方面。其中尤其突出的是对于人居环境提升的关注，如近年连续发布的《农村人居环境整治三年行动方案》《农村人居环境整治提升五年行动方案（2021—2025年）》《乡村建设行动实施方案》等文件，逐步引领农村人居环境从基本达标到整体提质升级发展。

制度保障领域环境型政策工具主要体现为营造良好的金融财政与税收优惠大环境，如《关于金融服务乡村振兴的指导意见》等文件，提出坚持农村金融改革发展、健全金融服务与多渠道融资体系、营造农村良好金融生态环境等宏观指导要求。此外，国家针对于乡村资源发展、历史文化保护和数字乡村建设几个较新领域都发布了顶层设计规划，如《加快农村能源转型发展助力乡村振兴的实施意见》《关于在城乡建设中加强历史文化保护传承的意见》《数字乡村发展战略纲要》等，说明国家注重以顶层设计和制度引领的方式推动乡村振兴全面实施。

（2）供给型政策工具的平均力度位居第二，为1.71，使用领域聚焦在村镇建设和制度保障，占供给型工具总数的91%。主要细分工具类型为基础设施和公共服务设施的供给，同时也涉及人才、科技供给和直接资金投入。

基础设施建设方面，随着我国乡村水电道路等设施的普及，未来阶段重点工作包括农产品仓储保鲜冷链物流设施体系建设（国务院办公厅《关于加快农村寄递物流体系建设的意见》）、生活垃圾污水厕所等人居环境改善以及新一代信息基础设施建设；公共服务供给方面，除了持续关注民生保障紧密相关的医疗、教育服务，还同时提出建设县域商业体系、推进农村消费提质扩容的要求

（商务部等17部门《关于加强县域商业体系建设促进农村消费的意见》）。此外，供给型工具还体现在农村危房改造和人居环境提升的直接资金投入，以及教育医疗重点领域人才和科技的投入。

制度保障领域供给型政策工具的使用主要体现在人才培养输送、就业保障服务和土地资源供给三个方面。其中人才培养关注度最高，如《关于加快推进乡村人才振兴的意见》中提出“乡村振兴，关键在人”的指导精神，建议全面培养农业生产经营、二三产业发展、乡村公共服务、乡村治理、农业农村科技等全领域的人才，并分类施策引导各类人才向一线基层流动，承担乡村振兴工作使命。与人才培养协同，国家在就业保障供给方面加强了对农村贫困人口就业帮扶，颁布了《关于做好农民工返岗复工“点对点”服务保障工作的通知》《关于切实加强就业帮扶巩固拓展脱贫攻坚成果助力乡村振兴的指导意见》等政策文件。在土地供给保障方面则印发了多项农村土地制度改革相关政策，涉及农村耕地、建设用地和居民宅基地，内容涵盖城乡建设用地增减挂钩、土地出让收入和住宅建设合理用地等方面，体现了我国土地供给侧改革加速趋势。产业方面的供给型政策力度也较大，主要体现为以农业科技创新供给带动农村产业高质量发展，例如涉农科技项目实施、科技创新联盟载体创建、农业技术推广等。

（3）需求型政策工具平均力度最低，为1.39，其主要类型为示范工程的建设，即以试点、示范园区、典型案例建设和推广的形式为政策目标的落实提供动力。就使用领域而言，需求型政策在七大领域均有使用，但主要集中在产业发展、村镇建设、文化保护领域，占需求型工具总数的70%。

与产业发展相关的有全国乡村旅游重点村、优势特色产业集群、农业产业强镇、现代农业示范区等；与村镇建设相关的有生活污水治理县、无障碍环境市县村镇、农村生活垃圾分类和资源化利用示范县等；与文化保护相关的有历史文化名城名镇名村、中国传统村落、传统村落集中连片保护利用示范等。此外，与资源发展、环境健康、制度保障和数字乡村相关的有农村有机废弃物资源化利用典型案例、国家生态文明示范县市、全国乡村治理示范村镇等。需求型政策中政府采购这一方式也较为常见，主要是针对支持脱贫地区产业发展的目标，以网络销售平台采购脱贫地区的农副产品，并将采购工作与打造特色产品的产业工作相结合，协同促进乡村产业振兴。

### 1.1.5 结论与政策建议

通过对2018年1月至2022年6月乡村振兴背景下村镇建设发展相关政策文本的分析可以看出，我国已逐渐完善了以《关于实施乡村振兴战略的意见》为核心指导，以规划、办法、通知、方案、导则、指南等为细化落实的政策体系。现有工具涵盖了较为多样的环境型、供给型、需求型政策工具，初步形成了以宏观规划组织为引领，从基础设施、公共服务、人才、土地、资金等供给端给予一定保障，并通过全领域试点、示范工程的建设推广、政府采购等形式充分扩大内需的协同性政策路径，对推动实现乡村振兴战略落地具有重要作用。目前我国村镇建设发展政策主要关注在产业经济、村镇建设、文化保护、数字乡村和制度保障等领域，相比之下，农村土地管理制度、三产融合和环境健康方面政策数量略少。政策建议如下：

（1）乡村振兴背景下，我国村镇建设发展应延续以中央部委顶层设计为引领的道路，保持环境型政策工具的核心作用，为地方基层具体工作提供正确方向。同时，还应注重进一步健全“三农”方面相关法律法规、金融财政税收政策，为乡村振兴战略实施创建更好、更完善的大环境。

（2）在顶层引领之下，还需注重对供给和需求型工具的综合运用，切实实现顶层规划政策效力的向下扩散和具体落实。在资源供给方面，进一步强调全领域人才和创新型科技的投入；在需求制造方面，加强特色品牌创建，鼓励社会多方参与，从而最大发挥政府调控和市场调节的协同作用，为乡村可持续发展创造内生动力。

（3）对于具体工作领域，应继续坚持乡村产业建设的核心地位，持续完善医疗教育等民生保障服务，整体提质升级乡村人居环境；同时，下一阶段应加强乡村地区在资源发展、环境健康、数字化建设等新兴领域的针对性政策提议和响应，以适应低碳发展、生态文明、城乡一体化等新时代的目标需求。

# 1.2 乡村振兴背景下村镇建设发展趋势研判

新中国成立70多年来，我国经历了世界历史上规模最大、速度最快的城镇化进程。2022年，我国常住人口城镇化率达到65.22%，相比于1949年末只有10.64%的人口城镇化率，提高了54.58个百分点；相比于世界发达国70%~80%的城镇化率，我国城镇化的速度虽然放缓，但趋势仍将持续。随着改革开放和现代化建设事业不断深入，当前我国城乡关系和农村发展进入了转型重构的新阶段。近年来，国家一系列政策和方针把焦点指向了“三农”问题，党的十九大提出“乡村振兴战略”，进一步针对我国农村的资源优化、品质提升、社会经济发展等各个方面提出了全新目标和要求。在新的方针政策指引下，村镇建设模式和战略规划需要做出相应的调整，以适应新形势下城乡关系和农村社会的快速发展，实现生态文明建设、城乡融合发展、全面建设小康社会的目标。

本节在相关政策解析和乡村振兴村镇建设七大要素维度的基础上，结合典型村镇实地调研，运用文献分析、宏观统计数据分析的方法剖析我国村镇建设发展特点，并对未来一段时期的发展趋势进行预判，提出了五大发展趋势。其中实地调研数据来源于项目组走访的我国不同地区代表性村镇，这些村镇在特色产业发展、历史文化保护、异地扶贫搬迁、人居环境治理、土地制度改革等方面反映出了现阶段我国村镇建设的一些典型特征。宏观统计数据主要来源于2009—2019年间（“十一五”至“十三五”初年）的农业普查年鉴、城乡建设统计年鉴、中国区域经济统计年鉴、中国国土资源统计年鉴。本书采用了定量与定性分析相结合的分析方法，对定量数据使用了统计描述、地理分布分析以及时间趋势分析，在此基础上结合相关文献资料研究，进行归纳与演绎分析，最终得出相关结论。

### 1.2.1 趋势一：城镇化进程持续推动国土空间集约利用

我国拥有规模庞大的农业人口和幅员辽阔的国土资源，各地社会经济和历史文化环境复杂多样，使得我国城镇化发展的水平、速度、空间格局等方面区域差异显著，城镇化发展的模式路径具有明显的中国特色。根据国家统计局发布数据显示，2022 年末我国城镇常住人口 92071 万人，乡村常驻人口 49104 万人，城镇化率为 65.22%，距离发达国家的平均水平 80% 左右还有不小距离，城镇化进程在未来一段时期内仍将持续。城镇化的核心是建立在效率之上的集约发展，持续的城镇化将进一步推动以国土空间资源整合为代表的村镇资源的集约利用，同时由于我国幅员辽阔，地区差异较大，不同地区的村镇将以不同的模式集约发展。

1. 自然村总数减少，村镇建设空间持续聚集扩张发展

随着我国农业现代化的发展，农村地区社会经济水平普遍提升，农村土地和劳动力资源也得以进一步释放转移。在农村资源集约化发展和城镇吸引力的双重驱动下，我国农村人口大量迁移至大城市、中心乡镇和中心村，村镇地区扩张性聚集和衰落性消亡的现象并存。宏观上，我国村镇地区（自然村和乡镇）人口总数和总体建设规模仍在逐年扩大，传统形态的乡村聚落大量聚集发展为新型集约型社区的趋势不可阻挡。由于各地资源承载力和聚集能力有所不同，村镇空间变化模式也必然存在地方差异。

根据城乡建设统计年鉴数据，2009 年至 2019 年间全国自然村数量从 2713893 个减少到 2513024 个，共减少约 20 万个（不包括港澳台及西藏）。同时期，从全国不同地区来看，自然村数量变化的总体趋势呈现“中南部地区大幅度减少、西北部地区小幅度增加”的两极化趋势。自然村数量大幅减少的区域集中在中部地区，上海、江苏、湖北、湖南、四川、河南、贵州等省份自然村减少数量最多（平均减少约 2 万个）。在广大的华北、西北地区，自然村数量总体呈现增长态势（图 1-8）。

从建设面积来看，全国范围内几乎全部省份的乡镇建成区面积都呈现出不

同程度的扩张，仅有北京和辽宁两地呈现小量的减少趋势。从地理分布来看，基本呈现“北部地区增量较少、中南部地区增量较大”的区域特征，表明我国村镇建设空间呈持续扩张的态势（图 1–9）。

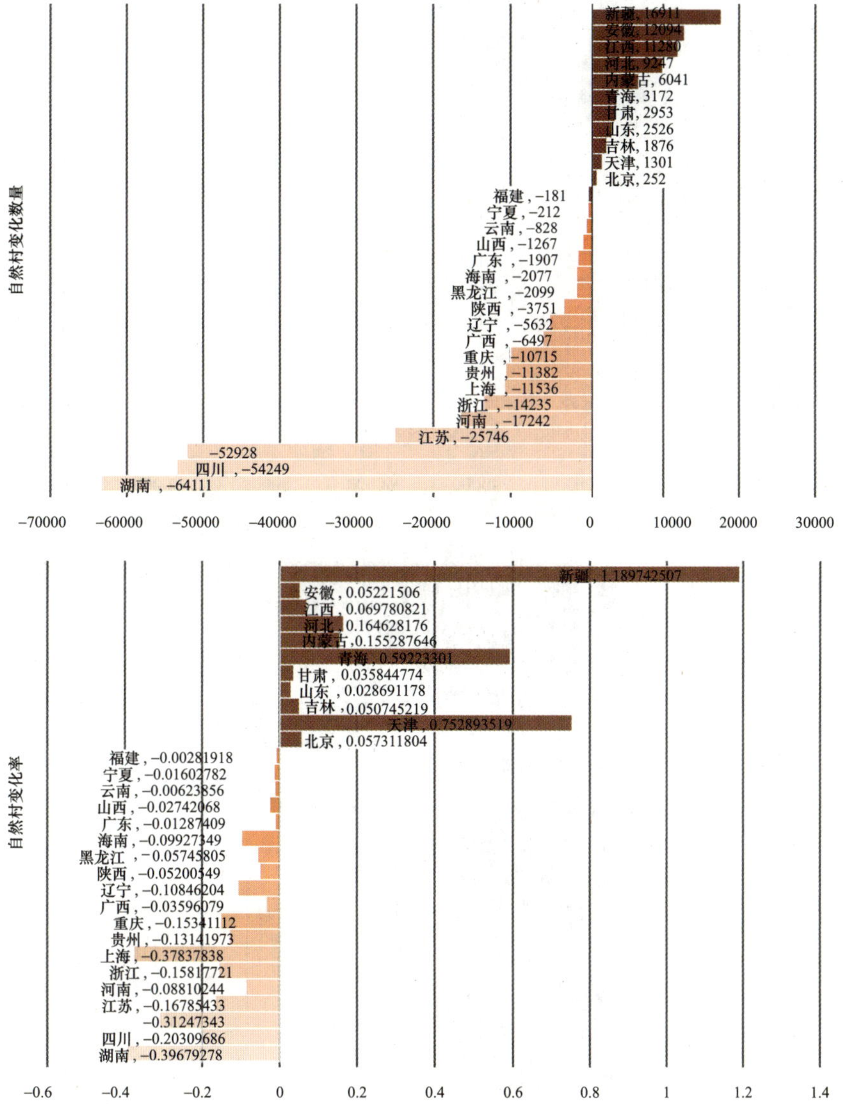


图 1-8　2009—2019 年我国各省份自然村数量变化（上）以及自然村数量变化率（下）

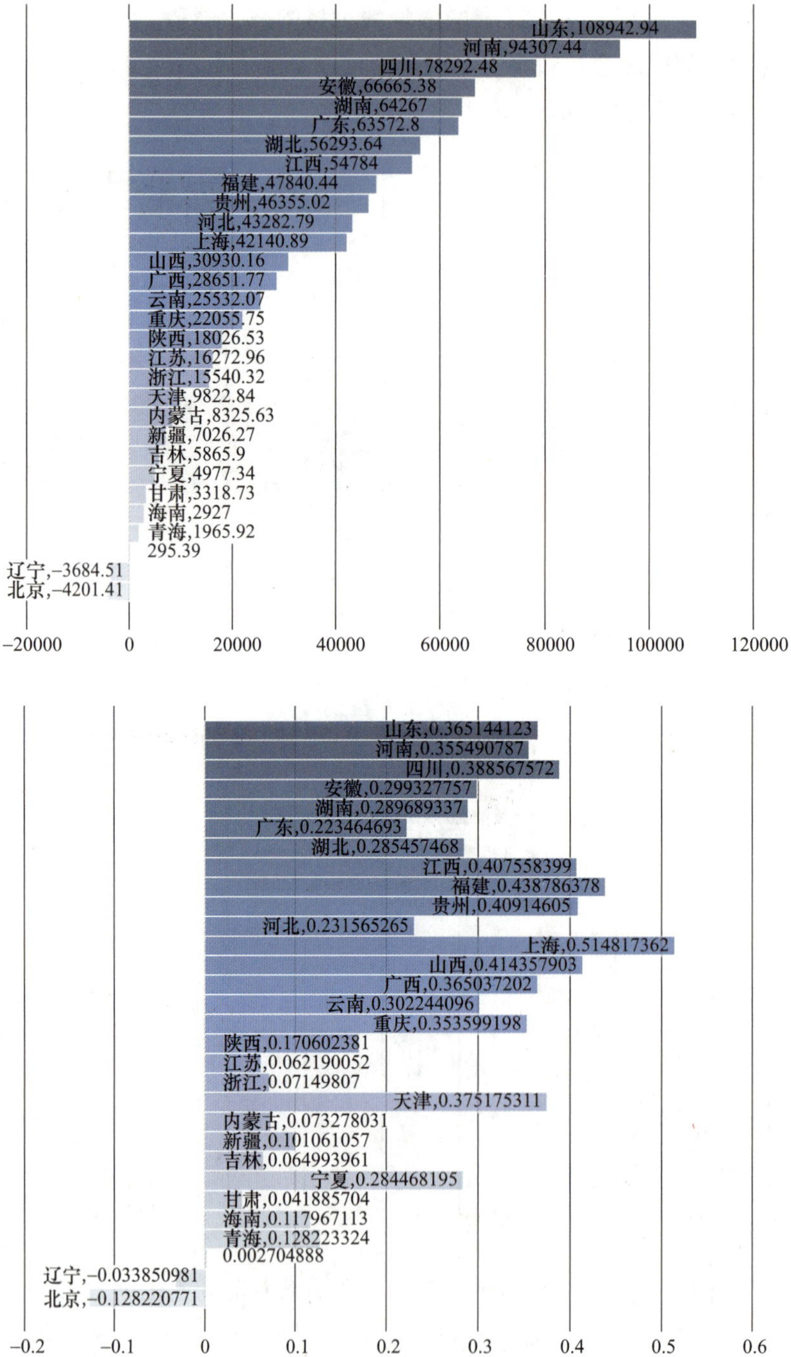


图 1-9 2009—2019 年我国各省份乡镇建成区面积变化（上）以及面积变化率（下）

### 2. 不同地区的村镇以不同的模式集约发展

我国国土幅员辽阔，中东西部不同地区在自然地理环境、社会经济发展水平以及历史文化属性上差异巨大，各地区城乡空间结构的转变将以不同的形式和机制展开。

东北及内蒙古地区：该地区是我国农耕发展的重地，村镇聚落数量多、规模小、布局零散、功能单一趋同，不利于生产生活集约化发展。在将来一段时间内，优势区位村镇将逐渐聚集发展，而一般地区村镇将小幅度、均质化扩张。未来将以大规模农业机械化发展为主要推动力，进一步促进劳动力释放转移和村镇空间有序聚集。

西北地区：该地区历史上长期粗放经营、广种薄收，村镇规模小而分散。近年来，西北地区村镇无序扩张、农业生产方式落后等问题加剧了区域生态退化，导致人地矛盾尖锐。未来将加强生态保护治理，因地制宜地发展资源节约型、科技支撑型农业聚落。

京津冀及周边地区：京津冀地区村镇发展缓慢，县域发展分散，城乡体系失衡，具有“大城市、大农村”的特征。未来将借助京津冀大城市的经济与劳动力资源优势，引导村镇结合各自资源禀赋自下而上发展，通过升级基础设施与社会服务水平扩大村镇吸引力，促进区域城乡协同发展。

西南地区：以云贵为代表的西南地区虽生态脆弱，但拥有多元特色生态文化资源。在扶贫政策引导下，大量偏远贫困的村镇实现拆迁并置。以成都、重庆为代表的较发达大型中心城市及周边村镇地区人口经济规模发展迅速，未来将成为吸引区域内人口聚集的重地，也将辐射至中东部地区引起“人口回流”。

中部内陆地区：中东部地区历史厚重，资源丰富，工农业基础雄厚，是我国经济发展的第二梯队。中部地区村镇长期存在人地矛盾突出、人均农业收益较低、城镇辐射带动能力有限等问题。未来将依托全国新型城镇化重点区、全国现代农业发展核心区、全国生态文明建设示范区的规划建设，增强县城和重点镇的聚集服务能力，因地制宜地探索发展模式。

东南沿海地区：我国经济发展的第一梯队。以长三角地区为核心的东部沿海地区村镇城镇化进程将进一步加快，乡村地区农业生产功能进一步弱化，整体聚集性扩张并联动区域城镇群发展。以珠三角为核心的南部沿海地区是改革开放的先驱示范区，经济外向化、市场化特征明显。珠三角地区村镇依靠二三产业迅速发展，空间和人口持续扩张，接近饱和。未来将集约利用土地，优化产业结构，补充发展内生动力。

### 1.2.2 趋势二：村镇产业转型升级带来创新融合发展

经济发展是乡村振兴的核心驱动力，也是绿色宜居村镇建设的内源性动力支撑。村镇经济要实现量与质的腾飞，一方面要大幅提升农业生产的机械化程度，提高劳动生产率，另一方面要积极转型升级，采用创新商业模式发展新兴产业，充分发挥三产融合的提质增效价值。我国近十年出现的特色小镇、一村一品、田园综合体等概念，就体现了村镇突破传统农业走创新的特色产业之路、走升级的三产融合之路的趋势。

1. 农业生产经营方式从粗放分散走向绿色集约

《第三次全国农业普查主要数据公报》数据显示，截至 2016 年，我国小农户数量占农业经营户 98% 以上，经营着全国总耕地面积的 70%。长期以来，在农村人口数量、土地制度和生产技术的限定下，我国农业生产具有“大国小农、高度分散、经营粗放”的特点。近十年来，为了提升农村土地生产率和单位劳动生产率，我国主要推动了农用地整治、农业机械化、农业现代化技术的发展应用，通过“万亩良田计划”“农业机械化自动化生产”“生态产业化”“互联网 + 农业”等政策和技术的引导逐渐变革传统农业资源消耗、广种薄收的生产经营方式。

在改善农用地利用效率方面，政府逐年加大农村土地整治力度和整治规模，以提升耕地质量改善耕地产能。《中国国土资源统计年鉴》数据显示，2016 年全国完成土地整治规模达到 346 万公顷，其中土地整理项目占了 94% 以上，最终新增有效耕地 18.5 万公顷（主要集中在西南、华北和东北地区）。通过将生态破坏、零碎分布的农田土地进行归并、治理，不仅可以有效提高农业生产力，同时还能降低生产成本，为农业经济发展提供支持。

农业机械化可以大幅提高农业劳动生产率，是节约农业资源实现提质增产的重要途径，也是促进劳动力释放和城镇化聚集的推动力。根据《中国区域经济统计年鉴》数据，近二十年间我国农业机械化处于快速发展时期，全国农作物耕种收综合机械化水平由2000年的30%上升至2020年的70%，农用机械总动力从1160万千瓦增加至3025万千瓦，增长超过2.5倍。由于气候地形等自然条件的限制，我国南北两地的农业机械化覆盖程度有很大差异，北方平原地区的机械化覆盖程度和发展潜力更高，未来将进一步利用地区耕地规模和地形优势，通过耕地整治推动机械化发展；南方丘陵地区则需要注重精耕细作与适度机械化发展，在有限而分散的土地上提高单位产量，以密集、深化的劳动投入和资金技术投入在小面积上获得高收益。

伴随着农业生产的科技支撑不断加强，我国城乡居民农产品消费需求也在提质升级，农业生产在保证粮食自给安全的基础上，将越来越突出"绿色生态"的目标导向。未来将进一步增强现代化生产配套设施保障，在生产加工环节推行环保、低碳、集约化的技术，在销售环节构建智能化的"互联网＋农业"电商系统平台，打造生命周期绿色有机品牌，促进产业优化升级，逐渐由粗放分散转向绿色集约的生产经营方式。

### 2. 产业发展模式从单一割裂走向创新融合

新中国成立以来，我国城乡发展经历了多次时代性变革，乡村产业振兴也经历了不同阶段。改革开放前，我国城乡人口、经济、政策处于二元结构，乡村以农业生产为主，产业结构单一，劳动生产率低下。改革开放后，城乡二元关系逐渐破冰，农业农村成为重点改革对象，乡镇工业企业蓬勃发展。2000年以后，随着市场经济逐步成熟，我国进入城乡统筹发展阶段，各地村镇积级发展非农产业，加快培育新型产业主体，大力推动农业与其他产业融合，农业占国民经济的比重逐步下降，工业和服务业占比逐步上升。近十年来，随着乡村新产业、新业态频频崛起，我国步入了城乡一体化发展的新阶段，大量休闲农业、加工制造、电子商务等新兴产业模式进入农业领域和村镇地区，推动一二三产业融合发展，给村镇经济注入了新的活力。

三产融合对于发挥农村多元功能、实现多元价值具有重要作用。《第三次全国农业普查主要数据公报》数据显示，仅从各地新型农业经营单位（生产、销售、加工一体化）的占比来看，我国农业新型经营主体的发展存在着明显地区差异：京津冀和江浙沪地区位居全国首列；西南地区的贵州、重庆两地也较为突出；而中部、西北、东北地区融合水平普遍较低（图 1-10）。江浙沪一带作为村镇产业创新发展的领军地区，借助区域经济与二三产业资源优势带动现代农业全产业链发展，并借助生态文化优势积极发展休闲文旅等各类特色产业，在聚集、融合上持续发力，带动提升了整体经济效益。

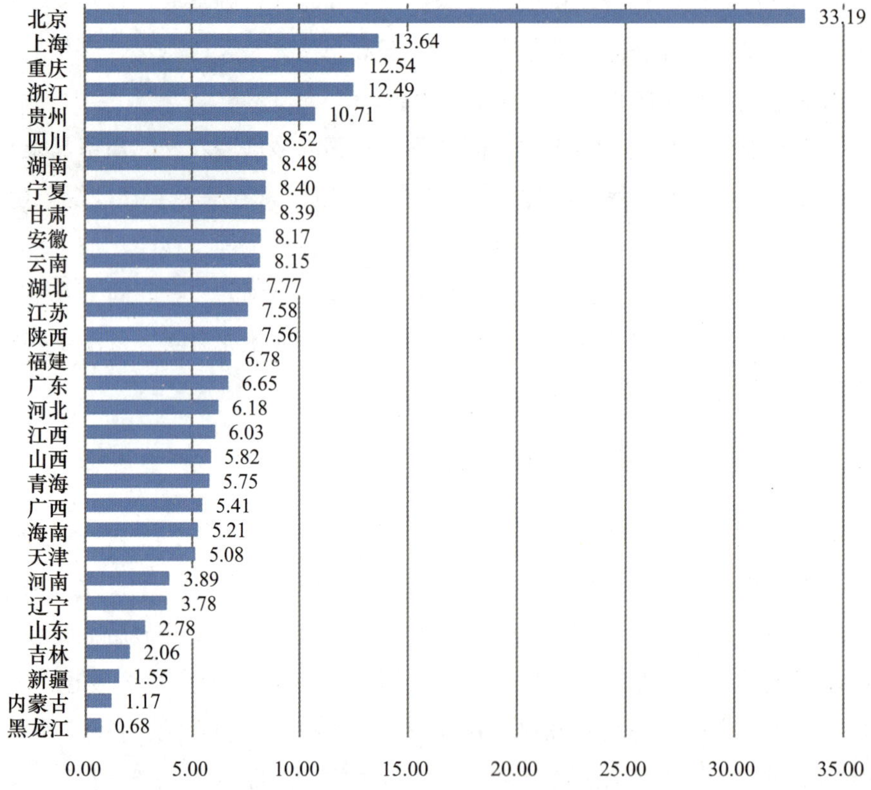

图 1-10　2016 年各地生产、销售、加工一体化的农业新型经营主体占比

从全国三产融合的整体水平来看，2010—2016 年间三产融合的融合程度、深度与广度虽然呈现明显上升趋势，但仍属于起步阶段，融合水平、深度和广度都不高，三产融合的经济、社会和生态效益也不够显著。在浙江经验的基础上，未来将结合各区域的资源禀赋，因地制宜地制定产业融合策略，发掘农业与二三产业交叉渗透的创新模式。

### 1.2.3 趋势三：人居环境保护治理与绿色低碳转型成为应对全球危机必然选择

良好的生态环境和可持续的绿色资源是乡村价值的根本依托，也是人类赖以生存的物质基础。随着全球城镇化、工业化进程不断加快，人类社会经济发展造成的资源环境破坏问题日益严重。根据联合国环境署（UNEP）发布的《全球环境展望6》，当前世界环境面临气候变暖、臭氧层破坏、生物多样性减少、森林锐减、水土气污染等众多问题。飞速发展在给我们带来可观经济效益的同时，也因过度消耗资源和大量排放废弃物带来了严重的环境问题，对农业生产的基础环境影响尤为突出，给地球的生态系统和人类的可持续发展事业带来了不可逆转的损害，人居环境保护治理和资源绿色发展转型成为我们当今面临的紧迫任务。

1. 推广生态文明建设，积极践行人居环境保护与治理

农村环境作为城市生态系统的支持者一直是城市污染的消纳所。以往工业化程度低，人口密度小，环境容量较为充裕，这使得农村环境问题没有得到相应的重视。但随着我国农业现代化进程的加快，农村污染已经从点源污染向面源污染发展，随着时空的迁移，通过转化、交叉和嵌套等过程，形成循环污染，“脏、乱、差”的问题突出。农村污染的主要来源包括生产过程中造成的化肥农药、农用地膜、畜禽养殖污染，各类生活垃圾污染，乡镇企业造成的工业污染，以及城市污染向农村的转嫁。《中国环境质量状况公报》提出我国农村环境形势严峻：点源污染与面源污染共存，生活污染和工业污染叠加，各种新旧污染与二次污染相互交织，工业级城市污染加速向农村转移，土壤污染依然严重，环境污染严重制约农村经济社会可持续发展。

党的十九大报告明确提出“建设生态文明是中华民族永续发展的千年大计，必须树立和践行绿水青山就是金山银山的理念”。建设绿色宜居村镇，首当其冲就要保护好环境，在谋求发展的同时本着绿色环保的理念涵养保育生态环境，完善基础设施建设，抓好人居环境治理，一方面推行资源节约利用，另一方面对污染进行科学治理，把对环境的不利影响降到最低程度。近年来，我国不断加强

在生态保护和人居环境治理保护方面的扶持力度，根据《中国统计年鉴》数据，2006—2017 年我国环境污染治理投资总额逐年上升，但增长速率有所下降。相比之下，我国农村基础设施建设财政支出保持高速增长，为改善保护农村人居环境做出了基础性的贡献。根据《2019—2025 年中国基建投资产业竞争现状及未来发展趋势报告》，2014—2019 年我国农村基础设施财政支出保持增长趋势，2017—2019 年逐年的支出增速均超过 10%，到 2019 年支出总额为 1300 亿元左右，反映出我国政府对农村环境保护治理的决心与力度（图 1-11、图 1-12）。

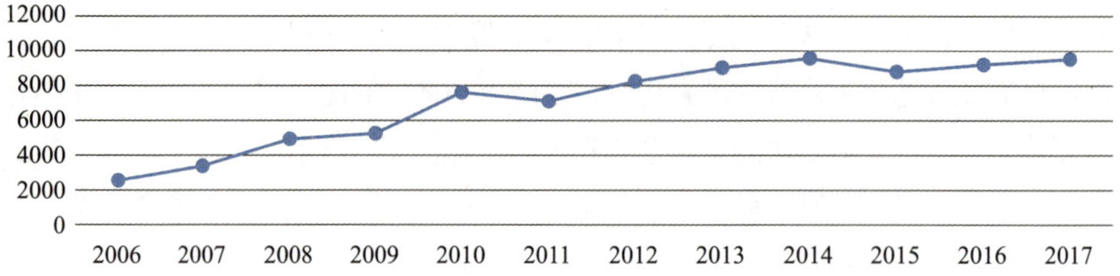

图 1-11　2006—2017 年我国环境污染治理投资总额（亿元）

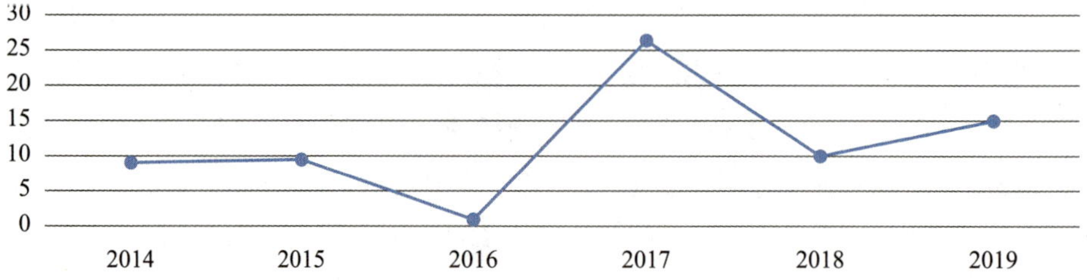

图 1-12　2014—2019 年我国农村基础设施建设的财政支出增速（%）

## 2. 应用技术强调因地制宜，全面贯彻绿色低碳理念

我国村镇建设适用的技术在不同地区存在着明显差异。我们在调研中发现，由于村镇建设缺乏成熟的因地制宜的技术标准体系，各地普遍存在着供需不匹配、盲目建设、浪费资源与后期运维无法持续等现实问题，违背了可持续发展、低碳发展等绿色理念。结合气候分区、地域特色、城乡差异等因素因地制宜地规划低碳减排目标、推行经济适用的村镇建设绿色技术、建立合理长效的管理体制机制，是未来村镇发展的重要方向。

长期以来，我国对绿色技术的研究重点集中在城市地区，围绕生态城市、绿色建筑、绿色生态社区等开展了一系列研究和实践，国家和地方相继颁布了《绿色生态城区评价标准（GB/T 51255—2017）》《绿色建筑评价标准（GB/T 50378—2019）》《绿色生态居住小区建设评价标准 DBJ 611T 83—2014》等相关标准，对包括能源系统、空气环境、给排水、通信设施、生活垃圾及废弃物处理等设施的建设提出了“资源节约、环境友好”的要求。随着“2030 年前碳达峰、2060 年前碳中和”目标和“十四五”正式提出未来村镇地区将逐步健全绿色低碳技术标准体系，本着因地制宜的原则贯彻绿色技术理念，从营造自然紧凑的村镇格局、推动绿色低碳农房规模化建设、提升基础设施运行效率、发展农业减排固碳、推动农村新能源转型等领域研发推广节能、高效、环保的技术体系，全面提升村镇建设品质，优化村镇资源环境利用方式，将绿色低碳村镇建设纳入生态文明建设整体布局当中。

### 1.2.4 趋势四：基础设施和公共服务走向城乡一体化匹配新型战略格局

我国城乡差距很大程度上体现为基础设施和公共服务设施建设水平的不均衡。随着国家大力推进农村建设，基础设施的差距正在不断缩小，公共服务的种类、规模和质量也在不断提升。未来一段时间内绿色宜居村镇在基础设施建设方面重点是补齐短板，在公共服务设施方面重点是全面提升服务总量和服务质量，形成城乡一体化的社会服务模式，以匹配城镇化进程下人口流动的现实需求和村镇发展的新型战略格局。

1. 基础设施进一步补齐短板，走向均等化

我国各项基础设施建设水平总体上呈现为“城市—县城—乡镇驻地—村庄”逐级递减的特点，农村地区基础设施在建设规模、设施质量、运维管理水平上都存在明显不足。经过“十一五”“十二五”的大力建设，农村基础设施在水电供给、道路交通、能源通信等生活设施建设上取得了很大成绩。

从《中国城乡建设统计年鉴》《全国农业普查》公布数据来看，2006 年至 2016 年间，我国村镇各项基础设施普及程度有了显著提升（图 1-13、图 1-14）。

其中，公路交通与电力设施达到了 99% 以上的普及率，表明我国村镇已基本解决了通路与通电问题；与人居环境密切相关的生活垃圾处理、生活污水处理、卫生厕所改造等各项指标也进步明显，其中生活垃圾处理的普及率在村落与乡镇的涨幅均超过了 50%，生活污水处理的普及率在村落与乡镇的涨幅也达到了 20%~30%，将来仍有较大补缺提升的空间。值得注意的是，村落在 2006 年处于零基础的互联网到了 2016 年已攀升到 90% 左右的水平，发展迅猛，电子商务配送虽然只有 25% 左右的涨幅，但可以预见将来随着需求增加会得到相应发展，而天然气涉及管道铺设等大量初始投资，增长速度会比较缓慢。

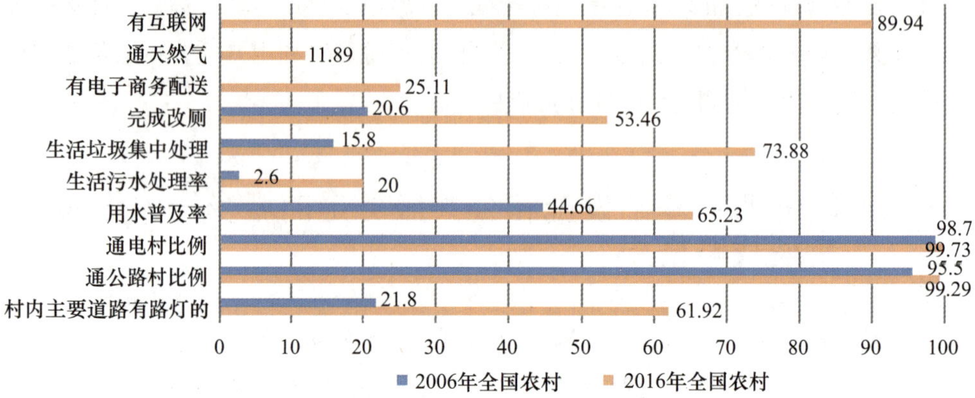


图 1-13　2006—2016 年我国村落基础设施普及概况（%）

（“互联网、天然气、电子商务配送”三项缺少 2006 年统计数据，在图中显示为空白）

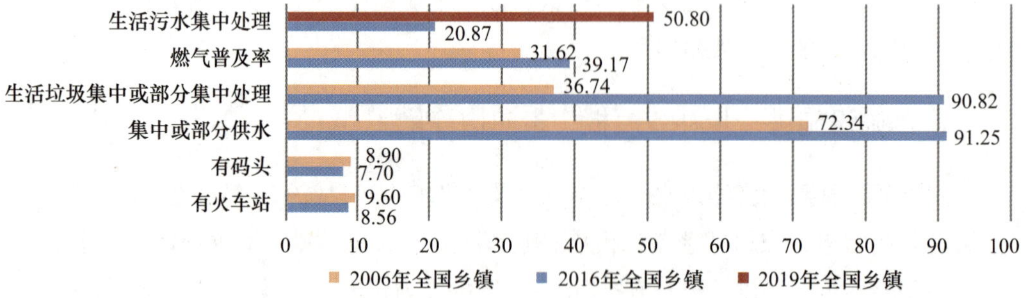


图 1-14　2006、2016、2019 年全国乡镇基础设施建设概况（%）

（“生活污水集中处理”一项缺少 2006 年统计数据，在图中补充 2019 年统计数据作为与 2016 年的对比）

从地区差异来看，我国中东西部之间、不同区域之间基础设施建设水平仍存在明显差距。对比之下，京津冀及东南沿海发达地区成绩更为显著，而中西部地区相对落后。对于京津冀及东南沿海发达地区未来可以将重心放在污水处理、清洁能源、电子商务配送等基础设施的建设上；而中西部地区则应优先补齐短板，实现供水、改厕、垃圾污水处理等基础设施的全面覆盖。我国城乡基础设施建设将在补齐短板的基础上，一步步走向均衡化。

## 2. 公共服务总量和质量不断提升，城乡差距日益缩小

近年来，国家对村镇建设的重视程度不断提升，随着乡村振兴战略的提出与全面实施，国家资金向村镇领域倾斜流动，促进了村镇产业经济的壮大和新型城乡战略格局的形成，带来大规模建设配套服务设施的需求；同时随着社会经济快速增长，农村居民对美好生活的追求日益强烈，对公共服务的需求总量也不断增加。《中国区域经济统计年鉴》数据显示，2006 年我国农村居民的人均生活消费支出不足 4000 元，2019 年已经超过 1.3 万元，增长约 3.25 倍，其中涉及公共服务的交通通信、文教娱乐、医疗保健等几项增长速度均较快。未来除了满足村镇居民在基本义务教育、农业技术、金融信贷、民政优抚等方面的需求外，村镇公共服务将全面覆盖教育医疗、养老保障、市场金融、文化娱乐等各个方面，建设内容的总量和丰富程度将迎来全面的提升（图 1-15）。

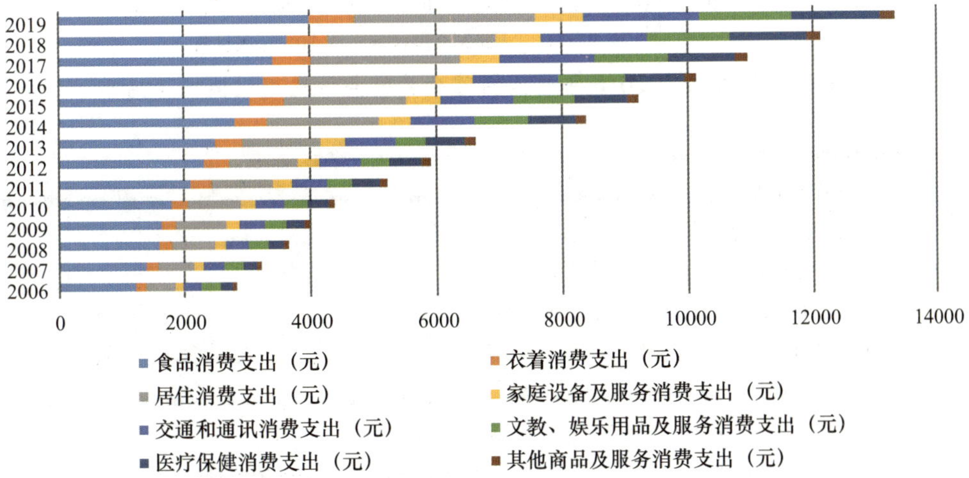


图 1-15　2006—2019 年我国农村居民人均生活消费增长概况

然而由于城乡差距长期存在，乡村地区公共服务设施建设供给不足的问题依然存在，从《全国农业普查》公布的全国统计数据来看，2006—2016 年，我国村镇各项公共服务设施的普及程度有所提升，但涨幅并不大，还有较大提升空间（图 1-16、图 1-17）。其中，村落的体育健身场所和乡镇的休闲健身广场覆盖率涨幅明显，均从 10% 左右突破到 60% 以上，与此同时，农民业余文化组织也在快速发展，可见随着经济增长，村镇居民的文化体育生活需求有了显著提升。在村落的公共服务设施中，旅游接待服务普及率最低不到 5%，反映了这方面需求和意识的不足；幼儿园（托儿所）的普及率也偏低，刚刚超过 30%，反映了农村对幼儿教育重视程度的不足。无论在村落还是乡镇，涉及医疗的卫生室和卫生机构普及率最高，超过了 80%（乡镇超过了 99.9%），反映了国家对村镇居民健康问题的重视，是民生刚需的体现。

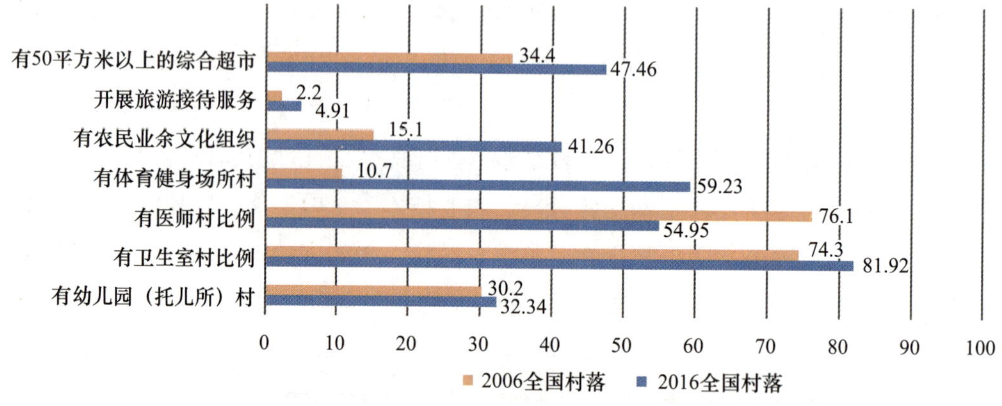


图 1-16　2006 年、2016 年全国村落公共服务设施建设概况（%）

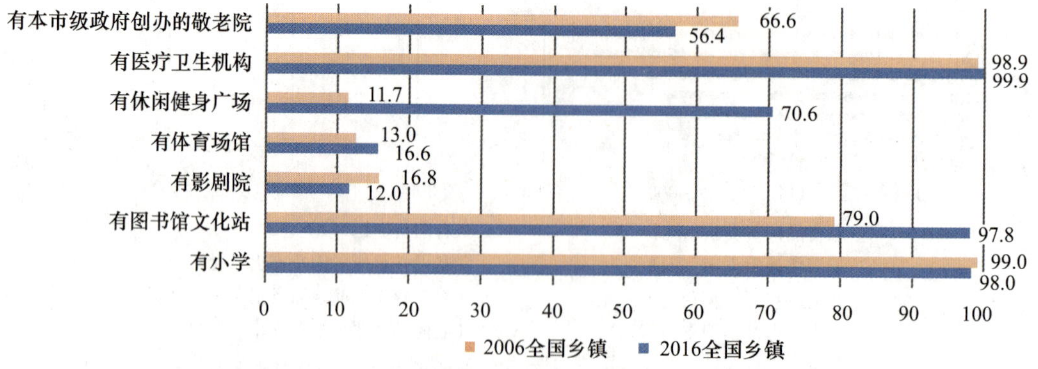


图 1-17　2006 年、2016 年全国乡镇公共服务设施建设概况（%）

目前，我国农村留守老人、儿童较多，青壮年劳动人口较少，这种人口构成的特殊性使得养老、教育和医疗设施的需求进一步提升，成为未来重点突破领域。与此同时，随着休闲旅游业的蓬勃发展，村镇旅游接待服务能力也将成为重点建设领域。伴随着农村人口公共服务需求总量的提升，对教育、医疗、旅游等服务的供给将成为未来人口流动和乡村空间聚集重构的重要动力。

随着时代的变化发展与乡村振兴战略的实施，农村的生产和消费水平逐步向城市靠拢，在公共服务需求总量提升的同时，对服务水平质量的需求也不断提升，未来村镇居民在满足最基本保障的同时将转向对更高质量、更高层次、精准化服务的需求。多年来，为了提高城乡社会服务一体化水平，政府在发展村镇公共服务事业方面提出并实施了多项改革，其中围绕医疗和养老保障制度的举措最为典型。21 世纪初期，我国在农村逐步设立了新型农村合作医疗制度、新型农村养老保险制度，实现了村镇公共服务的基本保障；2012 年党的十八大报告提出要“统筹推进城乡社会保障体系建设，整合城乡居民基本养老保险和基本医疗保险制度”；2017 年党的十九大报告提出要“按照兜底线、织密网、建机制的要求，全面建成覆盖全民、城乡统筹、权责清晰、保障适度、可持续的多层次社会保障体系”，进一步缩小城乡社会服务水平的差异。我国以社会保障制度为基础的公共服务体系正在城乡统筹的方针政策引领下逐步走向一体化。

### 1.2.5 趋势五：历史文化传承和地域风貌塑造要求不断提升

任何一个国家和民族，在解决温饱问题实现经济繁荣之后，都会产生一定的精神诉求，渴望通过文化根基培育深层的自信。然而，在几十年来西方文明和城市文明的冲击下，一度出现了“千镇一面、千村一面”的现象，盲目照搬城市、模仿城市的粗放跟风行为对村镇风貌造成了难以弥补的破坏。我国近年来对传统文化复兴给予了高度重视，开始大力提倡对乡土文化和乡村景观特色的发掘和传承，将地域民族文化延续和乡土景观、特色建筑风貌营造作为构建美丽乡村的核心任务之一。

### 1. 历史文化保护内容逐渐丰富，保护体制机制不断完善

改革开放以来，我国村镇历史文化保护传承工作内容逐渐丰富，保护机制体制不断健全完善。从各类保护示范地数据看，保护内容已经涉及镇、村、片区、建筑等多种尺度，且涵盖了景观建筑空间和民俗文化技艺等物质和非物质载体。国家级历史文化保护类示范村镇的推广始于2003年中国历史文化名镇和名村名录的推出，截至2019年共发布7批799个。自2012年起，国家对乡村历史文化保护的重视程度提升，多次组织调研并实施传统村落保护工程。截至本表统计时间，共有6819个村落列入中国传统村落保护名录、1652个村落列入中国少数民族特色村寨名录并实施挂牌保护，52万栋历史建筑和传统民居、1157项国家级非物质文化遗产得到保护传承（表1-3）。这些乡村历史文化载体广泛分布在全国各省份、气候区和民族地区，为传承我国丰富的乡村聚落形态和地域民族文化特色、为世界文化遗产多样性保护做出了重要贡献。

表1-3　我国乡村历史文化保护类示范名录

| 称号 | 发布时间（年） | 批次总数 | 发布总数 |
|---|---|---|---|
| 国家级历史文化名镇名村 | 2003—2019 | 7 | 799 |
| 中国传统村落 | 2012—2019 | 5 | 6819 |
| 中国少数民族特色村寨 | 2014—2019 | 3 | 1652 |
| 传统村落集中连片保护利用示范县（市、区）名单 | 2020—2022 | 2 | 50 |
| 国家级非物质文化遗产名录 | 2006—2021 | 5 | 1157 |

在体制机制上，我国村镇历史文化保护将逐渐向保护与开发协同发展，强调保护性利用。我国大量传统村落地处偏远地区，承载力弱、人口流失、内生发展动力不足，静态保护和单纯修缮资金的投入并不能解决村镇文化可持续发展传承的问题。未来应将乡村历史文化保护与特色产业培育、精神文明建设等目标有机结合，创新整体性保护开发模式，注重吸纳社会投资和调动村民等多方主体参与，在保障乡村历史文化保护传承的同时带动社会经济发展。同时相关法律法规将进一步完善，目前国家法律层面对传统村落保护的空白将得到填

补，保护和开发活动将受到制度规范。

2. 地域风貌营造注重系统性，技术手段突出导控结合

在城镇化、工业化影响下，乡村地域风貌的价值愈加显著。自 2010 年起，国家和各地方层面相继发布了一系列针对乡村风貌塑造的规划建设类导则指南，涉及“美丽乡村建设”“村庄景观环境工程”“特色田园乡村建设”“美丽宜居村庄规划建设”等关键词。目前，强化乡村风貌引导管控，突出乡土特色和地域特点，防止“千村一面”逐渐成为新时代村镇建设的基本要求。

区别于城市风貌标准化设计，乡村风貌是在村民生存目标驱动下近自然产生的结果，与特定地理环境、文化背景和农业生产模式关系密切。随着对乡村风貌理解的深入，未来风貌营造工作将面向一个容纳生产、生活、生态（以下简称三生）的复杂开放系统，包含山林、水域、田地等生态要素，庭院、建筑、道路等生产生活设施，以及经济产业、社会文化、居民活动等非物质要素。同时，在现代化工程建设管理要求下，乡村风貌塑造在保持系统开放的基础上也需要借鉴城市风貌引导管控的工作思路，采取强制性与引导性相结合的规划设计导控技术，注重基本底线控制、核心特色塑造，同时引导重点风景要素协同建设，构成三生功能和谐、地域特色显著的乡村景观风貌系统。

### 1.2.6 趋势六：信息技术普及促进村镇数字化转型与变革

我国村镇数量庞大，布局分散，建设数据获取难度较大，存在零散、片面和延迟滞后的现象，难以实时把控建设进度并及时应对村镇发展中出现的新现象、新趋势（如碳中和、疫情防控、人口回流、城乡融合等）。而管理运维方面技术手段的落后也直接制约了村镇公共服务效率的提升。在未来一段时间内，充分利用新型大数据的覆盖与普及优势，以及信息化技术的跨时空协作效率优势，将成为推动村镇建设各方面品质升级的创新驱动力。

1. 互联网大数据的覆盖与普及助力村镇信息获取

当前，新一代信息技术迅猛发展，各种新型技术、新产品、新模式不断涌

现，逐渐推动各行业、领域和地区深度变革，也为我国广大的村镇地区带来了全新的发展局面。我国村镇聚落具有数量庞大、分散广布的特点，不同乡村在人文历史、自然生态、建设条件等方面千差万别，发展情况差异较大，由于长期以来村镇层级缺乏详细统计数据的覆盖，政府决策者无法全面、实时地了解各地乡村发展现状和需求，导致相关决策主观性较强，无法科学指导广大村镇的持续发展。

信息化技术和互联网大数据的普及为这一问题提供了解决思路。随着移动互联网等乡村基础设施的大规模普及建设，越来越多的乡村地区进入了数据化信息化时代。根据国家《数字乡村发展战略纲要》要求，到 2025 年数字乡村建设将取得重要创新性进展，城乡数字鸿沟明显缩小。除了调查统计数据、遥感测绘数据等传统数据类型之外，目前城乡建设领域较为常见的新型信息数据包括移动终端数据（如手机信令数据、移动 GPS 数据、智能佩戴设施数据等）、互联网大数据（如政府公开的政务大数据、企业开源数据、公众舆情数据等）、智慧设施的感知数据（如物理环境、交通路网、水电管网设施运行与监测数据等）。面向全领域和地域的海量高精度数据被感知、捕捉和整合，将逐步推动村镇地区走出数据空白，为信息化、精细化治理提供可能，推动乡村地区社会经济空间的深度优化。

### 2. 信息化平台的搭建实现村镇建设智能化管理与运维

村镇建设管理服务涉及的要素众多，内容繁琐复杂，要实现低成本、一体化、全过程、高绩效的建设服务管理，需要充分利用信息技术开发智能化管理平台，借助数字技术浪潮，引导物联网、人工智能、大数据、区块链、5G 等数字技术向工程建设、生态环境、医疗健康、产业物流等重点领域全面渗透，综合数据采集、智能监控、预警决策、管理运维等功能于一体。目前，我国城市已在较为成熟的信息化自动化基础上，运用大数据、互联网 +、人工智能等科技，推进了城市管理制度与模式创新，提高了城市科学化、精细化、智能化管理水平，对于农村地区具有借鉴意义。随着乡村信息化建设的进一步完善和乡村规划、建设、治理等方面的信息化转型，村镇智能化管理平台将成为村镇现代化治理的必要技术手段，将城乡人口流动、经济产业发展、社会治理运维、空间环境提升与居民行为喜好等多元要素统筹纳入城乡发展系统中，大幅提升乡村生产、生活和生态功能的发展协同，实现村镇智能化管理运维。

当前阶段，村镇信息化技术的发展仍存在内外因素的制约，如顶层设计不足、信息基础设施薄弱、覆盖地区不全、农民现代信息技能缺失等。将来随着信息基础设施和服务终端进一步完善、乡村居民现代化知识技能进一步提升，信息技术助力乡村振兴战略实施的巨大潜力将进一步释放。

### 1.2.7 结论

当前，我国村镇建设已进入转型升级全面缩小城乡差距的历史性阶段，建设目标紧扣时代脉搏，从资源、经济、环境、社会、信息等关键要素入手，致力于走与自然和谐共处、提升生活品质的可持续发展之路，是未来我国村镇建设的主导方向。

多年来的发展现状与趋势表明，我国村镇建设将在城镇化和乡村振兴的大背景下进一步加强对国土资源的集约利用，以提高人地资源效率；村镇产业将持续推动三产融合走创新发展之路以谋求新的增长点；农村人居环境整体性保护修复将成为工作重点，以应对全球环境恶化带来的生存危机；绿色节能技术将因地制宜广泛应用，以推动乡村建设发展低碳转型；消弭地域差距的一体化服务模式将取代传统模式，以匹配城乡融合发展的新型战略格局；历史保护传承和地域风貌塑造的内容和机制将全面优化，以回应不断提升的文化需求；信息技术的爆发与普及将快速向农村渗透，促进村镇数字化转型与变革，以全面提升建设效率与质量。

# 2 村镇建设发展评估

截至2021年，我国960万平方千米土地上分布着2843个县级区划，2.8万多个乡镇，261.7万个自然村。广大村镇在地理条件、气候条件、文化背景和经济发展水平方面存在着显著差异，村镇建设模式和影响因素也表现出明显的多样性与复杂性。长期以来，由于村镇地区信息收集处理能效较低，政策模式趋于封闭单一，村镇建设的战略决策缺乏科学数据模型支撑，决策风险较大，效率偏低。随着新一代信息技术的覆盖普及，基于大量数据客观辅助村镇发展决策成为可能。借助以大数据、人工智能为代表的技术手段，客观准确地评估当前我国村镇建设发展特征、水平、模式、问题，是重塑优化地方发展规划政策模式的现实需求。

本书在乡村振兴与新型城镇化战略背景下，将县域环境影响考虑到村镇建设发展评估工作中，构建村镇建设发展评估技术框架，结合多源异构大数据和智能算法模型，以2021年我国一般公共预算收入居全国前1000位的乡镇及所在县（市/区）为研究对象（实际有效样本782个）进行评估，解析村镇建设发展的典型特征与发展模式，为持续推进乡村振兴战略实施和优化村镇建设发展政策提供参考。

## 2.1 村镇建设发展评估方法

根据国家有关“乡村振兴”“乡村建设行动”“县域新型城镇化”政策目标要求和重点建设任务，结合国内外有关村镇建设评价的文献梳理，本章从“经济与产业、区位与交通、资源禀赋与生态环境、基础设施与公共服务、政策制度与公共管理”五大维度和“县域—村镇”两级行政单元建构村镇建设典型特征指标体系（简称“指标体系”），在此基础上综合利用互联网大数据、城乡建设宏观统计数据、自然地理信息数据和智能算法模型，以 2021 年我国一般公共预算收入居全国前 1000 位的乡镇及所在县市为研究对象（实际有效样本 782 个）进行村镇建设典型特征刻画与发展模式分类。

## 2.1.1 村镇建设典型特征刻画指标体系构建

### 1. 构建原则

（1）**体现国家战略需求与村镇发展趋势。**指标体系的构建建立在深刻理解国家乡村振兴发展战略目标和实施路径的基础上，同时充分考虑城乡融合阶段村镇建设发展趋势。

（2）**立足村镇发展复杂系统科学理论。**村镇建设发展系统是一个由大量相互联系、作用的适应性主体所构成的复杂系统，应充分考虑外部环境与内部主体、物质与非物质，以及资源、经济、环境、社会、信息等村镇建设发展的全要素。

（3）**统筹县域与村镇两级评估指标。**乡村振兴建设聚焦村镇，联动县域城市。将村镇建设与县域发展有机结合，以县域为单元推动城乡融合，为新型城镇化和乡村振兴提供有力支撑。

（4）**兼顾数据可获取性和指标代表性。**针对村镇层级资料在现有统计数据中不全面、不完整、难获取的问题，广泛收集整合形成多源、多要素的数据获取与量化分析方法，增强数据指标的可获性和代表性。

### 2. 指标体系

基于以上原则构建“经济与产业—区位与交通—资源禀赋与生态环境—基础设施与公共服务—政策制度与公共管理”五个维度 48 个指标的村镇建设典型特征指标体系，其中县域级别数据用于对村镇级别数据的修正（表 2-1）。

表 2-1 村镇建设典型特征指标体系

| 维度 | 指标 | 尺度 | 来源 |
|---|---|---|---|
| 经济与产业 | 人口密度 | 乡镇 | 《城乡建设统计年鉴——村镇篇》 |
| | 工业企业个数 | 乡镇 | 《城乡建设统计年鉴——村镇篇》 |
| | 规模以上工业企业个数 | 乡镇 | 《城乡建设统计年鉴——村镇篇》 |
| | 公司企业数量 | 乡镇 | 互联网大数据 |
| | 金融保险相关服务数量 | 乡镇 | 互联网大数据 |
| | 商务住宅数量 | 乡镇 | 互联网大数据 |
| | 产业高质量发展指数 | 县域 | 互联网大数据 |
| | 营商环境指数 | 县域 | 互联网大数据 |
| | 产业协调度 | 县域 | 互联网大数据 |
| | 劳动力占比 | 县域 | 互联网大数据 |
| | 老年人占比 | 县域 | 互联网大数据 |
| | 农村居民人均可支配收入 | 县域 | 互联网大数据 |
| | 农村居民人均可支配收入增速 | 县域 | 互联网大数据 |
| | 城镇居民人均可支配收入 | 县域 | 互联网大数据 |
| | 城镇居民人均可支配收入增速 | 县域 | 互联网大数据 |
| 区位与交通 | 交通设施相关服务数量 | 乡镇 | 互联网大数据 |
| | 道路附属设施数量 | 乡镇 | 互联网大数据 |
| | 路网覆盖率得分 | 县域 | 互联网大数据 |
| | 镇到村路网得分 | 县域 | 互联网大数据 |
| | 农村公路畅通率 | 县域 | 互联网大数据 |
| | 路网密度 | 县域 | 互联网大数据 |
| 资源禀赋与生态环境 | 风景名胜数量 | 乡镇 | 互联网大数据 |
| | 土地利用结构多样性 | 乡镇 | 卫星遥感解译的土地利用数据 |
| | 地形起伏度 | 乡镇 | STRM DEM 数据 |
| | 平均海拔 | 乡镇 | STRM DEM 数据 |
| | 空气质量优良天气数比例 | 县域 | 互联网大数据 |

续表

| 维度 | 指标 | 尺度 | 来源 |
|---|---|---|---|
| 基础设施与公共服务 | 经营面积 50 平方米以上综合商店或超市数量 | 乡镇 | 《城乡建设统计年鉴——村镇篇》 |
| | 汽车相关服务 | 乡镇 | 互联网大数据 |
| | 餐饮相关服务 | 乡镇 | 互联网大数据 |
| | 购物相关服务 | 乡镇 | 互联网大数据 |
| | 生活相关服务 | 乡镇 | 互联网大数据 |
| | 体育休闲相关服务 | 乡镇 | 互联网大数据 |
| | 医疗保健相关服务 | 乡镇 | 互联网大数据 |
| | 住宿相关服务 | 乡镇 | 互联网大数据 |
| | 科技文化相关服务 | 乡镇 | 互联网大数据 |
| | 农村居民家庭恩格尔系数 | 县域 | 互联网大数据 |
| | 医疗卫生机构乡镇覆盖率 | 县域 | 互联网大数据 |
| | 基建协调指数 | 县域 | 互联网大数据 |
| | 城乡协调指数 | 县域 | 互联网大数据 |
| 政策制度与公共管理 | 政府机构及社会团体 | 乡镇 | 互联网大数据 |
| | 公共设施 | 乡镇 | 互联网大数据 |
| | 就业创新活力得分 | 县域 | 互联网大数据 |
| | 环境保护满意度得分 | 县域 | 互联网大数据 |
| | 医疗服务满意度得分 | 县域 | 互联网大数据 |
| | 教育服务满意度得分 | 县域 | 互联网大数据 |
| | 公共服务能力指数值 | 县域 | 互联网大数据 |
| | 公共服务供给充分度指数 | 县域 | 互联网大数据 |
| | 民心正面舆情量 | 县域 | 互联网大数据 |

### 2.1.2 村镇发展模式分类

2018 年 9 月，中共中央、国务院印发了《乡村振兴战略规划（2018—

2022年)》，把村庄分为集聚提升、融入城镇、特色保护、搬迁撤并四大类。如果把分类的范围扩大到镇，则前三个分类仍然适用，只有搬迁撤并比较少见。

2019年5月，《中共中央 国务院关于建立国土空间规划体系并监督实施的若干意见》(以下简称《若干意见》)发布，指出全国建立“五级三类”的国土空间规划体系，按照“一级政府、一级事权、一级规划”的原则，国土空间总体规划分为“全国、省、市、县、乡镇”五个层级。《自然资源部关于全面开展国土空间规划工作的通知》(自然资发87号)，进一步要求“各级自然资源主管部门要将思想和行动统一到党中央的决策部署上来，按照《若干意见》要求，主动履职尽责，建立“多规合一”的国土空间规划体系并监督实施。按照自上而下、上下联动、压茬推进的原则，抓紧启动编制全国、省级、市县和乡镇国土空间规划(规划期至2035年，展望至2050年)，尽快形成规划成果”，并配套印发《市县国土空间总体规划编制指南》。

作为国土空间总体规划编制最基本单元的乡镇一级，国家层面并未出台能够指导规划编制的技术文件，因此，各省、市依次根据自己的情况编制相关技术文件，推进乡镇国土空间规划编制工作。截至2021年底，北京、天津、河北、山东、湖南、贵州等12个省(直辖市)相继发布了乡镇层面的国土空间规划指导文件。其中，《河北省乡镇国土空间总体规划编制导则(试行)》把乡镇分为城郊服务型、工贸带动型、特色保护型、资源生态型、现代农业型五大类;《湖南省乡镇国土空间规划编制指南(试行)》把乡镇分为城郊服务型、产业发展型、商贸物流型、现代农业型、文旅融合型、生态保护型和其他特色型七大类;《贵州省乡镇级国土空间总体规划编制技术指南》把乡镇分为交通枢纽型、旅游服务型、绿色产业型、工矿园区型、商贸集散型、移民安置型、其他特色型七大类。这些分类主要围绕着城乡关系、产业特色、自然人文资源等展开，同时兼顾特色不鲜明的乡镇。

综合考虑国家政策导向与地方法规衔接，我们将我国村镇划分为城乡一体融合型、特色产业主导型、人文生态资源型、多元发展均衡型四个典型模式，以方便对村镇建设进行分类针对指导，其发展特点如图2-1所示。

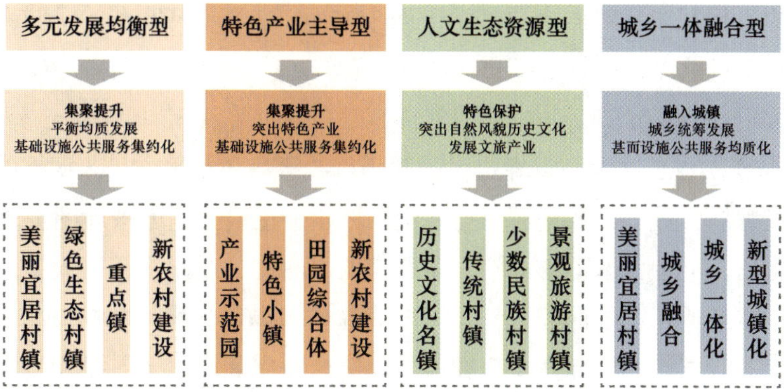


图 2-1　四类村镇发展模式

## 2.1.3 研究对象与数据来源

### 1. 研究对象

选择 2021 年《中国县域统计年鉴（乡镇卷）》中所确定的各地区一般公共预算收入居全国前 1000 位的乡镇作为研究对象（以下简称为“千强镇”）。一般公共预算收入指国家财政参与社会产品分配所取得的收入，是实现国家职能的财力保证。一般公共预算收入越高，地方政府的财政可支配能力就越强，社会民生保障就越好，该指标从一定程度上反映了乡镇的综合实力。“千强镇”与普通村镇相比更具有经济和人口规模优势，但仍与城市存在一定发展差距。研究选取《中国县域统计年鉴（乡镇卷）》中所确定的各地区一般公共预算收入居全国前 1000 位的乡镇，结合数据获取实际情况，剔除数据缺失样本，最终确定研究样本 782 个。参评的 782 个“千强镇”分布在全国 25 个省市（区、市），主要聚集在东南沿海的山东、江苏、浙江、上海、福建、广东等地，占据全部样本的 72%，在一定程度上代表了我国一般公共预算收入居全国前 1000 位的乡镇的主要分布特征。

### 2. 数据来源

针对村镇层级资料在现有统计数据中不全面、不完整、难获取的问题，广泛收集整合形成多源、多要素的数据获取与量化分析方法，补充传统数据和现场调研的不足。涉及数据主要来源于四个方面：（1）政府发布的《城乡建设统计年鉴——村镇篇》中的数据；（2）通过卫星遥感解译的土地利用数据（2020年，30m 分辨率）；（3）中国 STRM DEM 数据（2020 年，30m 分辨率）；（4）由清华 DAAS 实时数据库提供的基于行政区县和 1 平方千米网格的多源互联网人工智能大数据，其来源于公开的、POI 定位相关的电子地图类、O2O 类网站、微博、网络媒体发文网站，通过爬取、清洗、对比、基于人工智能算法的分类、增量计算、统计汇总、指标合成等步骤得到标准化数据产品，具有科学客观、实时更新的特征。本研究涉及村镇两个空间尺度，其中网格数据基于地理空间的计算处理得到村镇级别指标数据，县域数据则作为村镇指标数据的修正数据。以上数据通过 ArcGIS 地理信息平台进行耦合。

### 2.1.4 评估方法

#### 1. 基于熵权灰色系统综合评价的村镇建设典型特征刻画

村镇建设典型特征刻画是基于县级指标数据和村镇级指标数据两类，通过指标筛选和替换完成数据修正，利用基于熵权的灰色系统综合评价模型测算村镇的五个维度特征值和综合评价得分。

灰色系统综合评价法是以灰色系统理论为基础，以解决“部分信息已知，部分信息未知”的“小样本、贫信息”系统问题，实现对系统运行行为、发展趋势、演化规律的正确把握和有效预测。村镇建设可以抽象为一个多因素相互影响的灰色系统，具有明显的层次复杂性、结构关系模糊性、动态变化随机性以及指标数据的不完整性和不确定性等特点。因此，基于灰色系统综合评价法对其进行综合评价是科学合理的。而基于熵权的灰色系统综合评价模型就是在传统的灰色综合评价模型基础上，基于数据驱动来运用熵权法对其多指标权重进行客观修正，从而来计算各因素之间的灰色关联度及其强度。此方法更为客观和准确。

#### 2. 基于 BP 神经网络的村镇发展模式分类

BP 神经网络是由大量处理单元互联组成的非线性、自适应信息处理系统。它是在现代神经科学研究成果的基础上提出的，试图通过模拟大脑神经网络处理、记忆信息的方式进行信息处理，主要的优点是具有极强的非线性映射能力。它由一个输入层、一个输出层和一个或多个隐藏层组成。BP 神经网络是一种前馈神经网络，信息从输入层进入网络后，逐层向前传播至输出层。它主要根据网络中神经元激活函数、隐藏层数和权值调整规则的不同，可以形成具有不同特点的前馈神经网络。采取 BP 神经网络对村镇类型进行预测，首先根据专家经验对村镇样本进行主观分类，将村镇类型划分为四个类型，分别为城乡一体融合型、人文生态资源型、特色产业主导型、多元发展均衡型。其次将村镇典型特征刻画的 23 个指标作为输入层，并将指标数据进行标准化，通过多层随机抽样，将村镇样本进行拆分，其中测试集样本占比 25%，训练集样本占比 75%。最后，利用 R 语言中神经网络算法包 neuralnet（ ），训练出村镇分类的最优神经网络模型，以实现对目标村镇类型的预测。

## 2.2 村镇建设发展评估结果

### 2.2.1 村镇建设典型特征刻画结果

根据村镇建设典型特征指标体系，基于熵权灰色系统评价方法对 782 个样本进行评估并得到综合得分，综合得分区间为 0.35~0.66，平均得分为 0.3712。根据综合得分排名，以（0~5%）、（5%~20%）、（20%~40%）、（40%~70%）、（70%~100%）比例为分区依据将 782 个样本分为 5 个区间，分别代表综合建设发展程度为高水平、较高水平、中等水平、较低水平和低水平。

**基于地区差异的综合评估情况：**782 个参评的千强镇中，排名在前 5% 的高水平乡镇综合得分区间为 0.41~0.66，主要分布在东南沿海的广东、浙江、江苏、福建四省；排名在后 30% 的低水平乡镇综合得分区间在 0.35~0.36，主要分布在山东、福建、河南、河北等省，基本呈现“东南部地区较高、西南和中部地区居中、西北部和东北部地区较低”的总体特征（图 2-2）。

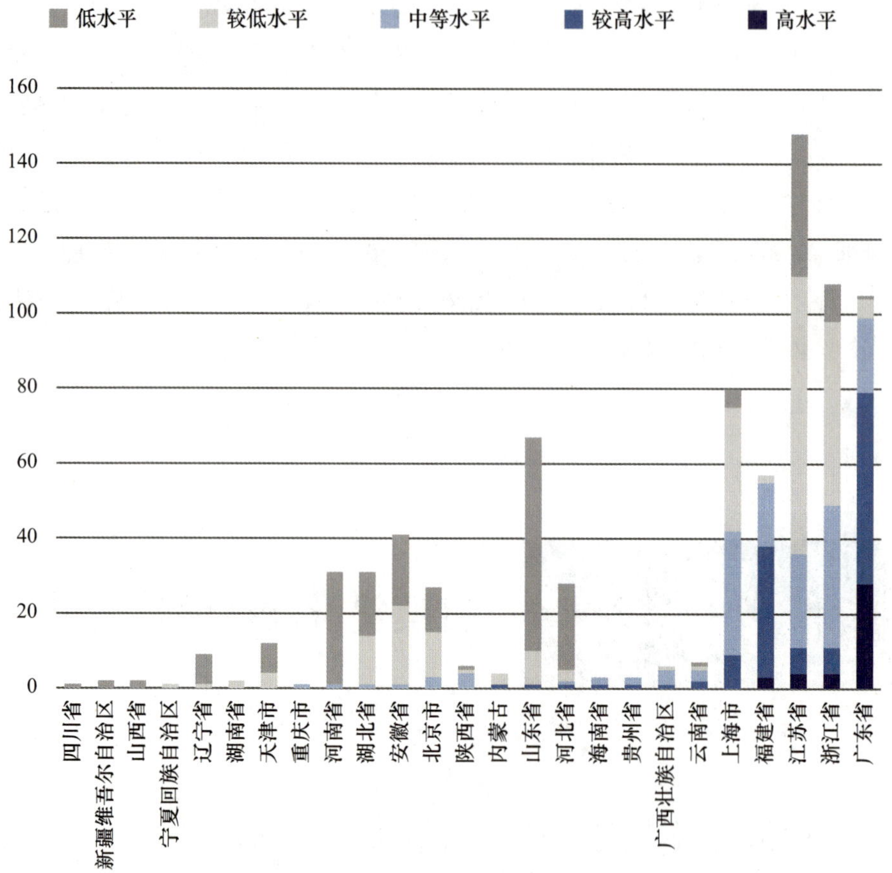


图 2-2　基于地区差异的综合评估情况

**基于五个特征维度的整体评估情况：**基于全国 782 个千强镇的测算结果，村镇建设发展建设五大典型特征维度平均得分排序依次是资源禀赋与生态环境（0.4091）、产业与经济（0.3480）、区位与交通（0.3471）、基础设施与公共服务（0.3465）、政策制度与公共管理（0.3437），说明千强镇在资源禀赋与生态环境方面建设发展水平普遍较好，在政策制度与公共管理方面建设发展水平有待提升。

进一步将排名前 5%、后 30% 的千强镇的平均得分与全样本平均值进行对比，结果显示，排名前 5%、后 30% 的千强镇五大特征维度平均得分差异（分数比）排序依次是资源禀赋与生态环境（1.38）、基础设施与公共服务（1.29）、经济与产业（1.25）、区位与交通（1.18）、政策制度与公共管理（1.14）。可以看出资源禀赋与生态环境、基础设施和公共服务、经济与产业三大维度的发展差距是导致千强镇综合发展差距的重要原因，应作为未来建设提升的重点领域（图 2-3）。

| | 经济与产业 | 区位与交通 | 资源禀赋与生态环境 | 基础设施与公共服务 | 政策制度与公共管理 |
|---|---|---|---|---|---|
| 全样本平均 | 0.3480 | 0.3471 | 0.4091 | 0.3465 | 0.3437 |
| 前 5% | 0.4220 | 0.3989 | 0.5173 | 0.4360 | 0.3846 |
| 后 30% | 0.3367 | 0.3383 | 0.3759 | 0.3372 | 0.3367 |
| 得分 | 1.2535 | 1.1791 | 1.3761 | 1.2927 | 1.1422 |

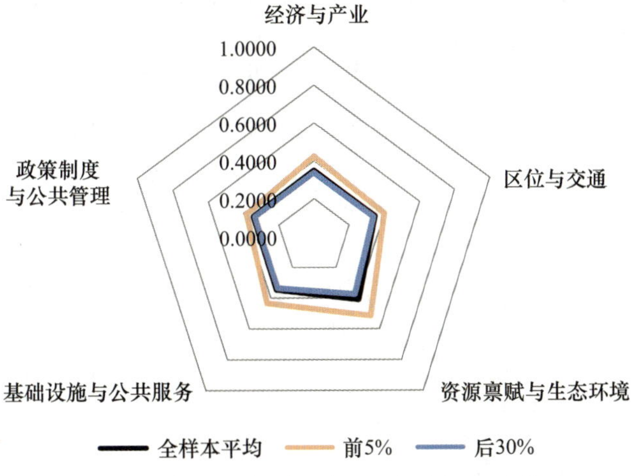


图 2-3　基于五个特征维度的整体评估情况

## 2.2.2 村镇发展模式分类结果

基于 BP 神经网络的村镇分类方法，测检出村镇分类最优神经网络模型。当隐藏层为 2，神经元分别为 6 和 8 时，模型准确度为 96%。四类村镇发展典型模式的数量和空间分布如图 2-4 所示。

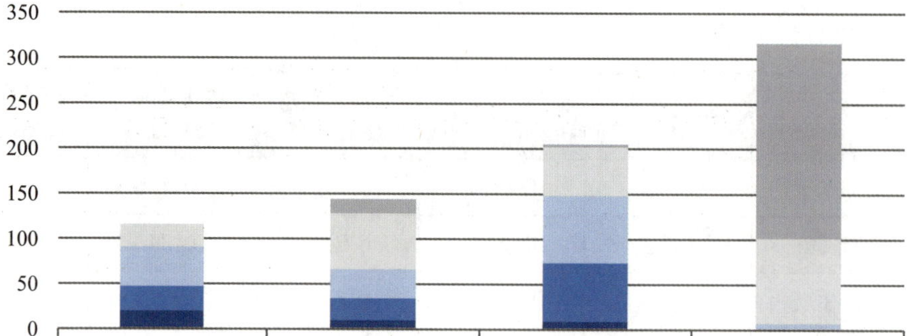


| | 城乡一体融合型 | 特色产业主导型 | 人文生态资源型 | 多元发展均衡型 |
|---|---|---|---|---|
| 低水平 | 0 | 16 | 3 | 216 |
| 较低水平 | 25 | 62 | 54 | 94 |
| 中等水平 | 44 | 32 | 74 | 6 |
| 较高水平 | 27 | 24 | 65 | 1 |
| 高水平 | 20 | 10 | 9 | 0 |

图 2-4　四类村镇发展典型模式的数量和空间分布（个）

**基于综合得分的四类发展模式比较：**从数量来看，四类发展模式村镇的数量由多到少排序为多元发展均衡型（317）、人文生态资源型（205）、特色产业主导型（144）、城乡一体融合型（116）；从综合得分情况来看，四类村镇建设发展平均得分由高到低排序为城乡一体融合型（0.39）、人文生态资源型（0.3808）、特色产业主导型（0.3755）和多元发展均衡型（0.3553）；城乡一体融合型中高水平发展村镇数量最多，其次是特色产业主导型，人文生态资源型中较高水平村镇数量最多，多元发展均衡型中低水平和较低水平村镇数量最多。

**基于五个特征维度的四类发展模式比较：**从五个特征维度发展建设水平来看，四类村镇在资源禀赋与生态环境、经济与产业、区位与交通三个维度的差异相对较大，在基础设施与公共服务、政策制度与公共管理两个维度的差异相对较小。城乡一体融合型、人文生态资源型、特色产业主导型、多元发展均衡型村镇在资源禀赋与生态环境、经济与产业、区位与交通三个维度极值比依次是 0.1620、0.1290、0.1175，差距相对较大；基础设施与公共服务、政策制度与公共管理两个维度的极值比依次是 0.0924、0.0822，差距相对较小（图 2-5）。

| 发展典型模式 | 经济与产业 | 区位与交通 | 资源禀赋与生态环境 | 基础设施与公共服务 | 政策制度与公共管理 |
|---|---|---|---|---|---|
| 城乡一体融合型 | 0.3809 | 0.3809 | 0.4188 | 0.3694 | 0.3648 |
| 人文生态资源型 | 0.3401 | 0.3410 | 0.4432 | 0.3401 | 0.3406 |
| 特色产业主导型 | 0.3563 | 0.3425 | 0.4138 | 0.3556 | 0.3455 |
| 多元发展均衡型 | 0.3373 | 0.3408 | 0.3814 | 0.3382 | 0.3371 |
| 极值比 | 0.1290 | 0.1175 | 0.1620 | 0.0924 | 0.0822 |

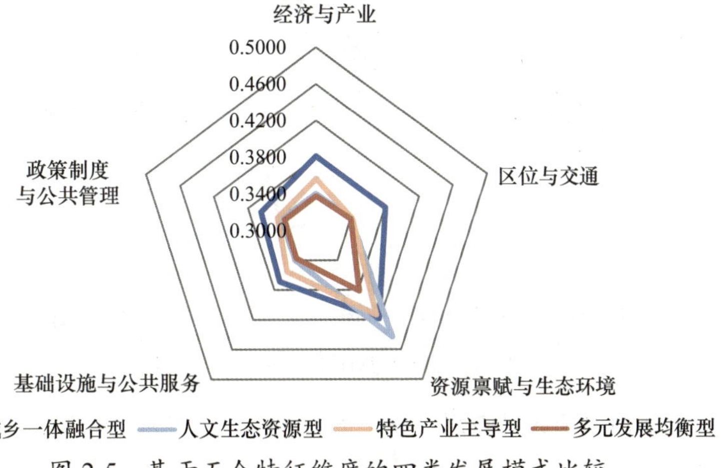


图 2-5　基于五个特征维度的四类发展模式比较

下面分别对四类发展模式中综合得分排名第一的村镇进行分析（表 2-2、表 2-4、表 2-6、表 2-8），并对各类排名前 45 的样本进行展示（表 2-3、表 2-5、表 2-7、表 2-9）。

# 城乡一体融合型村镇：广东省佛山市南海区狮山镇

表 2-2　城乡一体融合型村镇：广东省佛山市南海区狮山镇

| 县级主指标 | | 乡镇级主要指标 | |
|---|---|---|---|
| 所属区县 | 南海区 | 行政面积（$km^2$） | 336.24 |
| 劳动力占比 | 82.92 | 耕地面积（$km^2$） | 94.72 |
| 农民人均支配收入（万元） | 3.45 | 居民用地面积（$km^2$） | 172.61 |
| 农民家庭恩格尔系数 | 29.79 | 人口密度（人 /$km^2$） | 1104.11 |
| 空气质量优良天数比 | 99.45 | 工业企业个数 | 10753 |
| 城乡协调指数 | 84.61 | 规模以上企业个数 | 1277 |

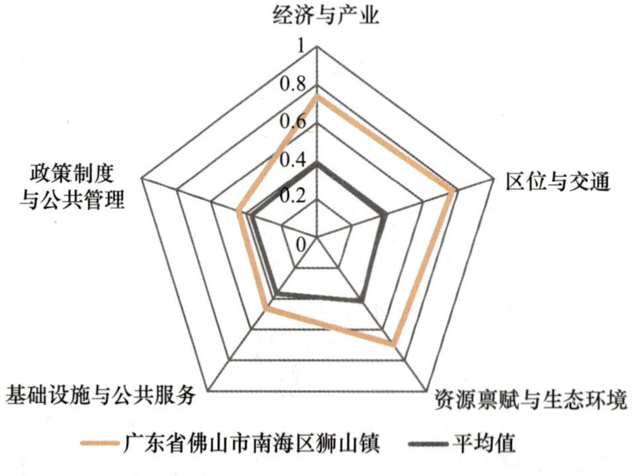


**城乡一体融合型村镇特点：**该类型村镇位于市县城区周边，与城区联系紧密，涉及市县城市开发边界，在规划建设上突出城乡统筹一体化发展。从该类型排名前 45 的数据来看，该类型基本不存在显著的发展短板，在经济与产业、区位与交通、资源禀赋与生态环境、基础设施与公共服务四个方面存在优势，仅有较少乡镇在政策制度与公共管理方面存在不足（表 2-3）。

**狮山镇建设特点：**狮山镇是广东省佛山市南海区辖镇，下辖 55 个社区、

28 个行政村，行政面积 336.24 平方千米。狮山镇的发展具有典型的快速城市化特征，通过数轮制度变迁推动了土地发展权的演化，进而引发了狮山镇的快速工业化与快速城市化。在经济全球化浪潮中和大都市区化背景下，狮山镇积极参与地域分工与城市区域重构，作为南海区主动构建的重要产业空间，以工业化推动城市化和现代化，从而实现产业结构的转型与区域地位的升级，具有典型的自上而下园区工业化特征。

**狮山镇发展成果：**经过多年的发展，狮山镇形成了汽车及零部件、高端装备制造、有色金属、生物医药等支柱产业，目前产值在 100 亿元以上的产业有 6 个，规模以上企业工业总产值超 3400 亿元，占南海区约 1/2，占佛山市约 1/7。目前，狮山镇先后获得国家专用装备高新技术产业化基地、中国塑料中空包装产业基地、广东省新光源产业基地、国家卫生镇、国家社区教育示范镇、广东省文明镇、广东省食品安全示范镇等多项荣誉称号。根据 2021 年全国百强镇排名，广东佛山南海区狮山镇位居全国第二位，仅次于江苏昆山市玉山镇；根据《2021 中国镇域高质量发展报告》，狮山镇高居 2021 镇域高质量发展百强的第一名。

表 2-3 城乡一体融合型村镇（排名前 45）

| 乡镇名称 | 经济与产业 | 区位与交通 | 资源禀赋与生态环境 | 基础设施与公共服务 | 政策制度与公共管理 | 综合得分 | 同类模式排名 | 综合排名 |
|---|---|---|---|---|---|---|---|---|
| 广东省佛山市南海区狮山镇 | 0.7337 | 0.7733 | 0.7031 | 0.4666 | 0.4397 | 0.6553 | 1 | 1 |
| 江苏省苏州市昆山市玉山镇 | 0.6112 | 0.6520 | 0.4382 | 0.5468 | 1.0000 | 0.5772 | 2 | 2 |
| 广东省佛山市南海区大沥镇 | 0.5574 | 0.5283 | 0.5534 | 0.5500 | 0.3993 | 0.5345 | 3 | 4 |
| 广东省东莞市长安镇 | 0.5855 | 0.3583 | 0.4659 | 0.7262 | 0.3803 | 0.5050 | 4 | 6 |
| 广东省佛山市南海区里水镇 | 0.4406 | 0.5722 | 0.5430 | 0.3830 | 0.3683 | 0.4855 | 5 | 7 |
| 广东省东莞市寮步镇 | 0.4267 | 0.3558 | 0.4759 | 0.7054 | 0.3729 | 0.4753 | 6 | 9 |
| 广东省东莞市塘厦镇 | 0.4659 | 0.3570 | 0.4906 | 0.5495 | 0.3593 | 0.4614 | 7 | 12 |
| 广东省佛山市顺德区乐从镇 | 0.4088 | 0.4407 | 0.5401 | 0.3879 | 0.3943 | 0.4607 | 8 | 13 |

续表

| 乡镇名称 | 经济与产业 | 区位与交通 | 资源禀赋与生态环境 | 基础设施与公共服务 | 政策制度与公共管理 | 综合得分 | 同类模式排名 | 综合排名 |
|---|---|---|---|---|---|---|---|---|
| 广东省东莞市常平镇 | 0.4131 | 0.3549 | 0.4911 | 0.5337 | 0.3683 | 0.4498 | 9 | 15 |
| 广东省广州市增城区新塘镇 | 0.4927 | 0.3683 | 0.4991 | 0.3905 | 0.3440 | 0.4437 | 10 | 16 |
| 广东省广州市白云区太和镇 | 0.4784 | 0.3795 | 0.4799 | 0.3854 | 0.3547 | 0.4356 | 11 | 18 |
| 福建省福州市仓山区建新镇 | 0.3523 | 0.3636 | 0.5474 | 0.3703 | 0.3479 | 0.4333 | 12 | 19 |
| 广东省佛山市禅城区南庄镇 | 0.3706 | 0.5195 | 0.4662 | 0.3662 | 0.3726 | 0.4317 | 13 | 20 |
| 广东省广州市番禺区南村镇 | 0.4223 | 0.4138 | 0.4718 | 0.3716 | 0.3973 | 0.4295 | 14 | 21 |
| 广东省佛山市顺德区北滘镇 | 0.3965 | 0.4251 | 0.4818 | 0.3726 | 0.3828 | 0.4293 | 15 | 22 |
| 江苏省苏州市吴中区木渎镇 | 0.3864 | 0.3944 | 0.4938 | 0.3782 | 0.3551 | 0.4254 | 16 | 24 |
| 江苏省苏州市张家港市杨舍镇 | 0.4220 | 0.4675 | 0.4041 | 0.4249 | 0.4225 | 0.4229 | 17 | 26 |
| 广东省广州市白云区钟落潭镇 | 0.4001 | 0.3825 | 0.4904 | 0.3508 | 0.3484 | 0.4195 | 18 | 29 |
| 广东省佛山市南海区丹灶镇 | 0.3878 | 0.3767 | 0.4863 | 0.3574 | 0.3542 | 0.4164 | 19 | 31 |
| 江苏省常州市武进区湖塘镇 | 0.3913 | 0.3769 | 0.4161 | 0.4403 | 0.4644 | 0.4139 | 20 | 35 |
| 广东省广州市白云区江高镇 | 0.3862 | 0.3639 | 0.4772 | 0.3466 | 0.3496 | 0.4082 | 21 | 43 |
| 广东省广州市白云区人和镇 | 0.3939 | 0.3920 | 0.4581 | 0.3526 | 0.3488 | 0.4076 | 22 | 44 |
| 广东省广州市花都区花东镇 | 0.3557 | 0.4023 | 0.4718 | 0.3469 | 0.3350 | 0.4053 | 23 | 52 |
| 上海市宝山区大场镇 | 0.5347 | 0.3960 | 0.3762 | 0.3624 | 0.3663 | 0.4052 | 24 | 53 |
| 广东省佛山市顺德区杏坛镇 | 0.3670 | 0.3887 | 0.4656 | 0.3489 | 0.3558 | 0.4051 | 25 | 54 |
| 广东省佛山市顺德区陈村镇 | 0.3731 | 0.3819 | 0.4586 | 0.3530 | 0.3662 | 0.4041 | 26 | 61 |
| 广东省中山市坦洲镇 | 0.3557 | 0.3409 | 0.4616 | 0.4052 | 0.3408 | 0.4016 | 27 | 67 |

续表

| 乡镇名称 | 经济与产业 | 区位与交通 | 资源禀赋与生态环境 | 基础设施与公共服务 | 政策制度与公共管理 | 综合得分 | 同类模式排名 | 综合排名 |
|---|---|---|---|---|---|---|---|---|
| 广东省珠海市斗门区井岸镇 | 0.3465 | 0.3573 | 0.4704 | 0.3597 | 0.3391 | 0.3983 | 28 | 75 |
| 上海市嘉定区安亭镇 | 0.3815 | 0.4258 | 0.3975 | 0.3597 | 0.4437 | 0.3974 | 29 | 78 |
| 福建省泉州市石狮市宝盖镇 | 0.3500 | 0.3637 | 0.4619 | 0.3466 | 0.3340 | 0.3940 | 30 | 92 |
| 江苏省苏州市吴江区盛泽镇 | 0.4118 | 0.3528 | 0.4116 | 0.3869 | 0.3681 | 0.3938 | 31 | 93 |
| 上海市奉贤区南桥镇 | 0.4061 | 0.3911 | 0.4168 | 0.3614 | 0.3374 | 0.3938 | 32 | 94 |
| 广东省中山市东升镇 | 0.3613 | 0.3420 | 0.4464 | 0.3765 | 0.3409 | 0.3921 | 33 | 97 |
| 江苏省苏州市昆山市周市镇 | 0.3974 | 0.3661 | 0.4060 | 0.3626 | 0.4185 | 0.3920 | 34 | 98 |
| 广东省佛山市顺德区均安镇 | 0.3623 | 0.3647 | 0.4428 | 0.3479 | 0.3500 | 0.3907 | 35 | 110 |
| 江苏省苏州市昆山市巴城镇 | 0.3752 | 0.3683 | 0.4177 | 0.3558 | 0.4033 | 0.3903 | 36 | 115 |
| 广东省珠海市金湾区三灶镇 | 0.3431 | 0.3567 | 0.4467 | 0.3570 | 0.3425 | 0.3882 | 37 | 123 |
| 广东省广州市增城区石滩镇 | 0.3483 | 0.3514 | 0.4534 | 0.3409 | 0.3374 | 0.3877 | 38 | 125 |
| 上海市嘉定区马陆镇 | 0.3739 | 0.4286 | 0.3760 | 0.3546 | 0.4483 | 0.3876 | 39 | 126 |
| 江苏省苏州市太仓市城厢镇 | 0.3663 | 0.3849 | 0.4147 | 0.3593 | 0.3532 | 0.3859 | 40 | 135 |
| 上海市浦东新区祝桥镇 | 0.3623 | 0.3977 | 0.3988 | 0.3466 | 0.4100 | 0.3844 | 41 | 139 |
| 江苏省苏州市吴中区甪直镇 | 0.3721 | 0.3680 | 0.4227 | 0.3470 | 0.3441 | 0.3844 | 42 | 140 |
| 广东省珠海市金湾区红旗镇 | 0.3396 | 0.3849 | 0.4347 | 0.3409 | 0.3370 | 0.3842 | 43 | 142 |
| 河北省廊坊市三河市燕郊镇 | 0.3558 | 0.3892 | 0.3823 | 0.4415 | 0.3348 | 0.3837 | 44 | 147 |
| 江苏省苏州市张家港市金港镇 | 0.3791 | 0.3552 | 0.4107 | 0.3628 | 0.3623 | 0.3833 | 45 | 149 |

# 特色产业主导型代表村镇：广东省东莞市虎门镇

表 2-4　特色产业主导型代表村镇：广东省东莞市虎门镇

| 县级主要指标 | | 乡镇级主要指标 | |
|---|---|---|---|
| 所属区县 | 东莞市 | 行政面积（$km^2$） | 178.5 |
| 劳动力占比 | 84.97 | 耕地面积（$km^2$） | 17.35 |
| 农民人均可支配收入（万元） | 3.29 | 居民用地面积（$km^2$） | 77.92 |
| 农民家庭恩格尔系数 | 17.23 | 人口密度（人/$km^2$） | 908.53 |
| 空气质量优良天数比 | 99.73 | 工业企业个数 | 15527 |
| 城乡协调指数 | 96.14 | 规模以上企业个数 | 611 |

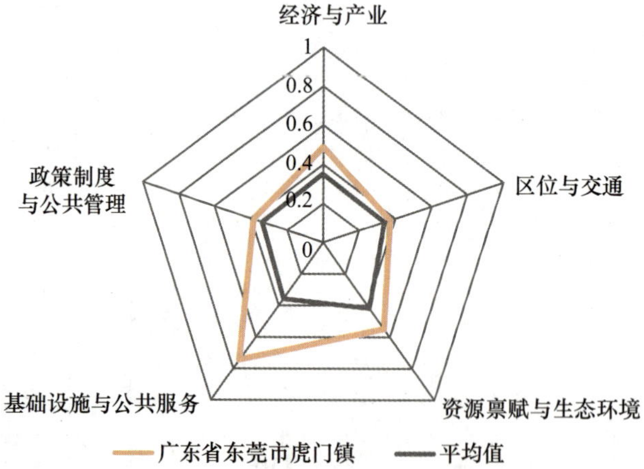


**特色产业主导型村镇特点：**该类型村镇经济发展较好，产业优势和特色明显，对周边乡镇和村庄有一定的辐射和带动作用。从该类型排名前 45 的数据来看，经济与产业、资源禀赋与生态环境、基础设施与公共服务三个方面发展较好，但在区位与交通、政策制度与公共管理两个方面上存在短板（表 2-5）。

**虎门镇建设发展特点：**虎门镇隶属于广东省东莞市，下辖 31 个社区，1 个生活区，行政面积 178.5 平方千米。虎门镇将服装服饰产业作为强镇富民的龙头产业予以规划、引导、扶持、推进，不断推动产业转型升级。发挥服装创意设计孵化器、万科创意时尚公社等平台作用，促进产业创新创意发展。此外，虎门镇还积极推进云平台建设，完善虎门服装云平台、服装云设计交易平台、服装品牌设计数据库、服装电商供应链云服务平台、服装电商一体化平台、在线服装图书馆等。

**虎门镇发展成果：**虎门镇大力发展服装服饰产业，形成了规模庞大的产业集群、配套完善的产业链条、成熟发达的市场体系，成为享誉国内外的以女装、童装、休闲装为特色的中国服装服饰名城。截至2021年底，虎门服装服饰生产加工企业达到了3100多家，年产值约410亿元。目前，虎门镇先后获得了全国重点镇、全国服装（休闲服）知名品牌创建示范区、国家电子商务示范基地、国家电子信息产业基地、国家特色景观旅游名镇等100多项国家和省级荣誉称号。

表2-5　特色产业主导型村镇（排名前45）

| 乡镇名称 | 经济与产业 | 区位与交通 | 资源禀赋与生态环境 | 基础设施与公共服务 | 政策制度与公共管理 | 综合得分 | 同类模式排名 | 综合排名 |
|---|---|---|---|---|---|---|---|---|
| 广东省东莞市虎门镇 | 0.4916 | 0.3747 | 0.5571 | 0.7434 | 0.3828 | 0.5293 | 1 | 5 |
| 广东省东莞市厚街镇 | 0.4097 | 0.3582 | 0.5099 | 0.6532 | 0.3778 | 0.4778 | 2 | 8 |
| 广东省东莞市大朗镇 | 0.4389 | 0.3539 | 0.5139 | 0.5996 | 0.3754 | 0.4749 | 3 | 10 |
| 浙江省温州市乐清市柳市镇 | 0.4713 | 0.3530 | 0.5550 | 0.3588 | 0.3699 | 0.4566 | 4 | 14 |
| 浙江省温州市瑞安市塘下镇 | 0.3831 | 0.3412 | 0.5634 | 0.3459 | 0.3620 | 0.4389 | 5 | 17 |
| 广东省东莞市凤岗镇 | 0.3986 | 0.3456 | 0.4781 | 0.4374 | 0.3551 | 0.4234 | 6 | 25 |
| 广东省东莞市清溪镇 | 0.3865 | 0.3469 | 0.4865 | 0.4155 | 0.3516 | 0.4207 | 7 | 27 |
| 广东省东莞市大岭山镇 | 0.3941 | 0.3539 | 0.4698 | 0.4289 | 0.3570 | 0.4194 | 8 | 30 |
| 广东省佛山市顺德区龙江镇 | 0.4034 | 0.3594 | 0.4701 | 0.3731 | 0.3688 | 0.4141 | 9 | 34 |
| 广东省东莞市黄江镇 | 0.3785 | 0.3427 | 0.4742 | 0.4062 | 0.3491 | 0.4120 | 10 | 38 |

续表

| 乡镇名称 | 经济与产业 | 区位与交通 | 资源禀赋与生态环境 | 基础设施与公共服务 | 政策制度与公共管理 | 综合得分 | 同类模式排名 | 综合排名 |
|---|---|---|---|---|---|---|---|---|
| 广东省中山市小榄镇 | 0.4226 | 0.3485 | 0.4289 | 0.4426 | 0.3496 | 0.4093 | 11 | 42 |
| 广东省东莞市谢岗镇 | 0.3485 | 0.3361 | 0.4995 | 0.3533 | 0.3399 | 0.4057 | 12 | 50 |
| 广东省佛山市南海区九江镇 | 0.3781 | 0.3578 | 0.4710 | 0.3559 | 0.3468 | 0.4046 | 13 | 56 |
| 广东省珠海市香洲区唐家湾镇 | 0.3511 | 0.3484 | 0.4818 | 0.3456 | 0.3542 | 0.4014 | 14 | 69 |
| 广东省东莞市茶山镇 | 0.3660 | 0.3393 | 0.4595 | 0.3828 | 0.3517 | 0.3997 | 15 | 71 |
| 广东省东莞市道滘镇 | 0.3509 | 0.3418 | 0.4754 | 0.3573 | 0.3451 | 0.3988 | 16 | 72 |
| 广东省东莞市企石镇 | 0.3548 | 0.3351 | 0.4698 | 0.3630 | 0.3452 | 0.3972 | 17 | 79 |
| 广东省东莞市横沥镇 | 0.3705 | 0.3403 | 0.4444 | 0.3939 | 0.3489 | 0.3964 | 18 | 82 |
| 广东省中山市古镇镇 | 0.3587 | 0.3475 | 0.4407 | 0.4105 | 0.3422 | 0.3960 | 19 | 84 |
| 广东省东莞市石排镇 | 0.3606 | 0.3368 | 0.4515 | 0.3836 | 0.3486 | 0.3951 | 20 | 87 |
| 广东省东莞市中堂镇 | 0.3529 | 0.3353 | 0.4637 | 0.3659 | 0.3459 | 0.3950 | 21 | 89 |
| 广东省东莞市樟木头镇 | 0.3645 | 0.3403 | 0.4481 | 0.3837 | 0.3441 | 0.3946 | 22 | 90 |
| 广东省东莞市沙田镇 | 0.3539 | 0.3404 | 0.4540 | 0.3669 | 0.3442 | 0.3922 | 23 | 96 |
| 广东省中山市横栏镇 | 0.3622 | 0.3384 | 0.4445 | 0.3823 | 0.3382 | 0.3917 | 24 | 100 |
| 广东省东莞市桥头镇 | 0.3652 | 0.3368 | 0.4414 | 0.3811 | 0.3488 | 0.3915 | 25 | 102 |
| 上海市浦东新区川沙新镇 | 0.3716 | 0.3592 | 0.4204 | 0.3683 | 0.3972 | 0.3907 | 26 | 111 |
| 福建省泉州市南安市水头镇 | 0.3482 | 0.3364 | 0.4653 | 0.3444 | 0.3343 | 0.3903 | 27 | 116 |
| 广东省东莞市石碣镇 | 0.3659 | 0.3439 | 0.4243 | 0.4009 | 0.3521 | 0.3897 | 28 | 118 |
| 浙江省温州市乐清市虹桥镇 | 0.3512 | 0.3367 | 0.4602 | 0.3408 | 0.3465 | 0.3895 | 29 | 119 |

续表

| 乡镇名称 | 经济与产业 | 区位与交通 | 资源禀赋与生态环境 | 基础设施与公共服务 | 政策制度与公共管理 | 综合得分 | 同类模式排名 | 综合排名 |
|---|---|---|---|---|---|---|---|---|
| 山东省威海市荣成市成山镇 | 0.3359 | 0.3353 | 0.4695 | 0.3390 | 0.3389 | 0.3890 | 30 | 120 |
| 福建省泉州市晋江市陈埭镇 | 0.3692 | 0.3436 | 0.4281 | 0.3630 | 0.3780 | 0.3880 | 31 | 124 |
| 江苏省苏州市昆山市张浦镇 | 0.3950 | 0.3427 | 0.4083 | 0.3487 | 0.3939 | 0.3840 | 32 | 145 |
| 广东省中山市东凤镇 | 0.3595 | 0.3396 | 0.4259 | 0.3734 | 0.3397 | 0.3827 | 33 | 154 |
| 浙江省湖州市吴兴区织里镇 | 0.3534 | 0.3456 | 0.4266 | 0.3587 | 0.3565 | 0.3820 | 34 | 156 |
| 广东省东莞市东坑镇 | 0.3546 | 0.3363 | 0.4260 | 0.3707 | 0.3452 | 0.3814 | 35 | 161 |
| 江苏省苏州市昆山市千灯镇 | 0.3863 | 0.3457 | 0.4082 | 0.3509 | 0.3711 | 0.3810 | 36 | 165 |
| 浙江省台州市温岭市大溪镇 | 0.3516 | 0.3408 | 0.4379 | 0.3436 | 0.3355 | 0.3808 | 37 | 167 |
| 上海市闵行区虹桥镇 | 0.4267 | 0.3813 | 0.3738 | 0.3555 | 0.3608 | 0.3804 | 38 | 170 |
| 广东省东莞市高埗镇 | 0.3537 | 0.3357 | 0.4217 | 0.3733 | 0.3468 | 0.3800 | 39 | 171 |
| 福建省泉州市晋江市金井镇 | 0.3409 | 0.3353 | 0.4429 | 0.3374 | 0.3458 | 0.3799 | 40 | 172 |
| 浙江省绍兴市诸暨市店口镇 | 0.3592 | 0.3345 | 0.4318 | 0.3448 | 0.3445 | 0.3799 | 41 | 173 |
| 广东省珠海市香洲区横琴镇 | 0.3392 | 0.3410 | 0.4392 | 0.3386 | 0.3456 | 0.3793 | 42 | 181 |
| 浙江省金华市义乌市苏溪镇 | 0.3523 | 0.3375 | 0.4289 | 0.3427 | 0.3474 | 0.3779 | 43 | 194 |
| 浙江省舟山市普陀区六横镇 | 0.3356 | 0.3345 | 0.4424 | 0.3345 | 0.3380 | 0.3774 | 44 | 200 |
| 浙江省台州市温岭市泽国镇 | 0.3519 | 0.3397 | 0.4263 | 0.3493 | 0.3358 | 0.3771 | 45 | 203 |

## 人文生态资源型代表村镇：浙江省金华市东阳市横店镇

表 2-6　人文生态资源型代表村镇：浙江省金华市东阳市横店镇

| 县级主要指标 | | 乡镇级主要指标 | |
|---|---|---|---|
| 所属区县 | 东阳市 | 行政面积（$km^2$） | 116.34 |
| 劳动力占比 | 77.58 | 耕地面积（$km^2$） | 19.81 |
| 农民人均可支配收入（万元） | 3.15 | 居民用地面积（$km^2$） | 36.07 |
| 农民家庭恩格尔系数 | 27.74 | 人口密度（人 /$km^2$） | 804.93 |
| 空气质量优良天数比 | 98.63 | 工业企业个数 | 663 |
| 城乡协调指数 | 79.25 | 规模以上企业个数 | 82 |

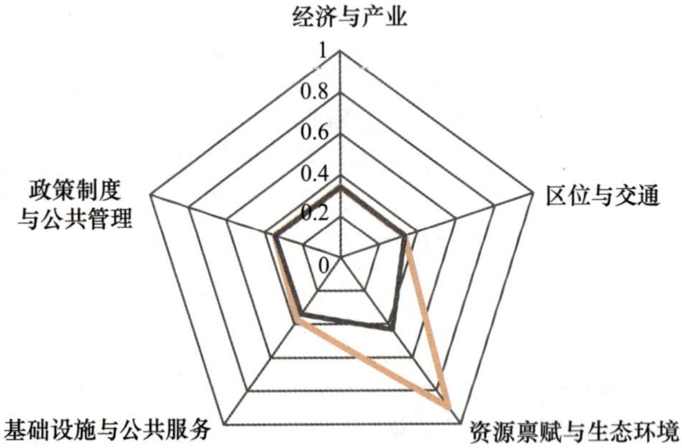


**人文生态资源型村镇特点：**该类型村镇拥有突出的自然生态或历史人文资源，具备旅游开发基础和潜力。从该类型排名前 45 的数据看，该类型在资源禀赋与生态环境方面存在突出优势，但在经济与产业、区位与交通、基础设施与公共服务、政策制度与公共管理四个方面发展水平相对较低，发展长短板问题明显（表 2-7）。

**横店镇建设发展特点：**横店镇是浙江省金华市东阳市辖镇，下辖 10 个社区，17 个行政村，行政面积 116.34 平方千米。横店镇域内拥有国家 5A 级景区横店影视城，是全球规模最大的影视拍摄基地。围绕影视旅游全域化主题，以“镇区景区化、景区全域化”为目标，充分挖掘横店影视文化资源与旅游休闲活动互促互融潜力，推动特色资源禀赋与产业发展、村镇建设、生态环保的有机结合。

**横店镇发展成果：**经过多年的发展，横店镇已形成集策划、融资、制作、展示交易、后产品开发等功能为一体的影视文化产业集聚区。目前，横店镇是国家可持续发展实验区、国家影视产业实验区、浙江省高新技术实验区，先后荣获国家卫生镇、全国文明镇、第一批中国特色小镇等多项荣誉称号，2010 年被列为首批浙江省小城市培育试点镇，2018 年横店镇入选最美特色小城镇 50 强，2018 年、2019 年连续被评为全国综合实力千强镇。

表 2-7　人文生态资源型村镇（排名前 45）

| 乡镇名称 | 经济与产业 | 区位与交通 | 资源禀赋与生态环境 | 基础设施与公共服务 | 政策制度与公共管理 | 综合得分 | 同类模式排名 | 综合排名 |
|---|---|---|---|---|---|---|---|---|
| 浙江省金华市东阳市横店镇 | 0.3461 | 0.3382 | 0.9101 | 0.3695 | 0.3454 | 0.5700 | 1 | 3 |
| 广东省佛山市南海区西樵镇 | 0.3761 | 0.3690 | 0.6071 | 0.3616 | 0.3596 | 0.4616 | 2 | 11 |
| 浙江省温州市乐清市北白象镇 | 0.3604 | 0.3368 | 0.5538 | 0.3428 | 0.3483 | 0.4284 | 3 | 23 |
| 福建省福州市仓山区城门镇 | 0.3413 | 0.3466 | 0.5363 | 0.3442 | 0.3453 | 0.4196 | 4 | 28 |
| 广东省广州市番禺区石楼镇 | 0.3575 | 0.3531 | 0.5111 | 0.3439 | 0.3582 | 0.4149 | 5 | 32 |
| 福建省福州市仓山区盖山镇 | 0.3448 | 0.3516 | 0.5150 | 0.3555 | 0.3477 | 0.4148 | 6 | 33 |
| 广东省汕尾市海丰县附城镇 | 0.3396 | 0.3369 | 0.5233 | 0.3515 | 0.3374 | 0.4130 | 7 | 36 |
| 广东省中山市沙溪镇 | 0.3502 | 0.3433 | 0.5030 | 0.3759 | 0.3421 | 0.4125 | 8 | 37 |
| 广东省江门市蓬江区棠下镇 | 0.3425 | 0.3924 | 0.4988 | 0.3392 | 0.3395 | 0.4111 | 9 | 39 |
| 上海市青浦区朱家角镇 | 0.3460 | 0.3508 | 0.5083 | 0.3419 | 0.3568 | 0.4109 | 10 | 40 |
| 浙江省金华市东阳市南马镇 | 0.3400 | 0.3344 | 0.5214 | 0.3410 | 0.3392 | 0.4104 | 11 | 41 |

续表

| 乡镇名称 | 经济与产业 | 区位与交通 | 资源禀赋与生态环境 | 基础设施与公共服务 | 政策制度与公共管理 | 综合得分 | 同类模式排名 | 综合排名 |
|---|---|---|---|---|---|---|---|---|
| 广东省广州市番禺区化龙镇 | 0.3447 | 0.3581 | 0.5008 | 0.3383 | 0.3496 | 0.4076 | 12 | 45 |
| 浙江省宁波市鄞州区东钱湖镇 | 0.3428 | 0.3430 | 0.5038 | 0.3403 | 0.3621 | 0.4075 | 13 | 46 |
| 福建省福州市闽侯县上街镇 | 0.3488 | 0.3450 | 0.5037 | 0.3447 | 0.3391 | 0.4074 | 14 | 47 |
| 福建省泉州市惠安县螺城镇 | 0.3451 | 0.3383 | 0.5068 | 0.3468 | 0.3362 | 0.4069 | 15 | 48 |
| 内蒙古阿拉善盟额济纳旗达来呼布镇 | 0.3338 | 0.3333 | 0.5158 | 0.3380 | 0.3413 | 0.4066 | 16 | 49 |
| 福建省漳州市龙海区角美镇 | 0.3404 | 0.3373 | 0.5061 | 0.3457 | 0.3379 | 0.4056 | 17 | 51 |
| 福建省泉州市南安市仑苍镇 | 0.3400 | 0.3346 | 0.5104 | 0.3362 | 0.3337 | 0.4048 | 18 | 55 |
| 云南楚雄彝族自治州楚雄市东瓜镇 | 0.3388 | 0.3504 | 0.4970 | 0.3436 | 0.3487 | 0.4045 | 19 | 57 |
| 福建省漳州市龙海区榜山镇 | 0.3368 | 0.3473 | 0.5036 | 0.3391 | 0.3368 | 0.4044 | 20 | 58 |
| 福建省福州市晋安区新店镇 | 0.3474 | 0.3437 | 0.4971 | 0.3455 | 0.3381 | 0.4043 | 21 | 59 |
| 福建省泉州市南安市省新镇 | 0.3375 | 0.3357 | 0.5104 | 0.3350 | 0.3336 | 0.4043 | 22 | 60 |
| 福建省漳州市漳浦县绥安镇 | 0.3429 | 0.3372 | 0.5012 | 0.3410 | 0.3437 | 0.4039 | 23 | 62 |
| 广东省中山市三乡镇 | 0.3555 | 0.3403 | 0.4779 | 0.3799 | 0.3421 | 0.4038 | 24 | 63 |
| 福建省泉州市南安市官桥镇 | 0.3430 | 0.3348 | 0.5036 | 0.3374 | 0.3340 | 0.4029 | 25 | 64 |
| 广东省佛山市三水区乐平镇 | 0.3502 | 0.3856 | 0.4729 | 0.3449 | 0.3471 | 0.4029 | 26 | 65 |
| 福建省泉州市南安市霞美镇 | 0.3407 | 0.3337 | 0.5050 | 0.3371 | 0.3340 | 0.4028 | 27 | 66 |
| 广东省中山市南朗镇 | 0.3436 | 0.3443 | 0.4884 | 0.3512 | 0.3399 | 0.4014 | 28 | 68 |
| 福建省漳州市东山县西埔镇 | 0.3367 | 0.3404 | 0.4972 | 0.3413 | 0.3358 | 0.4009 | 29 | 70 |

续表

| 乡镇名称 | 经济与产业 | 区位与交通 | 资源禀赋与生态环境 | 基础设施与公共服务 | 政策制度与公共管理 | 综合得分 | 同类模式排名 | 综合排名 |
|---|---|---|---|---|---|---|---|---|
| 福建省厦门市集美区后溪镇 | 0.3449 | 0.3648 | 0.4771 | 0.3419 | 0.3360 | 0.3986 | 30 | 73 |
| 广东省东莞市麻涌镇 | 0.3443 | 0.3460 | 0.4762 | 0.3567 | 0.3464 | 0.3986 | 31 | 74 |
| 福建省漳州市龙海区颜厝镇 | 0.3355 | 0.3341 | 0.4955 | 0.3364 | 0.3348 | 0.3982 | 32 | 76 |
| 广东省江门市开平市水口镇 | 0.3420 | 0.3389 | 0.4857 | 0.3420 | 0.3417 | 0.3979 | 33 | 77 |
| 云南红河州弥勒市弥阳镇 | 0.3368 | 0.3363 | 0.4881 | 0.3392 | 0.3427 | 0.3971 | 34 | 80 |
| 福建省泉州市安溪县凤城镇 | 0.3444 | 0.3341 | 0.4871 | 0.3353 | 0.3365 | 0.3965 | 35 | 81 |
| 福建省福州市晋安区鼓山镇 | 0.3506 | 0.3485 | 0.4716 | 0.3481 | 0.3380 | 0.3961 | 36 | 83 |
| 广东省中山市大涌镇 | 0.3385 | 0.3340 | 0.4837 | 0.3455 | 0.3363 | 0.3957 | 37 | 85 |
| 广东省江门市蓬江区杜阮镇 | 0.3461 | 0.3619 | 0.4693 | 0.3401 | 0.3387 | 0.3953 | 38 | 86 |
| 广东省中山市板芙镇 | 0.3391 | 0.3366 | 0.4812 | 0.3445 | 0.3359 | 0.3951 | 39 | 88 |
| 广东省佛山市三水区大塘镇 | 0.3403 | 0.3500 | 0.4758 | 0.3369 | 0.3377 | 0.3942 | 40 | 91 |
| 上海市松江区佘山镇 | 0.3535 | 0.3515 | 0.4607 | 0.3403 | 0.3495 | 0.3927 | 41 | 95 |
| 福建省福州市马尾区马尾镇 | 0.3386 | 0.3639 | 0.4631 | 0.3397 | 0.3380 | 0.3917 | 42 | 99 |
| 福建省漳州市龙海区港尾镇 | 0.3346 | 0.3435 | 0.4757 | 0.3359 | 0.3346 | 0.3916 | 43 | 101 |
| 福建省泉州市晋江市磁灶镇 | 0.3432 | 0.3422 | 0.4644 | 0.3412 | 0.3536 | 0.3913 | 44 | 103 |
| 福建省泉州市安溪县城厢镇 | 0.3460 | 0.3355 | 0.4721 | 0.3360 | 0.3359 | 0.3911 | 45 | 104 |

# 多元发展均衡型村镇：广东省广州市黄埔区新龙镇

表 2-8　多元发展均衡型村镇：广东省广州市黄埔区新龙镇

| 县级主要指标 | | 乡镇级主要指标 | |
|---|---|---|---|
| 所属区县 | 黄埔区 | 行政面积（$km^2$） | 75.87 |
| 劳动力占比 | 81.28 | 耕地面积（$km^2$） | 55.35 |
| 农民人均可支配收入（万元） | 2.9 | 居民用地面积（$km^2$） | 24.51 |
| 农民家庭恩格尔系数 | 38.95 | 人口密度（人 /$km^2$） | 539.53 |
| 空气质量优良天数比 | 99.45 | 工业企业个数 | 36 |
| 城乡协调指数 | 74.25 | 规模以上企业个数 | 14 |

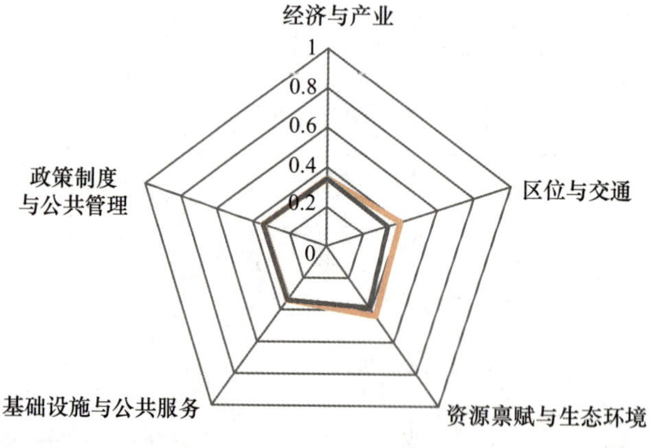


**多元发展均衡型村镇特点**：该类型村镇各方面发展均衡，特色不鲜明，暂不具备突出特色。从该类型排名前 45 的数据来看，多元发展均衡型村镇在基础设施与公共服务方面发展短板问题最为突出，在经济与产业、区位与交通、政策制度与公共管理三个方面发展水平较低（表 2-9）。

**新龙镇建设发展特点**：新龙镇是广州市黄埔区辖镇，下辖 11 个村委会和 1 个社区居委会，行政面积 75.87 平方千米（表 2-8）。新龙镇是国家、省、市重点规划的城乡融合发展试点片区。新龙镇秉承“绿水青山就是金山银山”的理念，坚持打造国家知识中心和实现乡村振兴融合，发展科技与现代农业相融合的都市农业，全面提升垃圾分类工作，创建省级卫生村，改善人居环境，助推乡村振兴，致力于打造“全国示范知识城”智慧城市新名片。

**新龙镇发展成果：**2019 年 5 月 30 日，新龙镇挂牌正式成立。建镇三年以来，聚焦产业发展助推乡村振兴，大科学装置和中试应用区、科教创新园、智能智造创新园等“一区四园”项目加快建设，麦村村、油麻山生态公园成为广州市黄埔区生态旅游热点路线、网红打卡点，麦村无土栽培产业园、洋田村生态农业创新谷项目完成建设。目前，新龙镇获评广州市文明镇，入选广东省城乡融合发展试点镇，顺利通过国家卫生镇技术评估。洋田村获评全国乡村治理示范村、广东省文明村等称号，麦村被评为广州市美丽乡村、广州粤菜师傅名村。

## 多元发展均衡型村镇（排名前 45）

表 2-9　多元发展均衡型村镇（排名前 45）

| 乡镇名称 | 经济与产业 | 区位与交通 | 资源禀赋与生态资源 | 基础设施与公共服务 | 政策制度与公共管理 | 综合得分 | 同类模式排名 | 综合排名 |
|---|---|---|---|---|---|---|---|---|
| 广东省广州市黄埔区新龙镇 | 0.3411 | 0.4032 | 0.4382 | 0.3413 | 0.3560 | 0.3908 | 1 | 109 |
| 浙江省宁波市鄞州区姜山镇 | 0.3566 | 0.3505 | 0.4102 | 0.3434 | 0.3799 | 0.3768 | 2 | 207 |
| 广东省广州市南沙区大岗镇 | 0.3465 | 0.4031 | 0.4013 | 0.3384 | 0.3426 | 0.3755 | 3 | 220 |
| 广东省东莞市石龙镇 | 0.3491 | 0.3380 | 0.4108 | 0.3661 | 0.3433 | 0.3737 | 4 | 243 |
| 江苏省常州市溧阳市溧城镇 | 0.3500 | 0.3574 | 0.4023 | 0.3594 | 0.3346 | 0.3718 | 5 | 260 |
| 浙江省嘉兴市秀洲区王江泾镇 | 0.3405 | 0.3642 | 0.4090 | 0.3387 | 0.3423 | 0.3711 | 6 | 271 |
| 河北省廊坊市固安县固安镇 | 0.3420 | 0.3904 | 0.3822 | 0.3642 | 0.3410 | 0.3692 | 7 | 303 |
| 江苏省南通市如皋市长江镇 | 0.3412 | 0.3475 | 0.4047 | 0.3412 | 0.3405 | 0.3671 | 8 | 332 |
| 北京市丰台区王佐镇 | 0.3384 | 0.3904 | 0.3867 | 0.3391 | 0.3503 | 0.3670 | 9 | 333 |

续表

| 乡镇名称 | 经济与产业 | 区位与交通 | 资源禀赋与生态资源 | 基础设施与公共服务 | 政策制度与公共管理 | 综合得分 | 同类模式排名 | 综合排名 |
|---|---|---|---|---|---|---|---|---|
| 浙江省湖州市长兴县李家巷镇 | 0.3391 | 0.3356 | 0.4097 | 0.3364 | 0.3335 | 0.3653 | 10 | 366 |
| 广西崇左市江州区驮卢镇 | 0.3334 | 0.3333 | 0.4126 | 0.3334 | 0.3338 | 0.3645 | 11 | 384 |
| 安徽省马鞍山市当涂县姑孰镇 | 0.3372 | 0.3479 | 0.3925 | 0.3574 | 0.3415 | 0.3644 | 12 | 386 |
| 浙江省嘉兴市嘉善县天凝镇 | 0.3403 | 0.3512 | 0.4004 | 0.3361 | 0.3339 | 0.3643 | 13 | 388 |
| 浙江省嘉兴市秀洲区王店镇 | 0.3390 | 0.3665 | 0.3924 | 0.3381 | 0.3395 | 0.3643 | 14 | 389 |
| 上海市金山区漕泾镇 | 0.3407 | 0.3475 | 0.4020 | 0.3351 | 0.3336 | 0.3642 | 15 | 391 |
| 浙江省嘉兴市秀洲区油车港镇 | 0.3369 | 0.3436 | 0.4037 | 0.3368 | 0.3368 | 0.3642 | 16 | 393 |
| 天津市西青区大寺镇 | 0.3485 | 0.3824 | 0.3755 | 0.3541 | 0.3352 | 0.3642 | 17 | 394 |
| 上海市松江区石湖荡镇 | 0.3418 | 0.3514 | 0.3979 | 0.3351 | 0.3393 | 0.3640 | 18 | 396 |
| 上海市金山区张堰镇 | 0.3412 | 0.3682 | 0.3924 | 0.3354 | 0.3336 | 0.3640 | 19 | 398 |
| 江苏省南通市通州区五接镇 | 0.3352 | 0.3344 | 0.4092 | 0.3351 | 0.3336 | 0.3640 | 20 | 399 |
| 湖北省鄂州市华容区葛店镇 | 0.3354 | 0.3529 | 0.3983 | 0.3358 | 0.3353 | 0.3630 | 21 | 419 |
| 浙江省宁波市慈溪市长河镇 | 0.3419 | 0.3341 | 0.3991 | 0.3384 | 0.3427 | 0.3626 | 22 | 426 |
| 江苏省苏州市吴江区桃源镇 | 0.3479 | 0.3440 | 0.3918 | 0.3400 | 0.3414 | 0.3625 | 23 | 427 |
| 江苏省无锡市锡山区羊尖镇 | 0.3422 | 0.3622 | 0.3890 | 0.3372 | 0.3372 | 0.3625 | 24 | 428 |
| 浙江省嘉兴市南湖区大桥镇 | 0.3409 | 0.3514 | 0.3941 | 0.3375 | 0.3364 | 0.3625 | 25 | 429 |
| 江苏省泰州市高港区永安洲镇 | 0.3348 | 0.3464 | 0.4004 | 0.3352 | 0.3342 | 0.3624 | 26 | 432 |
| 江苏省宿迁市泗阳县众兴镇 | 0.3409 | 0.3498 | 0.3831 | 0.3643 | 0.3342 | 0.3621 | 27 | 437 |
| 浙江省湖州市长兴县煤山镇 | 0.3383 | 0.3394 | 0.4006 | 0.3355 | 0.3335 | 0.3620 | 28 | 439 |

续表

| 乡镇名称 | 经济与产业 | 区位与交通 | 资源禀赋与生态资源 | 基础设施与公共服务 | 政策制度与公共管理 | 综合得分 | 同类模式排名 | 综合排名 |
|---|---|---|---|---|---|---|---|---|
| 江苏省常州市武进区前黄镇 | 0.3415 | 0.3417 | 0.3936 | 0.3387 | 0.3465 | 0.3620 | 29 | 440 |
| 江苏省南通市通州区平潮镇 | 0.3392 | 0.3535 | 0.3921 | 0.3401 | 0.3338 | 0.3619 | 30 | 441 |
| 安徽省合肥市庐江县庐城镇 | 0.3465 | 0.3361 | 0.3922 | 0.3471 | 0.3367 | 0.3619 | 31 | 442 |
| 广东省广州市南沙区横沥镇 | 0.3386 | 0.3635 | 0.3887 | 0.3354 | 0.3395 | 0.3618 | 32 | 446 |
| 江苏省无锡市宜兴市徐舍镇 | 0.3395 | 0.3366 | 0.3997 | 0.3361 | 0.3363 | 0.3618 | 33 | 447 |
| 湖北省黄石市阳新县韦源口镇 | 0.3338 | 0.3347 | 0.4046 | 0.3337 | 0.3344 | 0.3618 | 34 | 448 |
| 湖北省黄石市大冶市还地桥镇 | 0.3349 | 0.3335 | 0.4045 | 0.3341 | 0.3336 | 0.3617 | 35 | 452 |
| 江苏省常州市新北区薛家镇 | 0.3456 | 0.3604 | 0.3857 | 0.3380 | 0.3370 | 0.3616 | 36 | 453 |
| 江苏省常州市新北区孟河镇 | 0.3466 | 0.3471 | 0.3881 | 0.3420 | 0.3393 | 0.3615 | 37 | 456 |
| 江苏省无锡市宜兴市周铁镇 | 0.3399 | 0.3340 | 0.3999 | 0.3365 | 0.3358 | 0.3615 | 38 | 457 |
| 浙江省嘉兴市嘉善县大云镇 | 0.3401 | 0.3500 | 0.3939 | 0.3358 | 0.3339 | 0.3615 | 39 | 458 |
| 江苏省泰州市泰兴市黄桥镇 | 0.3404 | 0.3476 | 0.3903 | 0.3461 | 0.3336 | 0.3614 | 40 | 461 |
| 湖北省黄石市大冶市灵乡镇 | 0.3345 | 0.3355 | 0.4027 | 0.3342 | 0.3336 | 0.3613 | 41 | 462 |
| 安徽省池州市东至县大渡口镇 | 0.3337 | 0.3348 | 0.4035 | 0.3339 | 0.3334 | 0.3613 | 42 | 463 |
| 上海市浦东新区泥城镇 | 0.3423 | 0.3517 | 0.3883 | 0.3374 | 0.3440 | 0.3612 | 43 | 464 |
| 上海市浦东新区大团镇 | 0.3412 | 0.3447 | 0.3919 | 0.3365 | 0.3430 | 0.3611 | 44 | 466 |
| 湖北省鄂州市华容区庙岭镇 | 0.3338 | 0.3594 | 0.3921 | 0.3343 | 0.3344 | 0.3610 | 45 | 467 |

# 2.3 结论

村镇建设发展评估立足于村镇建设现状与发展趋势，将评估融入县域大环境影响当中，从“经济与产业—区位与交通—资源禀赋与生态环境—基础设施与公共服务—政策制度与公共管理”五大维度和“县域—村镇”两级行政单元构建村镇典型特征刻画指标体系，综合利用互联网大数据、城乡建设宏观统计数据、自然地理信息数据等多源数据和智能模型算法，解析村镇建设典型特征与发展模式，为乡村振兴战略实施和村镇建设发展提供科学指导。

主要结论如下：

（1）782个参评千强镇的综合发展水平基本呈现“东南部地区较高、西南和中部地区居中、西北部和东北部地区较低”的总体特征。

（2）村镇建设典型特征的五个维度中，资源禀赋与生态环境平均发展水平最高，之后依次是经济与产业、区位与交通、基础设施与公共服务，政策制度与公共管理平均发展水平最低。其中，资源禀赋与生态环境、基础设施与公共服务、经济与产业三大维度的发展差距是导致千强镇发展分级的重要原因，应作为未来建设提升的重点领域。

（3）四类村镇建设发展模式中，平均得分由高到低排序为城乡一体融合型、人文生态资源型、特色产业主导型和多元发展均衡型。城乡一体融合型中高水平发展村镇数量最多，而多元发展均衡型中低水平和较低水平村镇数量最多。四类乡镇在资源禀赋与生态环境、经济与产业、区位与交通三个维度的差异相对较大，在基础设施与公共服务、政策制度与公共管理两个维度的差异相对较小。为了更好地把握四类村镇典型发展模式的特点与建设要点，我们在原有五个特征维度的基础上，增加了规划与建筑要素，总结图示如下：

**特点：**位于市县**城区周边**、**与城区联系紧密**、涉及市县城市**开发边界**的乡镇。

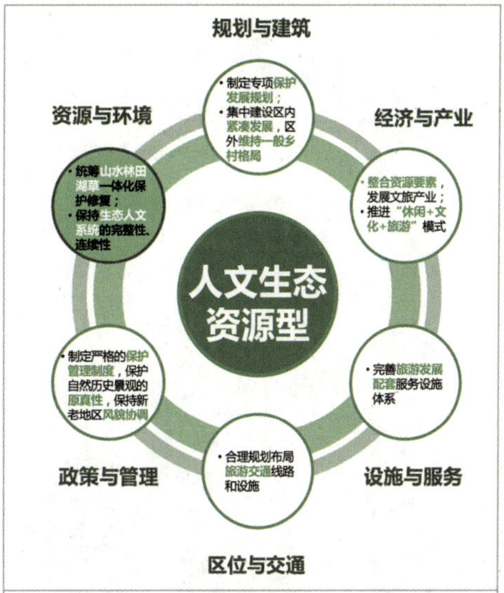


**特点：**拥有突出的**自然生态或历史人文资源，具备旅游开发**基础和潜力的乡镇（历史文化名镇等）。

**特点：经济发展**较好、**产业优势**和特色明显，对周边乡镇和村庄有一定**辐射和带动作用**的乡镇。

**特点：发展均衡，特色不鲜明**，暂不具备上述类型突出特色的乡镇。

图 2-6　四类村镇发展模式

# 3 村镇建设发展实施路径

为积极响应党的十九大提出的“实施乡村振兴战略”目标，站在人与自然和谐共生的高度谋求发展，统筹城乡建设、统筹生产生活生态，推动资源集约利用、产业创新融合、生态环境友好、社会文明和谐、信息高效通达，实现经济、社会、环境全面可持续发展，本书从总体空间布局、产业发展规划、基础设施建设、公共服务设施配建、建筑质量风貌控制、资源利用与低碳发展、环境保护与健康防灾、智慧管理与运营维护、政策保障与实施机制九个重点领域提出村镇建设发展的实施路径，提炼总结如下：

完善总体格局，严控三条红线；
保障基本农业，推动三产融合；
补齐设施短板，适度提档升级；
统筹公共服务，分级分步实施；
提升农房品质，传承风貌特色；
优化资源利用，倡导低碳发展；
保护生态环境，加强防疫减灾；
推广信息技术，实现智慧运维；
协调资源要素，强化管理监督。

## 3.1 总体空间布局

科学规划国土空间总体格局，严格控制三条控制底线和历史文化遗产保护线，以加强县域城乡统筹规划、细化落实重点建设区规划为抓手，推进乡村振兴和城乡有机融合（图 3-1）。

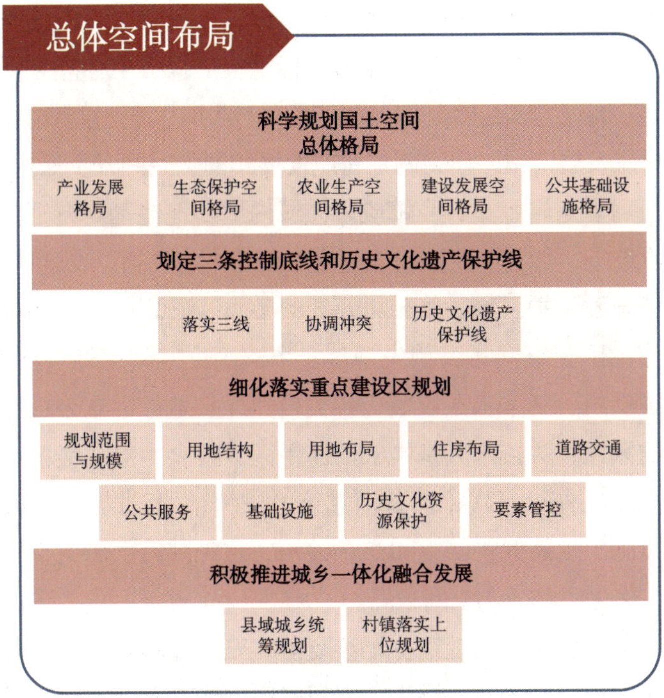


图 3-1　总体空间布局

## 3.1.1 科学规划国土空间总体格局

在国土空间规划定位上，乡镇层级的国土空间规划是对市、县（市）国土空间总体规划的细化落实，是当地人民政府对本行政区域国土空间保护开发利用做出的具体安排，是编制相关专项规划、村庄规划和实施国土空间用途管制的基本依据；村庄规划是落实乡镇国土空间规划的详细实用性规划，是管理村域国土空间开发保护、实施用途管制、合法进行建设的法定依据。

在发展目标定位上，乡镇国土空间规划首先要统筹考虑乡镇区位交通、自然资源、历史文化、经济社会、生态保护等因素，按照乡镇特色引导的类型，提出乡镇发展战略，明确发展定位；其次要根据乡镇发展定位，结合落实上位规划的约束性指标，综合考虑国土空间保护、开发、整治的任务，预测人口规模，明确国土空间开发保护的社会发展、底线管控、结构效率、生活品质、整治修复等方面的近远期规划指标。为突出乡镇发展特色，可根据乡镇特色引导的类型增设相关指标。村庄规划的发展目标定位应根据上位规划要求、双评价（资源环境承载力评价与国土空间开发适宜性评价）内容、原有村庄规划评估结果科学制定村庄发展定位，研究制定村庄发展和国土空间开发保护的目标。

在总体格局规划内容上，乡镇应以区域内地形地貌基本特征为基础，结合市、县双评价结果，落实三条控制线，合理构建生态廊道、交通网络、镇（乡）村结构，明晰开发保护区域、轴带以及重要节点，确定国土空间开发、保护总体格局。村庄的国土空间布局首先是落实乡镇国土空间规划各项控制性指标，落实生态保护红线、基本永久农田、各类自然保护地、生态公益林等禁止或限制开发建设的区域，对接永久基本农田储备区、粮食生产功能区和重要农产品生产保护区划定工作；其次，需要通过统筹住房布局、产业发展、道路交通、公共和基础设施、生态保护修复和综合整治、防灾减灾、历史文化及特色风貌保护等内容，优化调整国土空间布局。

村镇国土空间总体格局规划主要涉及落实三条控制线，统筹产业发展空间格局、生态保护空间格局、农业生产空间格局、建设发展空间格局、公共和基础设施空间格局几大方面，具体内容如下：

（1）产业发展格局：依托村镇特有自然山水、景观风貌、历史文化等资源，合理规划特色农业全产业链、新产业新业态用地布局，统筹规划村域第一、第二、第三产业发展和空间布局；充分保障村镇工业、农产品加工流通、民间手工艺、观光农业、村镇休闲旅游、村镇新型服务等产业发展用地需求，鼓励复合用地规划安排。严格控制村镇新增工业用地，除农产品生产加工外，一般不在村镇地区安排新增工业用地，引导工业向县、镇等产业园区集聚。

（2）生态保护空间格局：基于生态安全和生物多样性的维护，顺应丘岗山地、河沟溪流走向及完整性，明确重要生态廊道、生态屏障和网络，构建连续、完整、系统的生态保护格局。划定生态保护空间，落实自然保护地核心保护区和一般控制区范围，落实饮用水源地保护区范围、河湖蓝线和湿地保护线以及国家级、省级公益林范围、保护任务和要求。

（3）农业生产空间格局：因地制宜划定种植业、畜牧业、养殖业等农业发展主要区域。落实粮食生产功能区和重要农产品生产保护区，合理规划村镇产业用地和农业种植养殖配建的设施农业用地布局。落实上位规划确定的耕地保有量、永久基本农田保护面积等控制目标和任务要求。

（4）建设发展空间格局：落实市县国土空间规划、县域村庄分类与布局成果，提出镇村发展格局，衔接乡镇、村庄外部交通基础设施，优化乡镇内部各村组间、村域内部的交通道路，确保交通网络的畅通循环、道路设计符合相关规范。乡镇应划定镇区、工业集中区等集中建设区域的镇开发边界，划定村庄建设范围，进而按照上位国土空间规划确定的村镇居民点布局和建设用地管控要求合理确定村民住房的规模、布局、强度、风貌等。

（5）公共和基础设施空间格局：根据村镇发展需求落实供水、排水、供电、燃气、供热、垃圾处理、移动通信基站等各类基础设施以及学校、卫生院、养老院、银行、超市、文体中心等公共服务设施的建设布局和规模，衔接城镇，统筹配置并落实村镇各类公共服务设施，建立城乡一体的设施网络。

### 3.1.2 划定三条控制底线和历史文化遗产保护线

生态保护红线、永久基本农田、城镇开发边界三条控制线（统称“三线”）是调整经济结构、规划产业发展、推进城镇化不可逾越的红线，统筹规划落实“三线”的划定是各级国土空间规划的核心内容之一。“三线”划定以双评价为基础，生态保护红线按照生态功能进行划定并优先保障；永久基本农田按照保质保量要求进行划定；城镇开发边界按照集约适度、绿色发展要求进行划定。

村镇层级并没有划定“三线”的主事权，主要职责是对上位“三线”规划和相关要求的落实执行和协调冲突，具体需要在结合永久基本农田整改补划、生态保护红线评估调整、城镇开发边界模拟划定工作的基础上认真执行，并受到上级政府的严格监管。

“三线”划定的协调冲突方面，需要保证三条控制线做到边界不交叉、空间不重叠、功能不冲突。三条控制线出现矛盾时，生态保护红线要保证生态功能的系统性和完整性，确保生态功能不降低、面积不减少、性质不改变；永久基本农田要保证适度合理的规模和稳定性，确保数量不减少、质量不降低；城镇开发边界要避让重要生态功能，不占或少占永久基本农田。

在三条控制线之外，各地可结合地方实际，提出历史文化等其他需要保护和控制的底线要求。历史文化遗产保护范围和要求的设定由县一级政府主要负责，村镇政府的职责是落实名单中各级历史文化遗产的保护控制范围，明确保护类型。与此同时，对于尚未列入上述名录但具有保护价值的古镇、古村、革命历史纪念地，应提出保护控制范围并制定相应的保护措施。尤其是对于特色保护类的村庄，应划定历史文化保护线，提出文物古迹、传统建筑、农业遗产、灌溉工程遗产、地质遗产、古树名木、旅游资源、民俗风貌的保护原则、措施、名录以及修复方案。

### 3.1.3 细化落实重点建设区规划

乡镇层面重点建设区规划是指乡镇国土空间规划中“开发边界内规划”，规划层次包含镇开发边界内详细规划与乡政府所在地村庄规划，按照各省市乡镇国土空间规划编制指南执行，单独编制村庄规划按照各省市村庄规划编制指南执行。对于不单独编制村庄规划的村庄，应在村庄建设用地范围内划定村庄集中建设引导区。

乡镇和村庄重点建设区规划主要包括设定规划范围与规模、明确用地结构与布局、优化道路交通、确定公共服务与基础设施布局、明确历史文化资源保护几个方面，并进行分区要素管控，具体内容如下：

（1）规划范围与规模：开发边界内分为镇集中建设区、镇弹性发展区、镇特别用途区，明确镇集中建设区规划范围与建设用地总规模。

（2）用地结构：综合考虑建设现状、经济社会发展、资源禀赋、类型特征，明确用地结构调整方向，合理确定主要用地类型的比例结构。原则上，居住用地占城镇建设用地的比例为 28.0%~43.0%，公共管理与公共服务设施用地占城镇建设用地的比例为 10.0%~20.0%，道路与交通设施用地占城镇建设用地的比例为 10.0%~19.0%，绿地与广场用地占城镇建设用地的比例为 6.0%~12.0%。

（3）用地布局：统筹安排居住、公共管理与公共服务设施、道路与交通设施、绿地与广场、公用设施、物流仓储、工业用地、商业服务设施用地等各类用地布局。根据村镇产业发展规划，合理安排农产品加工、村镇特色产业、休闲旅游业、新型服务业及创新创业等产业用地空间。进一步进行地块细分，地块的土地使用性质应结合三调数据和遥感影像细分至三级地类，并根据现状落实基期年值，设定目标年值。

（4）住房布局：按照上位国土空间规划确定的村镇居民点布局和建设用地管控要求，在满足法律法规要求的前提下，尊重村民意愿，注重质量，合理确定村民住房规模、布局、强度、风貌等。鼓励村民新建住房集中选址。严格执行一户一宅政策，新建住宅的宅基地面积应符合《中华人民共和国土地管理法》的规定及当地人民政府规定的宅基地面积标准；选址应避开地质灾害隐患点、避让区，退让距离应符合铁路、高压走廊、国道、省道、县道、乡道、河流渠道水体等规定的标准；充分考虑当地建筑文化特色和居民生活习惯，因地制宜地提出住宅建设的户型、层高、风貌等设计要求。风景名胜区、历史文化名镇名村、传统村落等保护范围内的居民点应当符合相关规划要求。

（5）道路交通：优化路网结构，形成乡镇与村组连通、等级结构合理、循环畅通衔接的道路网络。确定各级公路、主次干道和支路的道路红线宽度及道路横断面、控制点标高。落实城乡公交线路，明确公共交通场站地点，规划慢行交通网络，注重公交站点与休闲观光空间的衔接。

（6）公共服务与基础设施：合理确定乡镇人民政府及有关站所、幼儿园、中小学、广场、卫生院等各类公共服务设施用地规模及位置，建设乡镇居民生活圈。合理测算各类市政公用设施需求量，确定建设规模、用地规模及位置。统筹考虑公共和基础设施布局，引导城镇公共和基础服务向村镇延伸，分类分级配套完善村庄公共和基础服务设施，建立城乡一体的基础设施和公共服务设施网络，鼓励有条件的连线连片村庄基础设施共建共享，优先解决生活垃圾和污水处理、卫生改厕等重点问题。村级基础设施和公共服务设施配置内容符合要求。

（7）历史文化资源保护：明确历史文化街区、历史建筑，以及各级革命文物和历史文物保护单位的保护范围和要求，制定特色风貌保护的重点区域及保护措施，提出对各类历史文化资源保护的管控要求。

（8）要素管控：镇集中建设区要划分开发强度分区和高度分区，明确各类用地的容积率、绿地率、建筑密度、建筑高度等用地的控制指标及需要在详细规划中落实的有关内容。明确划定“五线”：确定城镇各级道路的控制线，确定城镇各类绿地范围的控制线，确定江、河、湖、库、渠和湿地等地表水体保护和控制的地域界线，确定国家、省、市人民政府公布的历史文化街区和历史街区以外的历史建筑的保护范围界线，确定对城镇发展全局有影响的、必须控制的基础设施用地的控制界线。在“五线”控制的基础上，可提出重要交通廊道、公共开放空间、绿地周边区域、滨水周边、公共安全设施等相关的管控要求。

### 3.1.4 积极推进城乡一体化融合发展

通过国土空间规划促进城乡一体化融合发展，是解决我国城乡二元化空间结构问题的重要手段。在指导理念上，应把城乡作为一个整体进行发展规划，合理配置社会资源，实行统筹兼顾和全域规划。我国国土空间规划体系具有“纵向到底”“上下联动”的特点。为了实现五级国土空间总体规划体系的有效联动，促进城乡空间一体化融合，位于传导末端的村镇规划编制应当具体落实上位总体规划、相关部门或行业专项规划的部署布局，重点兼顾“县—乡镇—村”三级空间规划纵向传导中的管控与指引要求。

在城乡融合一体化发展进程中，县级规划应该起到承上启下的传导和引领作用，对上重点落实国家和省、市战略部署，优化城乡功能结构，对下科学规划镇村体系布局，积极推进乡村振兴和城乡一体化融合。具体应起到的作用包括：第一，依据上位规划明确建设用地规模，依据村镇资源禀赋等特点确定城镇体系结构和规模等级，分类引导村镇建设与发展，提出对乡镇规划的控制要求；第二，通过产业和园区的合理规划布局促进区域一二三产联动发展，构建城乡融合的产业发展体系，明确城乡产业空间、用地规模与控制目标，引导村镇产业振兴；第三，落实、优化上位规划及相关专项规划关于基础设施和公共服务设施的布局和建设，改善设施的可达性、通达性和设备完备度，形成网络化、均衡化、共享化的城乡基础设施和公共服务网络体系，推动形成开放协调的城乡融合发展格局。此外，县级总体规划还应对下级镇村单元明确提出村镇宅基地、集体经营性建设用地等村镇用地集约节约利用要求，提出村镇人居环境建设、基础设施完善等方面的规划目标和策略。

乡镇国土空间总体规划位于“五级”体系的末端，上承县市国土空间总体规划，下引重点建设区详细规划和村庄实用性规划，是落实国家整体战略规划部署的终端。乡镇国土空间总体规划重点内容包括各类自然资源保护、国土综合利用管控、乡镇域空间格局统筹、镇区空间弹性规划和村庄建设底线管控等。尤其是后者，应做到针对底线要素的刚性管控，根据上位规划制定的村庄分类规划指标，划定各个村庄的三条控制线，确定各个村庄土地利用约束性指标。

村庄规划应严格落实乡镇级规划的空间管控任务与土地利用约束性指标，在村庄建设边界内布局用地，合理安排村域范围内基础设施、公共服务设施、国土综合整治、安全与防灾减灾设施、历史文化传承与保护、规划管制规则等，明确分期实施步骤和近期实施项目。暂时没有条件编制村庄规划的地方，应在县、乡镇级规划中明确村庄的用途管制规则与建设管控要求，作为实施用途管制、核发建设许可的依据。乡镇层级对村庄的规划建设管控可借助图则形式，配合正负面清单，通过“要素 + 指标 + 图示 + 名录”的方式进行底线管控，并作为一般村庄的建设依据。

## 3.2 产业发展规划

保障基本农业生产，积极拓展农产品加工与其他制造业，适度发展休闲旅游服务业，推动村镇产业链条延伸和三产融合创新（图 3-2）。

图 3-2　产业发展规划

## 3.2.1 保障农业生产（第一产业）

农业（第一产业）是人类社会的衣食之源、生存之本，是国民经济的基础。应从土地、劳动力、资金的供给，资源保护开发利用，基础设施改善，价格保护和补贴落实以及新技术推广应用等多个方面保障农业生产的稳定。农业生产包括种植业、林业、畜牧业、渔业等多种产业形式，具体发展要点如下：

（1）种植业生产。保证土地等生产资料的投入，坚守住 18 亿亩耕地红线，坚决遏制耕地“非农化”、防止耕地“非粮化”，保证粮食、棉花、食用油、糖等的充足供应；加强粮食生产功能区、重要农产品生产保护区和特色农产品优势区建设；完善粮食最低收购价政策，合理确定价格水平，稳定农民从事基本农业生产的预期；在粮食生产主要地区完善农机购置等补贴政策，提升农业生产的机械化水平，提高生产效率。

（2）林业生产。提高相关产品的品质质量，推进林业向绿色化、标准化、规模化方向发展；坚持生态经济和社会效益并重的原则，有序推进复合农林业生态系统建设，根据地区特点发展农林结合系统、林牧结合系统、农林牧结合系统、林渔结合系统、林农牧渔结合系统等；有序控制主要林区采伐规模和数量，严厉打击违法采伐行径，同时有计划地实施人工造林，实现森林消长平衡；推行林长制，加强林草资源生态保护和生态修复、林草资源灾害防控等，确保林区资源的可持续利用。

（3）畜牧业生产。在有条件的地区推进养殖的规模化、标准化，加速养殖屠宰一体化和生物安全体系建设，建立健全免疫、用药、检疫申报、疫情报告、消毒等制度和相关产品质量安全追溯体系；提高畜牧业现代化水平，扩大先进适用技术的转化应用力度，大力发展现代化设施养殖；优化整合牧区资源，稳定养殖规模，提高个体单产；在畜禽规模养殖场科学建设和使用畜禽粪污资源化利用设施；推广节水节地设施、节能减排技术的应用。

（4）渔业生产。贯彻落实“河长制”工作责任制，以促进生态养殖渔业的健康发展为核心，严厉打击电、毒、炸、网鱼等非法捕捞行为，全面加强水环境综合治理；推进渔业供给侧结构性改革，根据市场需求结构变化，优化渔业生产结构，因地制宜地培育高品质、高认可度的知名品牌；做好渔业常见气象灾害的预防、应急处置和灾后生产恢复工作的统筹规划；加强渔业资源保护开发利用，适当采取“禁渔”等措施。

### 3.2.2 拓展农产品加工与其他制造业（第二产业）

农产品加工是国民经济的重要产业，涵盖农业食品原料生产、储运保鲜、食品加工、食品制造等多个环节，是连接城乡、供需双方的纽带，是农业现代化的重要支撑。应坚持因地制宜、差异化发展的原则，以村镇的资源禀赋为基础，积极发展多样化粮、油、薯、果、菜、茶、养殖等特色种养，重点推进粮油加工业、果蔬加工业、肉类加工业、乳制品加工业、饮料制造业等产业，实现产业链延展和农业生产价值链增值。从发展重点看，农产品加工应在品质安全保障、技术升级创新、多元经营模式以及金融税收政策支持等方面着力推进。

（1）抓好品质安全保障。加强食品等产品安全监督管理，强化相关农产品加工标准的制定和修订，加强质量安全的监督、检查、检测体系建设，对主要农产品加工、包装、储藏、保鲜等方面进行严格的标准化管理；通过加强规制，对农产品加工经营主体进行系统培训、检查、督导，强化经营主体的农产品质量安全意识。

（2）推动技术升级创新。改善农产品加工设施装备条件，提升自我创新能力，同时加大技术引进、推广、转化力度，提高农产品初加工、精深加工的整体水平；鼓励引导龙头企业重点攻关核心加工技术，推动农产品加工业从数量增长向质量提升转型；通过技术创新和新科技应用，推动农产品加工业由粗放型向集约型转变，实现农产品加工绿色化、科技化、品牌化，提高产品质量和附加值。

（3）发展多元经营模式。大力培育专业大户、家庭农场、农民专业合作社、龙头企业等新型农业经营主体，培育大中型农产品加工龙头企业，促进产加销一体的产业化、规模化经营；推动信息技术、物联网技术、大数据等新技术在农业生产加工、经营等方面的应用；提高相关农产品加工生产的规模化、产业化、组织化和集群化，建设一批农产品加工重点园区、示范项目和特色加工小镇，促进产城融合发展；根据地区发展基础，有重点地发展家庭经营、合作经营、集体经营、企业经营等多种经营方式。

（4）完善金融税收政策。精准落实农产品加工业的增值税、所得税、加工设备进口关税、农产品出口退税等税收政策，充分发挥税收对产业调控的杠杆作用；针对部分地区农产品加工业资金不足等问题，进一步引导金融资本、社会资本、工商资本等进入农产品加工业；针对地区农产品加工涉及的具体瓶颈问题，如技术创新、人才引进、公共服务等方面给予更多的政策支持。

### 3.2.3 适度发展休闲旅游服务产业（第三产业）

近年来发展较快的休闲农业、村镇旅游已成为村镇一二三产业融合的重要载体。旅游业具有综合性强、关联度高、拉动作用大等特点，发展村镇休闲旅游服务产业，应根据本地资源禀赋情况和产业特色走差异化发展之路，不断探索创新“旅游 + 农业”模式，充分发掘农业多功能性，发挥村镇多元价值，促进农民增收，并进一步拉动内需、促进经济整体增长。

（1）依托景点的旅游服务产业，坚持开发与保护并重，对于自然景观、人文景观和民俗文化、风土人情等地方特色文化，要在保证农业生态系统良性循环、村镇生活方式、民族文化传统得以系统保持的基础上进行适度开发；依托村镇的自然风光、乡土文化，以提升综合服务功能为手段，打造休闲农业和村镇旅游精品工程；针对不同的旅游目标市场提供个性化服务，提升吃、住、行、游、购、娱等旅游设施建设水平和旅游服务水平；在产品价格、服务质量与标准、运营规范性等方面加强监管，打造高品质的旅游景区景点。

（2）休闲娱乐康养类旅游服务产业，避免休闲旅游服务产品的同质化，准确定位目标市场，推进农业与文化、旅游、教育、康养等产业深度融合；加强区域合作，积极拓展新兴客源地，不断扩大村镇休闲旅游的区域影响力；积极解决用地供需矛盾，发展生态康养、田园养生等相关项目；探索多元化经营模式，如“合作社 + 农户”“合作社 + 合作社”等，实践多元化运营模式，如连锁经营、集体经营、以房养老等。

（3）创意农业、亲子体验等新型农业休闲旅游业态，通过特色农业开发、农业景观设计等活动，充分发挥农业的文化传承功能，提高农业收益；整合旅游资源，创新农业生产、经营和生活方式，如针对游客开展农产品营销的节庆活动等；以推动“一村一品”建设为契机，高起点、高标准建设创意农业园区，在有条件的地区培育有影响力的创意农产品品牌；推进农业与信息产业融合，发展数字农业、智慧农业等新业态，通过拓宽农业旅游业态、促进产业融合等辐射带动村镇经济发展。

### 3.2.4 推进产业链延伸

延伸农业产业链可实现农业价值链增值，让农民充分享有农业生产、加工、流通等全链条的增值收益。农业产业链上下游延伸应在传统农产品种植、养殖的基础上，积极发展农产品加工和销售、物流、仓储、技术推广等其他服务业，充分挖掘农业价值，推动农业发展不断提质增效。

（1）生产组织层面，可提高农产品精深加工比例，根据地区发展实际，建设集产品研发、精深加工、冷链物流于一体的种植养殖加工基地；引入新技术，进一步探索物联网、大数据、区块链、人工智能、第五代移动通信网络等现代信息技术与农业的结合方式，推进农业数字化升级，补齐短板，提升价值链；推动电商平台、相关企业与村镇、农户对接，通过优势整合重塑农产品流通模式，培育本地电商服务企业，以村镇特色产品为载体发掘市场潜力；扶持可以与农业相结合的新型服务业，发展服务型农业新业态，如农业与个性化定制业态、会展业态的结合等，实现产业链延伸。

（2）经营拓展层面，可通过订单农业、股份合作等形式构建企业、合作社、农户等农业经营主体间紧密合作关系，拓展农业产业链经营模式，将新型农业经营主体和普通农户等共同纳入产业链，形成多种形式的利益“共同体”，分享发展成果；转变小农模式、小块分散经营等传统生产方式，加强农产品加工企业、物流企业、仓储企业等在产业园区集聚，带动当地特色优势农产品的基地化生产和流通；整合地区优势资源，培育龙头企业和骨干企业，打造有知名度有影响力的企业品牌、产品品牌，充分发挥资金、技术、市场等方面的带头作用。

### 3.2.5 推进产业融合创新

实施乡村振兴战略，产业兴旺是重点，要实现产业兴旺，推进产业融合创新是关键。单纯的农业生产增量是有限的，经济腾飞要靠整体的发展。村镇产业融合发展是以技术创新或制度创新为基础，以村镇一二三产业之间的融合渗透和交叉重组为路径，以产业链延伸、产业范围拓展和产业功能转型为特征，通过新技术、新业态、新商业模式，带动资源、技术、市场要素在村镇整合集成和优化重组，形成新的边界模糊化和发展一体化的集群产业。

（1）从统筹规划的角度，应根据经济发展水平、信息化服务能力、一二三产业融合的基础条件，有选择地发展农业内部融合型、产业链延伸型、功能拓展型、多元业态复合型、新技术渗透型、产城融合型等产业融合模式；以《村镇产业融合发展试点示范实施方案》为标准，高质量建设村镇产业融合发展示范园，探索创新产业融合模式；加强村镇一二三产业融合发展与城乡规划、土地利用总体规划等“多规”的有效衔接。

（2）从发展路径的角度，应促进“农业 + 加工业”“加工业 + 服务业”“农业 + 加工业 + 服务业”的融合，健全农业产业体系；整合现有涉农政策向村镇产业融合倾斜，突破融资难、融资贵等产业融合瓶颈，从资金、技术等各方面为产业融合提供保障；推进产业融合的适度集聚，提高土地集约利用水平；开展田园综合体建设，推动现有农场、合作社、农业产业园等传统农业经营模式的转型升级，促进农旅、文旅产业融合；探索多种形式的利益联结机制，发展订单农业，构建股份合作利润分配机制，调动各经营主体的积极性，共享产业融合发展的增值收益；建设农业信息化服务平台，整合分散的涉农信息和数据，实现数据、业务、技术的互联互通，为产业融合提供技术保障。

## 3.3 基础设施建设

加强基础设施系统性建设，健全道路交通、供排水、垃圾处理、能源供给、电信网络等设施，注重补齐短板，适度提档升级（图 3-3）。

图 3-3　基础设施建设

## 3.3.1 优化协调道路交通网络

交通体系作为社会公共基础设施的重要组成部分，是城乡联动统筹的重要内容。交通设施建设对整个城乡统筹具有先导性、基础性作用。国土空间规划背景下的交通规划更加注重空间落地与“三区三线”的协调，更注重全域综合格局的优化协调。

对应国土空间规划体系，交通国土空间规划主要分为国家级、省（自治区、直辖市）级和市县级三级规划。国家层面交通国土空间规划是从中长期出发对全国综合交通网、公路、铁路、水运、民航和管道等重大交通基础设施做出的全局安排，侧重战略性、目标性，与全国国土空间规划衔接。省（自治区、直辖市）级交通规划注重区域内重大交通基础设施布局的合理性和协调性，与省级国土空间规划衔接。市县级交通国土空间规划是依据上位规划编制的细化落实，要求与“三区三线”划定成果进行叠加和冲突分析，侧重落地性和空间管控。

在村镇层面，交通规划是根据上级市县交通规划要求进行细化落实，具体包括落实优化交通网络组织、内部交通联系、交通基础设施建设。

（1）交通网络组织：落实上位规划中公路、铁路、机场、港口等重要交通廊道和设施布局控制要求，充分考虑对外交通，提出乡镇交通发展目标，完善乡镇道路网布局，明确主次干路等级、走向、宽度等要求。

（2）内部交通联系：强化乡镇政府驻地与村庄以及村庄之间的道路连通。根据用地功能、交通流向和流量、自然条件和现状特点，明确乡镇政府驻地道路交通网络和密度，划分道路等级，确定主次干路走向，形成清晰的道路网体系。以村为单位，完善村组道路，村镇居民点之间的道路宜形成循环回路。村庄道路等级应根据村庄不同规模制定，满足农用耕作设备及装备车辆的通行，建筑退让应满足管道铺设、绿化及日照间距的要求。

（3）交通基础设施建设：根据乡镇以及自然村（组）发展需求，连接乡镇外部交通基础设施，明确乡镇内部交通线路以及加油（气）站、货运站场、充电桩等交通设施规模与布局。涉及发展全域旅游的乡镇，结合旅游线路设置旅游交通引导标识、游步道、骑行道、驿站和公共停车场等配套设施。

## 3.3.2 因地制宜规划供排水设施

村镇供排水工程主要包括供水工程和排水工程。供水工程向村镇居民提供高质量的饮用水和生活用水，是保障村镇居民饮水安全、提升生活卫生水平的基础工程。排水工程收集、运输和处理各类污废水，是改善人居环境和保障“村容整洁”的基础工程。供水工程规划包括用水量预测、水质标准、供水水源、水压要求确定、输配水管网布置等。排水工程规划包括预测排水量、确定排水体制和排放标准、布置排水系统、确定污水处理方式等。在现行国土空间规划体系下，村镇供排水规划更加注重区域、城乡的一体化系统布局。各村镇应在上位规划建设标准、规模布局基础上，根据各地村镇自然和经济条件，因地制宜地采用绿色技术与科学的建设管理模式，进一步优化落实上位规划要求。

（1）供水工程：乡镇层面供排水工程规划的落实与优化首先应结合乡镇供水方式和水源特征（包括水源地，含供水主干网、水厂的选址和规模），预测乡镇用水总量（包括工农业生产用水、生活用水、生态用水），并按规范规划布置供水主干次管网。村庄供排水工程规划应与上级规划和相关专项规划衔接。对于面积较大、地下水和地表水较为丰富的村庄，各居民点可以分别设置供水系统，选择村庄水源地，并划定水源保护范围；不具备水源地的村庄，应选择从县城给水网直接供水。有条件的村庄和片区可建设小型集中式供水工程，铺设配水管网，实现单村、联村或联片供水。输配管网的布置应与道路规划相结合。

（2）排水工程：乡镇排水工程规划的目的在于引导乡镇范围内排水工程系统性规划以及项目的建设实施。对于污水排水，应根据乡镇人口设置级别以及生产、生活污水排放量预测，提出污水处理的目标，划定污水集中处理和分散处理的区域，明确处理方式，优化、确定污水集中处理设施的选址和规模，并布置中水管网等；对于雨水排水，应根据所处区域的降水量和降水特点，考虑雨水系统规划、雨污合流以及雨水综合利用。排水工程规划应与当地河流规划和农田水利规划、雨水工程规划相结合。在村庄层面，污水收集与处理遵循就近原则，靠近城区、镇区的村庄生活污水宜优先纳入集中处理系统。难以纳入集中污水处理系统的村庄，优先采取生态处理方式。雨水应充分利用地表径流和沟渠就近排放。

（3）污水处理：村镇生活污水处理要着重考虑选用成熟可靠、适合村镇特点和实际污水处理适用的技术。从污水处理过程的分类来看，我国目前的村镇污水收集模式的差异可大致分为三种：一是城市管网截污模式，由城镇污水处理厂统一收集处理污水市政管网排入的污水，适合城市附近、地形平坦以及具有一定经济基础铺设集中管网的村镇；二是集中处理模式，建设污水处理厂集中收集处理污水并排入自然水体，其适用于人口规模大、经济基础好的村镇地区；三是分散处理模式，是我国村镇最广泛使用的污水处理模式，常用技术包括厌氧沼气池、人工湿地、稳定塘、土地处理和膜生物反应器等，具有工艺简单、成本低廉的优点。

### 3.3.3 系统性建设垃圾处理设施

村镇垃圾处理规划应从市县区域层面统筹布局，以城乡统筹为出发点，以资源化无害化处理为原则，因地制宜地建立村镇环境长效保洁机制，形成现代化生活垃圾治理体系。

村镇垃圾处理专项规划内容包括区域规划目标提出、垃圾产生量预测、生活垃圾处理设施规划、其他设施处理规划（建筑垃圾、医疗垃圾等）、近期重点建设项目规划。

（1）确定规划目标：根据当地自然和社会经济条件，提出垃圾处理目标，明确规划覆盖的乡镇和村庄范围，预设垃圾处理率、资源化利用率等目标。

（2）预测垃圾产生量：分析预测在规划年限内集镇和村镇地区生活垃圾、建筑垃圾、医疗垃圾、餐厨垃圾等日产量。

（3）明确生活垃圾处理设施与收运流程：根据垃圾产生量预测，结合乡镇现有环卫设施基础和居民使用习惯，规划垃圾收运模式。原则上按照“村镇收集—乡镇采集运输—县域定点集中处理”的方式规划垃圾收集转运路线。

垃圾收集点（站）设置应遵循三个原则：一是靠近住宅；二是在清运路线上；三是避免有碍市容及交通。除上述特点外，垃圾收集点（站）还要外形美观，与周围建筑物、环境相协调。收集点的布置应满足垃圾收集小车、垃圾运输车的通行和方便，安全作业的要求，并设置一定宽度的绿化带。

（4）配备其他设施：引入建筑垃圾回收公司，提高建筑垃圾回收利用能力，促进建筑垃圾回收利用。各级医疗机构的医疗垃圾原则上应回收至医疗垃圾处置中心进行处置。各乡镇应设置有毒有害垃圾暂存库，负责收集所辖区域内的有毒有害垃圾，并指定专业机构定期运往有毒有害垃圾收集站。

（5）村镇常用的垃圾处理技术：我国村镇两级常用的无害化生活垃圾处理技术包括卫生填埋、简易填埋、集中焚烧、露天焚烧、生物处理等。填埋是将垃圾填入到铺有防渗材料的洼池或者大坑中，在场地的底部铺设排水管道把渗滤液引到场外，在垃圾体内设置导气系统把填埋气导出利用或者燃烧。由于规模效应门槛以及填埋技术所需要的专业管理能力，一般日处理量小于

50 吨的镇以下规模不推荐设置填埋场。焚烧是村镇一级常采用的垃圾处理方式，一般采用小型村镇生活垃圾焚烧炉，其焚烧时使用高温热解气化技术，可以做到尾气达标排放。生物处理包括好氧堆肥和厌氧消化两类基本工艺。好氧堆肥技术利用细菌、真菌等微生物对垃圾中的有机物进行发酵、降解，产生稳定的有机质肥料；厌氧消化技术利用厌氧细菌将可降解有机物分解并产出沼气，相比好氧堆肥节省通风能耗，广泛应用于污水、禽畜粪污处理。

### 3.3.4 保障升级能源供给设施

村镇能源开发建设对于保障人民基本生活、加快农业现代化发展、促进生态文明建设具有重要意义。各地区应按照“因地制宜、多能互补、综合利用、讲求效益”的原则制定能源发展规划，保障电力工程全面覆盖，推动燃气下乡。与此同时，利用当地丰富便利的自然资源加快沼气、太阳能等清洁能源开发利用，逐步取代化石能源。

（1）电力工程规划：预测乡镇用电负荷（包括工农业生产用电、生活用电），提高供电能力，规划变电站的位置、等级和规模，布局输电网络，规划全域通电率宜达到 100%。电力网包括高压输电网、高压配电网以及低压配电网，具体技术参数选取应结合电源、用电负荷预测、电力平衡、电压等级进行，并进行多方案经济技术比较。供电设施综合布局应提出乡镇范围内变电设施综合布局、电力线路敷设方式、高压线走廊、地下电缆路由及敷设要求。重要公用设施、医疗单位或者用电大户应单独设置变压设备或供电电源。宜因地制宜首选建设水电、风电、太阳能等清洁能源设施。村庄规划层面应落实乡镇供电规划，衔接上位供电电源确定和变电站选址要求，保证选址符合建站条件，线路进出方便并接近负荷中心，并细化确定中低压主干电力线路的敷设方式、线路走向及位置，各级电线宜采取地下管道铺设方式，鼓励有条件的村庄进行地下管线铺设。

（2）天然气工程规划：村镇燃气供气方案应按照因地制宜的原则，根据所在地地质条件、能源现状、采暖方式和经济水平等实际情况，并结合村镇散煤治理、危房改造、人居环境整治等工作统筹确定。由于广大村镇聚落和农户民居往往布局分散，大规模、全覆盖铺设管网并不现实，未来更多的是以村庄为单元的分布式管网，气源以罐装气为主，主要通过陆上和内河运输，因此应当在基础设施建设阶段就考虑以村、镇为单元的低价气储备体系，从而形成“气化站 + 微管网”区域供应模式。需要按照市政基础设施工程有关建设程序组织实施，并执行城镇燃气有关标准规范。在此基础上结合执行《村镇管道天然气工程技术导则》解决村镇地区燃气特殊性和突出问题，具体规划内容包括基本规定制定、输配管道和调压设施规划建设、用户管道和燃具规划建设以及燃气设施安全运行与维护。

（3）沼气开发利用：沼气工程建设应综合考虑各地区畜禽粪便、农作物秸秆等资源量，肥料化、饲料化、原料化、基料化等竞争性利用途径，以及地域分异规律、沼气发展基础、经济水平、清洁能源需求等因素选择合理的技术模式，发展多种形式和特点的沼气模式。合理优化村镇沼气能源发展结构，整合沼气服务网点，形成功能齐全、设备完善的设施和服务网络。具体工程建设类型包括：规模化生物天然气工程（单项工程建设规模日产 1 万立方米以上）、规模化大型沼气工程（厌氧消化装置总体容积 500 立方米以上）、户用沼气（8~10 立方米池容）、中小型沼气工程（20~500 立方米池容）、相应支撑服务能力建设工程。

（4）可再生能源开发与利用：①太阳能。村镇地区太阳能利用主要包括太阳能光伏发电技术、太阳能热利用技术以及太阳能与其他清洁能源耦合技术等。村镇地区利用较多的太阳能设备有太阳能热水器、太阳灶、太阳能暖房和小型光伏发电。随着太阳能技术的不断发展，生产成本将进一步降低，应鼓励主动式太阳能采暖系统在经济发达的村镇地区逐步推广。由于太阳能具有自然分散、供应不连续的特点，太阳能系统用于供暖需要匹配适宜的辅助采暖系统联合运行，以解决供热稳定性和均匀性的问题。②生物质能源。村镇生物质能供应来源主要包括农业生物资源（农业作物、农业废弃物等）、林业生物资源（木材、林业废弃物等）、生活的废气残渣和畜禽粪便等。目前技术水平下具备开发价值的村镇生物质资源一般包括农作物秸秆、林木生物质残余物、禽畜粪便与能源作物等，利用直接和混合燃烧、化学法和物理化学法等技术转化为二次能源，常见做法包括农作物秸秆气化、生物质燃料加工等。③地热能。结合村镇居住范围、建筑特点、地质条件、气象因素等开展研究，在不同地区因地制宜选择地表水源、土壤源、地下水源供暖制冷。注重地热高效梯级利用、尾水回灌技术，推广取热不取水、生态环保、节能减排的高效供热模式。④风能。风能利用方式主要包括风力提水和风力发电两种形式，其中风力发电又有离网型风力发电和并网型风力发电。村镇风能利用设备主要是以户用为主的离网型小型风力发电机、风力水泵和风力提水灌溉等。小水电，容量 5 万千瓦以下的水电站被称为小水电，包括并网小水电、离网小水电、微型小水电等。村镇小水电开发需注重生态优先，就地开发、就近供电，政府需积极探索资产收益，发挥水电综合效益。

## 3.3.5 加快普及电信网络设施

信息化时代，高效的电信网络工程系统是地区经济发展、社会进步、文化繁荣及科技发展的重要保障。村镇地区电信网络工程规划的基本要求是满足村镇居民对电信通信量、通信质量的要求，并尽可能节约资源，做到科学性、可靠性、经济性三者兼具。从技术的角度来看，首先，电信网络工程项目规划要充分考虑村镇地区自然环境与经济环境的异质性特征，基础设施选址规划要立足于当地的地形、地势、水文、温度及湿度等自然环境特征，充分考虑自然环境对电信网络工程基础设施及设备的性能影响；其次，现代电信网络工程强调对现代通信技术与通信网络的应用，应加强村镇通信基础设施共建共享和数字化转型，加快推动水利、公路、电力、冷链物流、农业生产加工等基础设施的数字化、智能化转型。

村镇地区电信网络工程项目规划主要包括两大板块，基于重要程度依次为电信通信工程规划以及广播电视通信工程规划，具体内容如下：

（1）电信通信工程规划：电信规划方面，组网原则必须立足于村镇居民当前电信业务需求的满足，并兼顾中短期的发展，避免频繁的网络升级与结构调整；网络容量需要根据村镇规模合理配置，不盲目追求大容量；网络传输网搭建方面，要基于村镇地区的发展规划来设计；传输设备的选择上要特别注意设备对当地环境的适应能力；需要强调的是，电信服务枢纽在选址上要靠近负荷中心区，要尽可能优化线路的引入、引出并最大程度地降低干扰（远离水电厂、强磁场等）。

（2）广播电视通信工程规划：广播电视规划方面，为提升经济性，布线尽量“短、平、直”，同时要高度注重对线路安全性的考虑，并尽可能不占村镇的耕地，兼顾当下的设备架设及未来的更新维护。在容量设计方面，建议采取人口基数预测与单位建筑面积预测结合的方法，综合确定广播电视的容量。人口基数预测标准可以按照 4 个自然人算一个用户，标准信号端口规模以户均两端来测算，同时以人均 1 端为上限值；采用单位建筑面积预测时，对于村镇居民的私人住宅可以采取每 100~150$m^2$ 设置 1 个端口，对于村镇的公共建筑可以采取 200~250$m^2$ 设置 1 个端口。

## 3.4 公共服务设施

以城乡统筹、分级配置、统一规划、分步实施为原则，优化配置金融邮电、医疗卫生、社会保障、基本教育、文化体育、公共管理等各类公共服务设施（图 3-4）。

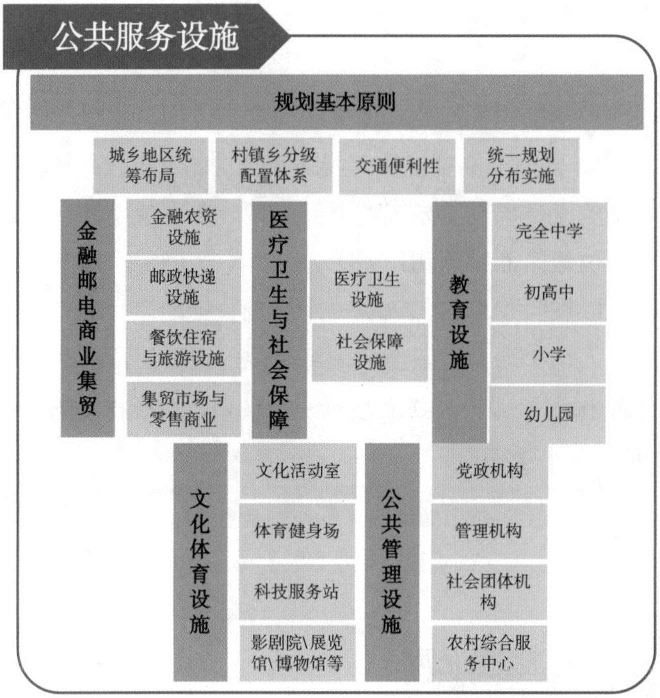


图 3-4 公共服务设施

## 3.4.1 规划基本原则

村镇公共服务设施规划应结合村镇居民点体系规划布置，对村镇体系的调整起到引导支撑作用，按照“幼有所育、学有所教、劳有所得、病有所医、老有所养、住有所居、弱有所扶”的规划要求，明确“重点乡镇——般乡镇—基层村”的分级体系，提出不同空间层级以及不同类型公共服务设施的差异化配置要求，实现镇村公共服务设施统筹配置和城乡公共服务设施均等化，提高设施利用效率和服务标准。

村镇的公共服务设施建设除了满足地方相关标准外，还应结合当地自然条件、经济发展水平、文化风俗等进行考虑，体现地方特色。一般性要求有：（1）设施配套应根据村镇常住人口和实际服务管理人口的总量结构、村镇等级规模和产业特点确定;（2）设施规模应适用、集约、考虑城乡和地区统筹共享，规模较小的基层村集聚区可按照服务半径多个村庄共享配套服务设施，城市近郊村镇应充分考虑城市公共服务设施的辐射范围，避免重复建设；（3）设施应相对集中布置在村镇居民方便到达使用的地方，成为村镇的公共活动和景观中心；（4）设施应统一规划，分步实施，与村庄住宅建设同步建设和使用，在经济发展较为落后的地区，规划可预留用地，为远期建设留有余地。

## 3.4.2 金融邮电与商业集贸设施

金融邮电与商业集贸设施包括金融农资服务设施、邮政快递通信设施、餐饮住宿与旅游服务设施、集贸市场与零售商业设施等。金融邮电与商业集贸设施应结合村镇行政等级、人口规模、经济社会发展水平、村镇居民经济收入和生活状况、风俗民情及周边条件等实际情况进行布局设置。

（1）金融农资服务设施：包括银行、信用社、储蓄所、保险机构、农业合作社等。主要按照服务半径与服务人口来进行设置，一般情况下中心乡镇应全部覆盖，成为区域金融农资服务的中心。ATM 机、POS 机等自助终端设备以及助农取款服务、人民银行跨行清算系统服务应实现在行政村的全覆盖。在人口集中、企业较多村镇地区宜增加金融服务物理网点。在乡镇政务中心、大型农贸市场、大型商场等宜增设自助银行设施。

（2）邮政快递通信设施：邮政通信方式在村镇地区仍占有一定的地位，因而必须重视邮政通信工程的规划。主要按照服务半径与服务人口在村镇地区人口密集的区域设置邮政枢纽。从具体容量、服务半径及人口来说，每一个行政乡（镇）设置 1~2 个邮政枢纽，服务半径建议在 3~5km 以内，单个邮政枢纽的服务人口建议控制在 3 万 ~5 万人以内，确保服务的质量与可持续性。在邮政服务设施基础上，加快推进“快递进村”工程，整合在村邮政、快递、供销、电商等资源，改造提升村镇寄递物流基础设施，建设村级寄递物流综合服务站，鼓励有条件的县、乡、村布设智能快件（信包）箱，进一步完善县村镇三级物流体系。

（3）餐饮住宿与旅游服务设施：包括餐厅、旅馆酒店、游客服务中心等。应综合考虑本地人口与游客量进行规划，集中设置在村镇中心等人口密集地区，配建集散广场、停车场等。具有旅游发展需求的村镇应重点执行旅游行业相关建设和服务标准，保证设施环境优美、服务品质优良、充分体现当地文化民俗特色。

餐饮建筑根据面积、餐厅座位数或服务人数，可划分为小型、中型、大型和特大型，不同规模的餐饮建筑具有不同的运营、服务和管理特点，在建筑设计中有各自不同的设计参数和功能配置要求。

旅馆酒店按客房数量划分为小型、中型、大型、超大型，通常旅馆拥有200间客房是最佳规模，经营效益也较好。

游客服务中心根据景区等级及年游客量可分为小型游客中心（2A和A级旅游景区，年游客量小于30万人），中型游客中心（4A和3A级旅游景区年游客量30万~60万人），大型游客中心（5A级旅游景区，年游客量60万人以上）；建筑规模上，小型游客中心不应小于60m$^2$，中型游客中心不应小于100m$^2$，大型游客中心建筑面积应大于150m$^2$。

（4）集贸市场与零售商业设施：包括农贸市场、电商网点、零售超市等服务设施。选址应结合镇域村镇体系、产业发展需求及对外交通枢纽进行规划，设置在利于人流和商品集散、便于运输车辆进出的地带，不得占用公路、镇区干路、车站、码头、桥头等交通量大的地段；不应布置在文化、教育、医疗机构等人员密集场所的出入口附近和妨碍消防车辆通行的地段。建筑材料市场、钢材市场、牲畜市场等影响镇容环境的设施和易燃易爆的危险品市场，应设在镇区边缘，并应符合卫生、安全防护的要求。集贸市场等用地面积应按平常集会人流规模确定，人口密度较低的地区可结合公共建筑或居住建筑的底层门面设置。

### 3.4.3 医疗卫生与社会保障设施

村镇医疗卫生与社会保障设施主要包括卫生院（室）、计划生育站、防疫站、医院、疗养院、专科医院、综合性社会福利院、老年福利院、村镇敬老院、儿童福利院、优抚医院、救灾物资储备库、社区服务设施、社会捐助站、流浪乞讨人员救助管理站等。医疗与社会福利设施的规划布局权属主要在县级人民政府，应在国家与地方相关标准规范的基础上充分考虑区域内卫生资源、人口数量、特困供养人员数量、自然和交通等因素，分级合理规划村镇医疗卫生和社会保障机构的布局。

（1）医疗卫生设施：医疗卫生设施按县级综合医院、乡镇卫生院和村卫生室（所）三级配置，应以县级综合医院为龙头、乡镇卫生院为中心、村卫生室为基础进行建设，健全县、乡、村三级卫生服务网络。其选址应注意：方便群众到达使用；布局在位置醒目的地带以满足突发灾害事件的应急医疗需求；考虑交通方便且避开交通量大的地段；地基稳固、地形规则、环境安静、远离污染源；处于居住集中区下风位置，与少年儿童活动密集场所保持一定距离；远离易燃易爆物品的生产和贮存区，远离高压线路及其设施。

村镇各级医疗网点应在整合现有卫生资源的基础上，按照建设标准合理确定村镇卫生机构的建设规模和投资，配置基本医疗设备，使其具备开展预防保健和基本医疗服务的条件，完善服务功能，提高服务能力。具体建设标准、设备配置标准以及建筑要求原则上应参照《村镇卫生服务体系建设与发展规划》制定的《中央预算内专项资金（国债）项目乡（镇）卫生院建设指导意见》等。

（2）社会保障设施：社会保障设施分级按照中心镇、一般乡镇、中心村和基层村四级配置，设置水平要与居住人口规模和基层行政区划相匹配。其选址应注意：选择交通便捷、市政条件便利、尽可能靠近医院的地区，以便就近得到医疗服务；能够就近快速进入城市主次干道或乡镇公路，并避开对外公路、快速路及交通量大的交叉路口等地段；远离污染源、噪声源，远离危化品生产企业、危化品仓库等危险场所，远离山体滑坡等地质不良地带，满足避灾防灾要求；充分利用现有土地房产等资源，可采取“多镇合并共享”模式（即两三个邻近乡镇保留一所数量规模较大、基础条件较好、管理水平较高的福利中心）、“城乡一体共享”模式（即依托县级公办养老机构，拿出部分床位用于村镇特困人员集中供养，撤并周边福利中心）、“一县一院”模式（即将区域内所有福利中心合并为一所综合性的村镇养老服务中心）。

### 3.4.4 教育设施

村镇教育设施主要包括完全中学、高中、初中、九年制学校、小学、幼儿园等，应独立选址设置。教育设施的规划权属主要在县市级人民政府，应在国家与地方相关标准规范的基础上结合本地人口分布、地理特征、交通资源、城镇化进程、学龄人口流动、变化趋势、合理的服务半径等因素统筹县域内教育资源的布局规划与用地配置，要注意防止过快撤并学校导致学生过于集中，或者规划不合理出现新的“空心校”。一般情况下，在行政村应设置幼儿园；在人口较为集中、生源有保障的行政村单独或与相邻村联合设置完全小学；在地处偏远、生源较少的行政村设置低年级学段的小规模学校；镇域范围内应统筹布置中心小学或九年制学校（可采用寄宿制）。

村镇规划应合理确定各类学校选址布局、校舍建设、装备配备、信息化、安全防范等基本办学标准。学校选址应在交通方便、地势平坦开阔、阳光充足、环境安静、无环境危害的地段，与各类有害污染源（物理、化学、生物）的距离应符合国家有关防护距离的规定。学校距离铁路干线距离应大于 300m，主要入口不应开向公路，与城镇干道或者公路距离不应小于 80m；学校选址不应与集贸市场、公共娱乐场所、医院传染病房、公安看守所等不利于学生学习和身心健康，以及危及学生安全的场所毗邻。学校用地应确保具备足够的面积和适宜开展教学、体育活动的形态。

学校配备设施应参照《村镇普通中小学校建设标准（建标 109—2008）》《幼儿园建设标准（建标 175—2016)》相关标准，根据人口和学校级别设置。要设置必要的功能教室，保障供给信息化、音体美设施设备和教学仪器、图书等。对于寄宿制学校，要在保障基本教学条件的基础上，进一步明确床铺、食堂、饮用水、厕所、浴室等基本生活条件标准，并明确开展文体活动所必需的场地与设施条件。各级学校应充分利用卫星、光纤、移动互联网等信息化设备与技术加强教育软硬件建设，加快实现宽带网络全覆盖，推动普及“互联网 + 教育”的公共教育服务模式，加快弥合城乡教育服务差距。

### 3.4.5 文化体育设施

村镇文化体育服务设施主要包括文化活动室、体育健身场、科技服务站、图书馆（室）、展览馆、博物馆、影剧院（室）、广播电视台（站）、体育场馆、文化活动室、体院健身场地等。应在国家与地方相关标准规范的基础上根据村镇人口数量、年龄结构、文化民俗、村民爱好等因素合理配置。

各类设施选址建设应当在村镇中心等人口集中、交通便利、方便群众参与且易于疏散的地方，应配建广场、绿地、停车场等。一般乡镇以下的文化体育设施可与其他公共服务设施集中布置，形成村镇活动中心。设施应注重与当地村镇既有文化资源相结合，充分利用盘活村镇祠堂、戏台、晒场等传统公共空间。

在服务内容方面按照农民的意愿和当地社会文化特色提供公共文化服务，一方面，通过实地调研、民意调查、自主规划等方式让村民自己决定选择什么样的公共文化，转变自上而下的行政化配置；另一方面，依托村镇传统节庆活动等文化习俗，借助非遗技艺等生产生活方式开展公共文化活动。

### 3.4.6 公共管理设施

村镇公共管理设施主要包括党政机构、各专项管理机构、社会团体、村（居）委员会等，在此基础上，可以综合其他服务内容设置村镇便民服务中心、村镇综合服务平台等。公共管理设施应根据国家与地方相关规定，在乡镇人民政府驻地和各行政村村委会所在地设置。

村委会是基层村行政管理的基本场所，应选址在村口等方便民众到达的地方。每个行政村都需要配一处村委会，一般建设面积为 100~300 平方米，可依附于其他建筑设置。村委会内设办公室、会议室、警务室，可与图书馆、文化站、卫生室、邮政代办点合建，为村民提供相互交流、学习的场所。

为增强基层政权建设，提高村镇公共服务和社会治理能力，国家提出推进新一代村镇综合服务平台建设。村镇综合服务平台是在县乡镇和建制村配置、为广大村镇居民公共生活和社会治理提供综合性服务管理的场所，是配合人口密集的县域、乡（镇）、村建设的综合实体。村镇综合服务平台一般建设面积为 500~800 平方米，以数字化、信息化的技术手段通过集中管理、统一调度、市场化运作的方式重点集成党建服务设施（村两支委活动室、档案室党员活动中心、村民会议室）、便民服务设施（便民超市、快递邮寄代办、广播室、通信服务等）、农业服务设施（农技培训推广室等）、文体活动设施（室外活动广场、图书馆室、健身室、棋牌室等）、医疗服务设施（卫生计生室、康复保健室）等功能，为村民提供全面、高效的公共管理服务。

# 3.5 建筑质量与风貌控制

以“安全、适用、经济、绿色、美观”为原则，规范引导村镇住宅建设，科学安排生产建筑建设，优化提升公共服务建筑配建，实现风貌控制引导和历史文化特色传承（图 3-5）。

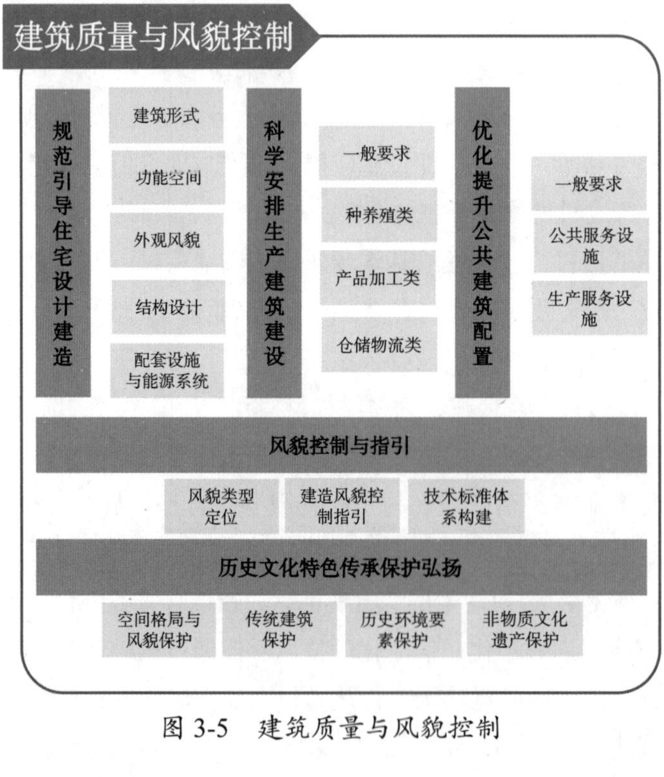


图 3-5 建筑质量与风貌控制

## 3.5.1 规范引导住宅设计与建造

一般要求：按照“安全、适用、经济、绿色、美观”的原则进行建设，促进资源、能源节约和综合利用。应在保持地方自然生态和民族文化特色的同时满足防灾减灾、抗震设防、防止污染和其他公害等公共安全的需要。村镇住宅应体现村镇生产生活方式，避免照搬城市居住建筑，应符合面积、通风、采光、民俗民风的要求，充分满足农、副业生产及农民生活需求。集中居住区应采取统规统建、统规自建方式建设，其中以统规统建为主，坚持“一户一宅”原则，建筑面积和宅基地面积应符合各地建设标准，引导农户和村落向集镇或中心村集中，实现新建住房适度有序集中。

建筑形式：新建村镇住宅以双拼式、联排式为主，因地制宜地引导建设公寓式住宅，限制建设独立式住宅。不同地域根据主导产业及用地情况选择相应的住宅形式，以第一产业为主或建设用地较为宽松的村庄以低层独院式联排住宅为主，以第二、三产业为主或建设用地紧张的村庄倡导建设多层公寓式住宅。

功能空间：村镇住宅包含生活、生产、生态三种空间，各类功能空间应布局合理，分区明确。

生活空间包含堂屋（客厅、起居室）、卧室、厨房、餐厅、卫生间等基本生活空间，以及书房、门厅、过厅、阳台、楼梯、储藏室等辅助空间。在功能布局上，应实现寝居分离、食寝分离、动静分离、洁污分离，注意生活性空间和生产性空间（生产、仓储）相互分隔，同时考虑适用于老人、儿童、残疾人的无障碍设计。具体功能安排上，堂屋（客厅、起居室）作为传统民居中的礼仪空间，具有礼仪性和生活性双重功能，设计时应考虑不同使用模式下的功能需求，根据实际情况灵活处理；卧室注重私密性和安全感，要考虑老人、子女等不同年龄层使用对象的使用需求；厨房要尊重农民的生活习俗和地理资源特征，考虑多种燃料并存的使用空间；卫生间要紧邻起居空间，设置如厕、洗浴及盥洗等有关设施，有条件的话做到不同功能区独立分隔。

生产空间包含加工作坊、养殖种植空间、民宿客房、储藏室等空间，在功能布局上，应根据对外开放程度和环境污染程度考虑与生活空间进行适当分区，主要布置在住宅底层或者住宅外部；民宿农家乐设置店铺、餐饮空间、客房时，应做到功能分区明确、交通联系方便、流线组织良好，保证客房及公共空间具有良好的居住和活动环境。具体安排上，加工作坊布置车床器具时需要单独设置，一般在住宅底层，与起居空间分区，要考虑隔声降噪和污染防控，小型临时加工空间也可利用阳台等空间灵活布置；养殖种植空间不应设置在住宅内部，应与居室保持一定距离，可布置在院落的一角，或以辅助用房相分隔，根据种养需求设计采光和通风；民宿客房根据客房类型（单人、双床、多床间）合理分配面积和设施，附设卫生间的客房占客房总数的百分比不应小于 50%，不附设卫生间的客房，应设置集中的公共卫生间和浴室；存放生产资料的储藏室应独立设置并单独安排出入口，满足各类存储需求并注意防水防潮。

生态空间临近住宅主入口或次入口布置，包含庭院、种植园、晒场、天井等空间。庭院为村镇住宅特色最突出的一类空间，结合其具体位置可划分为前院、内院和后院，功能布局上应根据生活需求合理安排种植、养殖、铺地以及院落出入口等。低层住宅的庭院宜有视线良好的围合设施。

建筑立面：住宅外观应具备不同地区风貌特点，体现地方特色。应与当地传统建筑外观色彩相协调，尽量采用柔和清新的色彩。屋顶应根据当地传统建筑特色，兼顾实际的生产生活需求选用适宜的屋顶形式。建筑装饰体现在建筑主体和宅门、屋脊、山花、檐口、层间、门窗洞口、门头、勒脚等部位，鼓励就地取材，优先采用地方材料。

结构设计：结构设计应遵循《建筑抗震设计规范》《镇（乡）村建筑抗震技术规程》等的规定。各地应结合本地经济发展水平、运输条件、地质情况、地方材料等因素合理选择建筑结构形式，因地制宜体现建筑结构的民族和地方特色。应积极引导采用新型农房结构体系以符合当前村镇住宅产业现代化发展趋势：鼓励采用支撑体和填充体分离的方式提高居住适应性、本土材料结合度以及经济灵活性；推行标准化、模数化设计，鼓励采用预制墙板、预制阳台板、预制楼梯、雨棚、栏杆等预制构件；鼓励采用轻钢结构、新型木结构、装配式钢筋混凝土结构等新型结构；因地制宜采用现代工艺和材料改良提升的传统构造方式，传承木结构建筑、生土建筑等传统工艺做法。

配套设施：主要包括给排水系统和能源系统。给排水系统：建筑生活用水尽可能使用市政直接供水，没有市政供水管网的可自建水源系统，供水水质水压应达到生活用水的标准和要求；排水系统优先考虑雨污分流，厨房、卫生间的管道分开设置，建筑雨水管道单独设置。能源系统：主要包含电力系统、暖通空调系统、热水系统、炊事系统等。电力系统需要考虑强电、弱电、防雷、接地等设计；暖通空调系统应根据能源条件、设备用能效率及运行费用等因素综合比较确定；热水系统可采用燃气或电热水器，当日照充足且年最低气温不低于 -45℃的地区，宜优先采用太阳能热水器；炊事系统有条件的情况下可采用燃气、液化气，鼓励利用沼气、改良的生物质燃料等清洁能源。有条件的地区应充分利用可再生能源系统，如太阳能系统、光伏系统。

## 3.5.2 科学安排生产建筑建设

功能类型和一般要求：根据功能类型划分，村镇生产建筑包含种植养殖、产品加工、仓储物流三种类型。应根据各类生产建筑建设标准、设计导则等文件明确建筑选址、建设规模、组成布局、间距朝向等内容。建筑外观设计应适应不同地区的村镇风貌，体现地方特色，形式简洁规整，与使用功能相匹配。跨度种类要少，高度要统一，宜采用矩形等规则平面布置。建筑外观色彩与造型应与当地传统建筑相协调，简洁明快，除有警示或其他提示外，不宜采用对环境和人员产生强烈刺激的色彩，仓储物流建筑不宜采用大面积反射玻璃幕墙。

种植养殖类：种植养殖类建筑主要包括种植园、养殖场内的温室大棚、畜舍、禽舍等建筑及设施。温室大棚：可采用拱形棚（包括单拱棚、连栋式棚）和单坡棚两种典型形式；温室的建设规模可以是单体温室，也可以是多个单体温室批次分离或通过连廊相互连接组成的温室群；场址应选向阳、避风、地势平坦、土壤肥沃、土质良好、水源充足、排灌方便，周围无高大树木和建筑物遮荫的地方；规模大小应根据当地资源条件、种植计划、栽培方式以及社会和经济效益等综合分析确定；一定规模的温室群，除了温室种植区外，还需建设水暖电设施、控制室、加工室、保鲜室、消毒室、仓库及办公室等辅助设施。

畜舍禽舍：养殖场应选择背风向阳、地势高燥、地形开阔整齐的场地；附近应有可靠的水源，地下水充沛无污染，满足场地内人、动物的饮用和生产管理用水需要。种畜舍和幼畜舍应放在空气流通好的上风处和地势较高处，然后依次排列后备青年畜群、商品畜群。朝向以南向为最佳，达到夏季避热、冬季保温的目的。

产品加工类：产品加工类建筑包括农副产品加工厂房、中央厨房等。选址要求：交通便利，便于原料及产品运输；地势平坦，通风良好，便于排水；水源丰富，水质良好，电力供应可靠；周边没有污染的生产企业。具体设计方面，加工厂房、车间的设计与布局要符合产品加工工艺及加工工序，符合建筑安全、卫生标准及消防的要求；厂房配备设施完整，主加工车间和辅助车间搭配合理，各加工车间工序流畅并有良好的隔离和采光条件，所分布的动力、照明、给排水、供热源点安排到位。

中央厨房：车间布置应充分考虑用地情况、地质条件、气象水文条件及周边市政条件等各方面因素，合理设置车间原辅料区，生食加工区，熟食加工区，包装区和成品储存区。平面布置要合理分区，生食加工和熟食加工要严格分离，并采取有效措施防止人物流的交叉污染。

仓储物流类：仓储物流类建筑包括库房、配送中心等。总体布局上宜高度整合、集中布置；妥善利用地形、地势、工程地质以及水文地质条件，满足物流操作流程、交通组织、消防和管线综合布置的要求；用于污染性物品作业或存储的物流建筑，应布置在当地全年最小风向频率的上风侧；具有卫生洁净要求的物流建筑，应远离污染源布置在当地全年最小风向频率的下风侧；除害熏蒸处理房应单独设置，远离场区出入口和人员密集区，位于公共建筑和居住建筑的下风向；农药仓库、粮食仓库、种子库、农机库等不同的专用仓库应根据各种商品性质的不同，采取相应的技术措施，如空调、隔热、防冻、防潮、防腐蚀措施等。

物流建筑的存储区、作业区的面积，应根据高峰作业量及单位面积处理物品指标计算确定。在冷链、洁净环境中进行生鲜、动物、植物、食品、药品等物品作业或存储的物流建筑，应配置污水、废弃物、排泄物的集中处理设施。交易型物流建筑应为商户设置物品卸货、储存、展示、洽谈、结算的房间。

### 3.5.3 优化提升公共建筑配置

功能类型和一般要求：公共建筑包含公共服务设施和生产服务设施配套建筑，公共服务设施配套建筑包含金融邮电与商业集贸、医疗卫生与社会保障、教育、文化体育、公共管理等五类；生产服务设施配套建筑包含展示销售、研发培训、行政办公、后勤服务等四类。应根据各类公共建筑建设标准及设计导则等文件明确建筑选址、建设规模、组成布局、间距朝向等内容。建筑外观设计应适应不同地区的村镇风貌，体现地方特色。建筑形式应简洁、规整，建筑造型注重群体形态的可识别性，通过群体空间组合体现整体美。

公共服务设施类：公共建筑的项目、规模和内容，应根据村镇居民点的性质和分级标准加以配套，并随生产的发展和群众文化生活水平的提高而不断完善。公共建筑应综合布局，集中建设，注重多功能运营，尽量把性质相近、联系密切的功能安排在一幢建筑物内，集中为综合性服务设施，提高使用效率，如村镇文体中心可将文化、科技、宣传教育、体育等活动用房和有关设施集中成组建设，村镇综合服务中心可将商业、加工、修理等各种服务项目集中成组建设。医疗建筑和学校一般需要单独选址建设。

医疗建筑：应在国家与地方相关标准规范的基础上充分考虑区域内卫生资源、人口数量、特困供养人员数量、自然和交通等因素，分级合理规划；选址在交通便利、环境安全、远离污染源的位置，与居住区和少年儿童活动场所保持距离。

学校：应在国家与地方相关标准规范的基础上结合本地人口分布、地理特征、交通资源、城镇化进程、学龄人口流动、变化趋势、合理的服务半径等因素统筹县域内教育资源的布局规划与用地配置。选址应在交通方便、地势平坦开阔、阳光充足、环境安静、无环境危害的地段，与各类有害污染源（物理、化学、生物）的距离应符合国家有关防护距离的规定。

生产服务设施类：包含展示销售建筑、研发培训建筑、行政办公建筑、后勤服务建筑。展示销售建筑包括商贸交易、会展中心、科普研学等建筑。展示销售建筑的展示销售区是负责农产品展示和销售的区域，布局多选在园区的转角处，一方面可以单独成区，在管理和流线上相对独立，避免与其他流线相互干扰，另一方面有较好的对外形象展示面。展厅、科普实验室等需要预留将来可拓展的空间，并保证自身的清洁、货物进出、设备安装尺寸等要求。

研发培训建筑包括产品研发中心、员工培训中心等建筑。研学实践教育基地根据地域特点，可建设主题性基地、综合性基地，让地域特色、自然环境、文化遗存、民族风情等更加突出。选址应符合国家和地方对自然环境、文化历史和资源保护等方面的要求，做到无自然灾害、无污染源、交通便利、有紧急救援和应对突发事件的能力、基础设施配套齐全、具有可依托的自然、历史、文化资源及社会人文环境。

行政办公建筑主要包括普通办公室、专用办公室和公共用房。专用办公室可包括研究工作室和手工绘图室等。公共用房包括会议室、对外办事厅、接待室、陈列室、公用厕所、开水间、健身场所等。

后勤服务建筑主要指园区中作为生产服务的配套住宿、餐饮、文化、商业等建筑。目前多数地区采用的标准是配套区用地面积不超过整个园区的 7%，其建筑面积不超过整个园区的 12%。在此基础上，园区除了配置基本的生活需求设施，还会增设运动休闲等设施。后勤服务建筑可建设将住宿、餐饮、商业、文化、娱乐、卫生等功能集于一体的综合体。

### 3.5.4 实现风貌控制与指引

主要程序与内容：村镇和建筑风貌控制工作要按照“先规划、后许可、再建设”的要求严格实施。应基于现状调研分析，依据村镇发展类型和风貌类型定位提出，并收入村镇国土空间规划的编制内容中。涉及历史文化名村、传统村落等重要村庄的农房风貌应符合相关法律法规、技术规范要求，按照相关整治保护方案执行；世界自然遗产地、风景名胜区、自然保护区等各类资源保护范围内的农房建设，应征求相关行政主管部门的意见。

现状调研分析：在进行村镇和建筑风貌规划编制时，要对村镇现状进行调查与分析。除考虑自然条件外，还应对发展条件（社会经济、人口规模、民族文化和产业基础等）进行判断分析，尤其要了解规划村庄的历史变迁情况，包括聚落起源、历史演变等。重点考察地区特色景观、建筑、非物质文化遗产等要素，包括山水格局、植被古树、民居建筑、传统建造技艺等，总结提炼村庄和建筑的风貌原型。

风貌类型定位：按照风貌特色类型来进行分类指导，如村庄风貌类型可分为民族文化型、自然山水型等，农房建筑风貌类型可分为地域特征型、民族文化型、历史文化型等。风貌类型应与现行县域、乡镇国土空间规划提出的村镇体系和村镇发展方向有效衔接，在此基础上确定村镇风貌规划的类型定位，坚持风貌特色的多样性，充分表达差异性元素、符号和特征。

村镇风貌控制指引：包括自然环境风貌指引（山体风貌保护利用、水体风貌保护利用、田园风貌保护利用）；空间格局风貌指引（整体空间形态、历史文化风貌保护、空间序列、天际线和标志物）；道路风貌指引（车行路、巷道、观光路、停车场）；重要节点风貌指引（村庄入口、文化活动广场、村级小游园）；绿化风貌指引（公共绿化、庭院绿化、古树名木保护与利用）；环境设施风貌指引（宣传栏、标识牌、垃圾收运设施、路灯等）；建筑风貌指引（公共建筑、公共厕所、农房）。

建筑风貌控制指引：结合村庄布局和需求，确定新建农房选址、用地规模和布局；根据现状调研总结出来的农房风貌原型与分类结果，明确农房风貌控制要素的指引要求，包括平面格局、建筑面积、层数高度、屋顶形式、墙身形式、门窗构件等典型符号与装饰以及建筑材料、建筑色彩等，提出特色民居图示。建筑设计应充分体现风貌元素，注重传承创新和彰显特色相结合，传统自然材料与现代建造工艺相结合，具体要求可参考各省《建筑风貌指引导则》。

技术标准体系构建：各地区应系统性提出风貌规划与控制的技术路线和方法，科学编制《村镇和建筑风貌指引导则》《农房建设图集》《农房建设指引》《风貌规划控制模式案例》等规范指引性文件。所编制的风貌规划管控文件应与乡镇国土空间规划、村庄实用性规划等良好衔接。

### 3.5.5 保护传承弘扬历史文化特色

主要程序与内容：针对村镇历史文化开展系统性保护规划，基于现状调研分析与价值评估编制文物保护规划、历史文化名城名镇保护规划等指导性文件。主要任务包含四个方面：保护村镇空间格局和风貌，即村镇的传统选址、格局、街巷、自然和田园景观等整体空间形态与环境；保护文物古迹、历史建筑、传统民居等传统建筑，重点修复传统建筑集中连片区；保护古路桥涵垣、古井塘树藤等历史环境要素；保护非物质文化遗产以及与其相关的实物和场所。历史文化保护工作应与村镇设施提升、景观环境提升工程配合。涉及历史文化名村、传统村落等重要村庄的农房风貌应符合相关法律法规、技术规范要求，按照相关整治保护方案执行；世界自然遗产地、风景名胜区、自然保护区等各类资源保护范围内的农房建设，应征求相关行政主管部门的意见。

现状调研分析：结合村镇自然和人文资源特点，明确村镇的历史价值、科学价值、艺术价值和文化价值，明确村镇范围内各级文保单位、历史建筑、传统风貌建筑、历史环境要素、非物质文化遗产等资源要素，形成保护对象名录表。

空间格局及风貌保护：保护村镇的历史文化遗产，首先要保护其依托的自然景观环境，包括山体、水系、植被、耕地农田、水利系统等，应对历史文化村镇的自然景观环境进行整体性保护，包括：保护村镇选址格局特征（环境与村镇相对位置关系与选址定位基准、视线通廊、防御体系、防灾体系等）；保护村镇历史街巷格局与院落肌理（街巷院落的走向、界面、尺度、密度等）；保护街巷两侧建筑物的空间比例关系；保护古河道、水塘、岸线的结构形态和生态系统。

传统建筑保护：借鉴历史文化名城保护规划将建筑分为文物建筑、保护建筑、历史建筑、风貌协调建筑、风貌不协调建筑等几类的做法，对传统民居进行认定分类，针对不同类型制定相应的管控措施。对文保单位，严格按照批准的文物保护规划要求落实保护措施；对历史建筑，应符合《历史文化名城名镇名村保护条例》相关规定；对传统风貌建筑，应保护其原有空间特色、建筑形式、传统材料和工艺，遵循“修旧如故”的原则，采取保养维护、现状修整、重点修复、抢救加固、清理破坏性依附物等保护措施，在尽可能保持原有风貌不改变外观特征的基础上完善内部设施。

历史环境要素保护：历史文化村镇中的环境小品大多都是当地人们生产生

活过程中创造出来的设施和工具，反映了一定历史时期的生产生活场景，如水井、水车、桥梁、石阶铺地、少数民族地区的风雨桥、古树名木等，具有浓郁的乡土生活气息和深厚的历史文化底蕴，应当予以继承和保护。对于古桥，需要定期开展质量安全鉴定，及时加固，修缮时尽量维持原貌；对于古井，需要划定保护范围，提出保护利用措施；对于古树名木，应增设避雷设施，加强病虫害防治并及时更新复壮管理；对于石阶铺地，应尽量保留原有铺装形式，新建石阶铺地不宜采用高饱和度、高对比度的现代铺装材料，宜选择石板、卵石、块石、瓦片等乡土材料，并使用本地传统工艺，与周边环境相协调。

非物质文化遗产保护：包括民风民俗、祭祀仪式、名人诗文、民间艺术，以及与之相关的空间场景等。应在系统调研的基础上建立完善的档案和数据库，做好文化空间建档挂牌工作，通过多种手段保护展示传习场所，充分活化利用非遗资源，譬如以文化礼堂、祠堂、陈列馆、寺庙等建筑空间为载体，建立传统文化档案资料馆；保护传统文化民俗活动的空间节点与路线，推动民俗文化活动的有序开展；恢复已经消失的文化空间，还原文化空间的文化功能属性；建立切实可行的非遗传承机制，积极扶持培养传承人。

## 3.6 资源利用与低碳发展

优化村镇传统用能结构，充分利用太阳能、生物质能等可再生能源，推进生产、生活低碳减排，积极增加生态碳汇（图 3-6）。

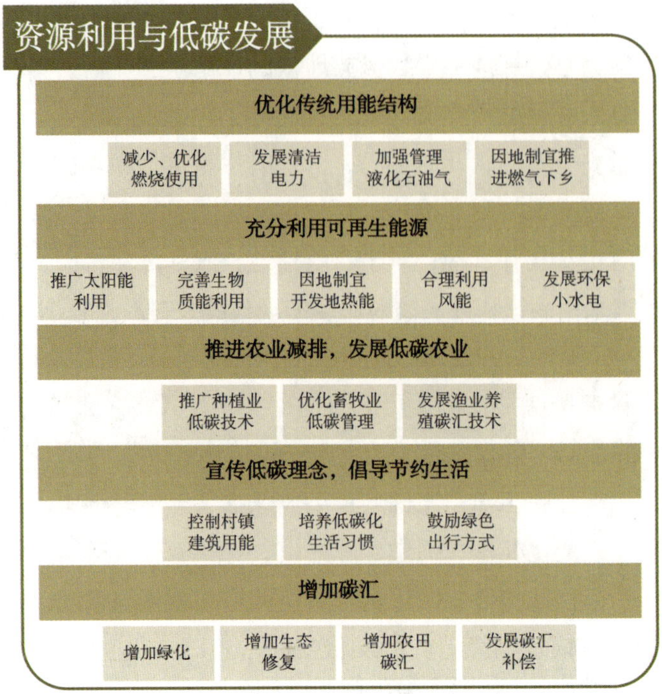


图 3-6　资源利用与低碳发展

## 3.6.1 优化传统能源利用结构

建设绿色宜居村镇，需要切实推进村镇能源建设，优化能源结构，提高用能效率。我国村镇用能长期依靠传统电力和化石能源（煤、液化石油气、天然气等），能效低、污染大，不利于低碳发展，在国家提出“碳达峰、碳中和”目标的战略背景下，已不能满足未来的发展需求，迫切需要加以调整。

（1）煤：目前，我国村镇的能源消费中煤依然占据主导地位。要减少煤的使用，首先要减少村镇中散煤的使用，为有效控制散煤的使用，应该采取综合施治、多措并举、分步推进的战略，主要措施有优质煤替代、煤改电和煤改气等清洁能源替代、推广清洁炉具、集中供热等。考虑到我国以煤为主的能源结构在短期内难以做出迅速调整，短期内可以采用优质低硫煤代替劣质散煤和蜂窝煤；长远来看可以逐步用电能、天然气和太阳能等清洁能源替代村镇散烧煤；

有条件的村镇可以发展集中供热。

（2）电力：我国村镇电力的普及度已经比较高，需要进一步优化电力供应的能源结构。太阳能光伏是目前在村镇重点推广的新能源技术，在村镇建筑屋顶、农业设施表面以及不能耕作的空地安装光伏电池，所发的电通过蓄电和微电网系统接入到大电网实现并网运行，可以有效补充电力系统。电力系统可参与构建村镇多能互补分布式能源系统，实现灵活高效的用能：如分布式电源、冷热电三联供机组系统，在发电的同时输出热量或致冷，电量有余量时通过当地的配电网并网上网；系统供能不足时，用燃气锅炉、地源热泵等提供冷热负荷，通过大电网输送电能，解决用能问题。

（3）液化石油气：在一些无法接通天然气的偏远村镇地区，液化石油气是村镇“煤改气”和村镇“气化”的良好气源。采用液化石油气的过程中，需要加强管理，淘汰“小、散、乱”的液化气充装市场落后产能，构建满足需要、安全保障度高、市场信誉优良、资信实力强的液化气供应体系。

（4）天然气：村镇推进燃气下乡，应遵循因地制宜的原则，根据所在地地质条件、能源现状、采暖方式和经济水平等实际情况，并结合村镇散煤治理、村镇危房改造、村镇人居环境整治等工作统筹确定。为保障村镇燃气供用气安全，应该遵循国家、行业相关规定，不得在土坯房、木板房，或用易燃材料搭建的墙壁、屋顶，以及被列入近期拆迁计划和被确定为危房的村镇建筑中使用。

## 3.6.2 充分利用可再生能源

村镇地区由于独特的资源优势，已成为我国可再生能源推广利用的重点领域。建设绿色宜居村镇，应大力开发和推广可再生能源的利用，贯彻执行“因地制宜，多能互补，综合利用，讲求效益”的方针，发展太阳能、生物质能、地热能、风能、小水电等可再生能源利用技术。

（1）太阳能：相比于城市，村镇地区居住方式分散、建筑低矮，具备利用太阳能的良好条件。在太阳能资源优良、电网接入消纳条件较好的村镇地区可推进光伏屋顶工程，拓展“光伏+”综合利用工程并与村镇产业有机融合。因地制宜采用太阳能热利用技术，利用太阳能提供生活热水，在有条件的地区发展太阳能供暖和微型热电联产系统。

（2）生物质能：我国村镇地区生物质能源资源丰富，主要来源于农作物秸秆、林业生物质、牲畜粪便和能源作物等。村镇利用生物质能需要对生物质能源潜力、转化技术经济性、资源开发经济性、资源环境效益等进行分析评估，因地制宜合理开发应用。为了科学推广生物质能在村镇的发展，村镇政府需制定切实可行的优惠政策和扶持措施，保障原料的供应能力，建立完善的生物质能产业体系，并注重加大技术研发和农户技能培训。

（3）地热能：我国地热资源分布广泛，利用方式多样，在需要供暖且地热资源丰富的东北、华北、西北、华东北部及华中的部分地区可重点发展地热能利用技术。地热能开发需因地制宜，就地取材，高效利用浅层、中深层地热能，并重点在集中连片建设的新农村地区推广。基于地热能循环梯度特点可发展温室农业和温泉旅游等，为构建村镇特色产业提供支撑。

（4）风能：与城市地区拥挤的空间格局不同，村镇地区建筑分布疏朗，风能资源丰富。应增加风能开发量，利用政府出台的扶持政策，将风力发电与新能源特色小镇建设、区域旅游开发等工程相结合，壮大集体经济。风力资源条件优越的长江到南澳岛之间的东南沿海地区及其岛屿，应大力推进风能发电，满足清洁用能需求。

（5）小水电：村镇水电具有分散开发、就地成网、就近供电、成本低的特点，是大电网的有益补充，具有不可替代的优势。对于大电网难以覆盖的西部、长江、珠江、黄河上游偏远地区村镇，应积极发展规模适中、节省投资、对生态环境无害的小型水电。

## 3.6.3 推进农业减排，发展低碳农业

农业是温室气体的重要排放源，其排放量达到了人类温室气体排放的40%。农业减排固碳是实现碳达峰碳中和目标的重要措施，也是潜力所在。需要在保障国家粮食安全和重要农产品有效供给的前提下，协同推进农业低碳发展。

（1）种植业：种植业中的温室气体排放，旱地主要是氧化亚氮排放，稻田主要是甲烷排放。针对氧化亚氮的排放源，需要发展农田氧化亚氮减排技术、保护性耕作固碳技术和农作物秸秆还田固碳技术；针对甲烷的排放源，水稻种植业需要采用高产低碳品种、旱耕湿整、增密控水栽培、施用减排肥料等稻田甲烷减排技术。

（2）畜牧业：针对反刍动物甲烷的排放问题，需要调控日粮营养结构，优化饲料品种，改善粗饲料营养品质，合理使用饲料添加剂等。此外，还需要对畜禽的粪便进行管理，采取粪污干湿分离、固体粪便覆膜静态好氧堆肥、液体粪污密闭贮存发酵、粪肥深施还田等措施，降低粪便管理过程中甲烷和氧化亚氮等温室气体的排放，替代化肥施用，提升土壤有机质含量。

（3）渔业：采取综合养殖碳汇技术，选择具有碳汇功能的养殖品种，改善生态化养殖设施，构建由鱼类、贝类、藻类和底栖生物等组成的多营养层次综合养殖模式，提高水体空间利用率，增加水产养殖经济效益，并通过收获、沉积等多种途径来存储碳。

### 3.6.4 宣传低碳理念，倡导节约化生活

低碳消费是全民参与气候变化应对的最直接途径。我国村镇居民的消费规模持续快速扩张，消费对能源的需求持续刚性增长，实现“双碳”战略目标需要大力普及低碳生活理念，同时推动供给侧低碳转型，提供更多低碳选择。

（1）控制村镇建筑用能：控制村镇建筑用能可以从降低运行维护用能、提高用能效率两方面着手。降低运行维护用能可以采取下列措施：提升农房外围护结构的保温隔热性能（外墙、屋面和地面设置保温隔热层，外门窗采用Low-E双玻并加强气密性，采用外遮阳），建造被动式太阳房（利用连廊、门斗等辅助功能空间），创造良好的采光通风条件，充分利用庭院植被遮荫并形成良好的微气候环境；提高用能效率，可以采用高效的多能互补分布式能源系统，采用高效能源设备，并大力推广节能型电器。

（2）培养低碳化生活习惯：在低碳化村镇建设中，应培育低碳生活理念，

倡导“勤俭节约”的生活习惯，推进全新的消费方式，将生活质量的提升与碳排放量的增长脱钩。鼓励村镇居民养成节约用电、节约用水、垃圾分类等良好的生活消费习惯；自觉选购、使用低污染、低消耗的生态保洁用品、环保电池、绿色食品等低碳日常用品；自觉减少一次性餐具、一次性日常用品等产品的使用。

（3）鼓励绿色出行：鼓励小排量、低能耗、新能源汽车的使用，淘汰不符合现行机动车排放标准的老旧汽车；优先发展新能源汽车，大力推广清洁能源汽车并积极推进村镇新能源汽车相关配套设施建设；大力发展公共交通，合理规划交通网络，科学统筹公交线路的布线和班次，扩大公交服务的覆盖面，提升公交服务质量，提高公交运行效率。同时，加强节能减排和低碳出行意识宣传，引导和鼓励更多的人使用公共交通作为日常出行方式，降低交通碳排放。

### 3.6.5 增加碳汇

林业和农业的碳汇是生态服务的重要功能，对于稳定全球的生态平衡发挥着重要作用，可以通过植树造林、减少毁林、保护和恢复植被等措施吸收和固定大气中的二氧化碳（$CO_2$）。具体可通过以下策略来增加碳汇。

（1）推进绿化，增加碳汇：中国五大区域要依据自身的地理条件来酌情推进绿化，西北、中部主要是扩大植被面积（西部缺乏水资源的区域，要科学植树造林，不可盲目扩大林地规模，以防破坏自然），东北、东南、西南要进一步加强森林、草地等碳汇管理。森林碳汇的提升，需要推进植树造林，增加森林覆盖率，此外还需要考虑现有各林种结构的稳定，保持森林面积的动态平衡，注重森林的提质增效和可持续发展；草地碳汇的提升，需要对中轻度退化草地切根改良、重度退化草地免耕补播、多年生人工草地混播建植，以及林草复合、灌草结合、草田轮作等，以提升草地生产力，提高草地生态系统固碳能力，促进草牧业可持续发展。

（2）加强生态修复，补偿碳汇：生态的修复，山水林田湖草沙一体化的保护修复与土地的整治，有利于提升生态系统固碳能力。自然生态资源相对匮乏的地区，应针对景观破碎化程度较高的区域，在保护原有生态资源的基础上，调整景观结构，贯通景观廊道，对退化的生态缺口进行恢复和重建。村镇农业空间应因地制宜推进全域国土整治和生态修复。

（3）改善农业管理方式，增加农田碳汇：要实现农田碳源到碳汇的转变，达到固碳增汇的效果，需要综合提升农田草地中有机质的含量，增加吸收温室气体和固定二氧化碳的能力。可通过保护性耕作、秸秆还田、施用有机肥、人工种草和控制草畜平衡等措施，来改善环境品质，提高农田和草地固碳增汇的能力。

（4）碳汇补偿，发展碳交易市场助力村镇低碳化：建立村镇碳汇补偿机制，鼓励林业和农业的碳汇补偿，以此激发农民增汇的积极性和主动性。积极建立符合当地特色的农业碳汇交易机制，运用市场对社会资源的配置功能，构建“企业—碳交易机构—村镇专业合作组织—农民”的农业碳汇交易机制，使农民可以通过减排获取收益，使企业可以通过减排获得经济补偿，推动社会主体积极参与低碳村镇建设。

## 3.7 环境保护与健康防灾

开展生态环境保护与治理，推进生态系统维护与健全，提升自然灾害综合防控能力，做好疫情防控打造健康环境，构建和谐安全的人居环境整体格局（图 3-7）。

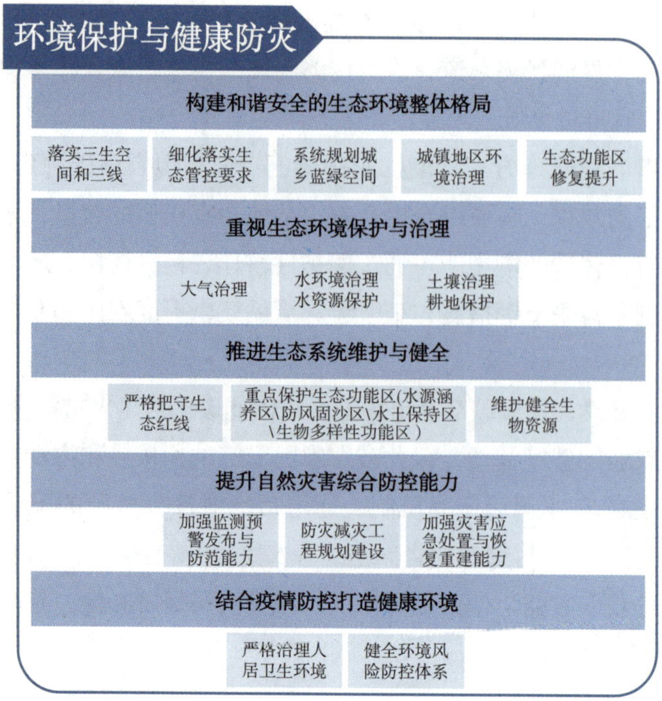


图 3-7　环境保护与健康防灾

## 3.7.1 构建和谐安全的生态环境整体格局

坚持尊重自然、顺应自然、保护自然的原则，坚持节约优先、保护优先、自然恢复为主的生态理念，以区域尺度为重点、县域单元为主体统筹优化山、水、林、田、湖、草、城市、村镇等多要素关系，构建和谐安全的生态环境整体格局。

主要内容为：基于环境承载力和开发适宜性评估，科学制定并落实三生空间保护开发的约束条件和管控边界，严守生态红线，重点保护生态功能区；进一步细化落实生态空间管控单元的分类分区要求，通过对生物生态源地、廊道、战略点及整体网络等关键生态要素进行空间位置及范围识别，明确生态区域和生态景观廊道；在生态区域和廊道地图上，结合农田耕地、城乡聚落布局系统性规划区域绿廊、绿带、绿楔等结构性绿色空间，疏通、连通河湖水系，保育湿地，构建连续完整的区域蓝绿空间网络，加强城乡间生态系统衔接。

在生态环境整体格局的基础上，对于人口产业聚集的城镇地区，重点开展水、土壤、大气生态治理工作，保障区域环境质量；对于生态功能区，根据生态区域和廊道空间划定进行人类活动管控、生境恢复及提升等工作，按需推进退耕、还林、还草、封山育林、植树造林、生物栖息地恢复，保障生态系统调节和支撑的基本功能；将生态环境保护与自然灾害防灾减灾设施工程建设相结合、与公众健康和新冠疫情防控工作相结合，加强自然灾害和环境风险防控能力，提升生态系统服务的综合效益。

### 3.7.2 重视生态环境保护与治理

绿色宜居村镇建设应以国土空间保护规划为依据，根据不同地区村镇开发强度和资源环境禀赋实施不同的人居生态环境保护措施。针对开发强度较高、环境问题突出的京津冀、长三角、珠三角等重大开发聚集区范围内的村镇，应实施系统化的优化开发和人居生态环境修复，主要开展以大气、水、土壤修复为主题的环境治理，遏制人居环境恶化的趋势；对于人口和产业聚集明显、人居生态环境问题初步显现的其他开发聚集区范围内的村镇，应实施人居生态环境修复和维护工程，注重保护饮用水源与耕地资源，改善提升人居生态环境质量。主要内容如下：

（1）大气治理：村镇地区大气污染主要来源于工业废气污染、燃煤散烧污染、村镇机动车尾气污染、秸秆燃烧污染等。对于工业废气污染，应严格限制高污染项目的建设，依法淘汰钢铁、水泥建材、石化化工、有色金属等落后产能行业，从源头控制大气污染。对于散煤燃烧污染，应推广高效环保炉具，加快完成民用炉具除尘、脱硫、脱硝等环保设施的加装；加强燃煤质量把控，推广使用低硫、低灰分、低挥发分的优质煤炭和洁净型煤使用；加快清洁能源代替利用，综合利用工业余热、沼气、太阳能、生物质能等代替散煤燃烧。对于秸秆燃烧污染，应禁烧与综合利用相结合，增强农民综合利用秸秆的意识，推广秸秆粉碎还田作有机肥料、秸秆饲料、秸秆汽化、秸秆发电、秸秆乙醇、秸秆建材等新技术。对于机动车尾气污染，应采取限行、压缩通行空间等措施逐步淘汰黄标车、老旧车；加强对机动车尤其是高排放型柴油农用车尾气排放的监督管控，加大油品销售监管力度，杜绝生产和销售劣质油。

（2）水环境治理和水资源保护：村镇地区水体污染源主要来自工业生产污染物、农药种养殖污染物以及生活污水和废弃物。对于工业污染源，应严格控制造纸、印染、制革、农药、氮肥等严重污染水环境的生产项目建设发展，从源头减少污染物的排放；科学制订陆域污染物减排计划，对工业废水进行集中标准化治理。对于农业种植污染，应控制氮磷化肥农药使用，推广使用绿色肥料；在田间修建回流沟渠收集富含氮磷元素的渗回液；地下水受污染地区调整种植业结构，优先种植需肥量低、环境效益突出的作物。对于农业养殖污染，应发展规模化、标准化的养殖业，在圈舍内使用有机垫料控制养殖污水排放，鼓励种养结合的循环经济，并建立沼气池化粪池等配套设施。对于生活污水和废弃物污染，应加快生活污水处理设施、雨污分流系统的建设与改造，要求达到相应排放标准或可再生利用要求；推进污泥处理，禁止不达标的污泥进入耕地。不同地区村镇可根据自身特点选择不同的污水处理和水环境生态修复技术措施，包括氧化塘、沼气池、曝气生物滤池、缓冲带、生态沟渠、人工湿地等。

水资源保护方面，要严格保护和加快修复村镇地区水生态系统，依法划定饮用水源保护地，推进饮用水水质检测达标工作。在缺水地区推行退地减水并合理规划生产生活用水方案，限制高耗水产业发展，保障生活用水安全。建设开发区应严格河湖占用管理，严禁挤占生态用水。在地下水漏斗区和海水入侵区实施地下水禁采和限采政策，加强地下水污染防治。

（3）土壤治理和耕地保护：村镇地区土壤污染主要来源于工农业生产导致的重金属污染和有机污染物污染。从源头控制上，应严格控制有色金属冶炼、皮革、电镀、铅酸蓄电池等行业项目建设，减少土壤污染物排放。针对土壤污染可采取以下治理方法：微生物修复法，即通过选择并引入合适的菌种群落，通过吸附固定重金属离子降低金属离子含量，同时自然消耗加速分解有机污染物；植被修复治理方法，即通过种植具有固定、分解、吸收污染物的植被对土壤中有害物进行提取，达到固定土壤、减少水土流失、改善土壤结构的生态修复作用；化学处理法，即利用还原剂、氧化剂与污染物发生化学反应实现降解，常用于污染面积较大的区域，修复技术包括化学还原、化学氧化、化学淋洗和电化学修复等；物理还原法，即通过检测清理等物理手段降低污染物含量，清理后填换正常土壤使土壤结构得到恢复。

耕地保护方面，要严守耕地保护红线，坚持耕地质量数量生态并重。实施耕地质量保护与提升行动，有序开展耕地轮作休耕，加大退化、污染、损毁农田改良修复力度，保护和改善农田生态系统。严格控制非农业建设占用耕地，加强引导调整农业种植结构，加大生产建设和自然灾害损毁耕地的复垦力度，适度开发耕地后备资源，划定永久基本农田并加以严格保护。

### 3.7.3 推进生态系统维护与健全

以国土空间分类保护规划为依据，针对重点生态功能区范围内的村镇，实行以自然生态环境保护为主题的工作，巩固提高生态服务功能。主要内容如下：

（1）严格把守生态红线：以“两屏三带”为主体的陆域生态安全格局为依据，落实把守生态红线，对水源涵养、生物多样性维护、水土保持、防风固沙等生态功能重要区域，以及生态环境敏感脆弱区域进行严格保护，涵盖所有国家级、省级禁止开发区域，以及有必要严格保护的其他各类保护地等。生态保护红线原则上按禁止开发区域的要求进行管理，严禁不符合主体功能定位的各类开发活动，严禁任意改变用途，确保生态保护红线功能不降低、面积不减少、性质不改变。

（2）重点保护生态功能区：对位于国家生态功能区规划内的村镇地区，应以保护修复生态环境为首要工作，保护林地、草地、湿地、冰川等自然生态环境，强化生态功能区提供水源涵养、防风固沙、水土保持、生物多样性维护等生态产品的能力。编制实施产业准入负面清单，因地制宜发展不影响生态功能定位的产业，限制大规模工业化和城镇化开发，逐步引导超载人口有序转移。

对于水源涵养生态功能区、江河源头和湿地，应推进水生态系统修复工程，重点加强植树种草，维护或重建湿地、森林、草原等生态系统；对于防风固沙生态功能区，应加大退牧还草力度，开展禁牧休牧和划区轮牧，恢复草原植被；对于水土保持生态功能区，应加大水土流失综合治理力度，禁止陡坡垦殖和超载过牧，注重自然修复恢复植被；对于生物多样性生态功能区，加强自然保护区建设力度，严防开发建设破坏重要物种栖息地及其自然生态系统。

（3）维护健全生物资源：在生态安全格局上，构建生态廊道和生物多样性保护网络，以自然保护区为主体，以种质资源保护区、禁猎区、禁伐区、原生境保护小区（点）等为补充，建立重要生物资源就地保护空间体系，加强生物多样性保护。此外还应：建设迁地保护体系，科学合理开展物种迁地保护；建立完善的生物遗传资源保存体系，强化种质资源保存；建立外来入侵物种监测预警及风险管理机制，加强外来入侵物种和转基因生物安全管理；通过自然恢复等措施促进栖息地的恢复与物种的交流。

## 3.7.4 提升自然灾害综合防控能力

自然灾害包括气象灾害、海洋灾害、洪水灾害、地质灾害、地震灾害、生物灾害与火灾七类。各地应以县域为单元开展自然灾害灾种、风险等级和防灾能力等级调查，明确本地区主要灾害风险类型和存在的主要安全防灾问题，进而提出防控目标和方案，科学提升村镇安全保障水平和韧性应急能力，具体可从以下三方面进行建设。

（1）加强灾害监测预警发布与防范能力：解决村镇基层灾害预警发布“最后一千米”落地问题，加快气象、水温、地震、地质、测绘地理信息、农业、林业、海洋、草原、动物疫病疫源灾害等监测站建设，重点加强综合气象观测系统、震情跟踪流动监测系统、地震烈度速报网点、重大病虫灾害田间检测网点等建设。同时结合广播电视、互联网、移动信息设备等提高灾害预警信息发布的准确性、时效性和社会公众覆盖率。

（2）加强防灾减灾工程规划建设：根据地区重点防灾减灾需求完善防灾基础条件，酌情实施地质灾害防治、山洪灾害防治、重点火险区综合治理、平安公路建设、村镇危房改造、地震易发区房屋加固等重点工程；同时，提升地震灾害、地质灾害、气象灾害、水旱灾害、海洋灾害、生物灾害、火灾等重大自然灾害重点防御工程建设标准和重点基础设施防御标准，强化升级排洪管网泵站体系、防火应急道路与火灾阻隔网络、多层级交通韧性联通网络、沿海地区防潮防风台体系等的建设，优化防灾工程设施布局，提升设施防灾抗损毁和快速恢复能力。

（3）加强灾害应急处置与恢复重建能力：在明确综合防灾减灾目标、防灾标准和防灾分区的基础上，科学规划落实防灾基础设施用地、应急避难场所、救灾物资储备库（点）等布局建设，构建网络化分布式的应急设施和应急避难场所空间体系。完善自然灾害应急处置指挥体系，建立健全统一指挥、分级管理、反应灵敏、协调有序、运转高效的管理体制和运行机制。落实市级统筹指导，区县（市）为主体，基层群众广泛参与的灾后重建工作机制，结合“美丽村镇”建设，加强村镇恢复重建规划编制、技术指导、政策支持、质量监管等工作。

### 3.7.5 结合疫情防控打造健康环境

在新冠疫情常态化防控背景下，要结合疫情防控需求打造健康安全的人居环境，主要开展以下两方面工作。

（1）严格治理卫生环境：重点开展村镇环境卫生整治、病媒生物控制、健康文明生活方式促进等专项工作。应以污水、垃圾、厕所的整洁卫生为重点，加强农贸市场、餐饮店、小作坊等重点场所和薄弱环节环境整治；对铁路、公交、超市商场、公厕等人员密集公共场所定期进行保洁消毒；引导规范各单位深入开展工作场所内外环境整治和卫生扫除；积极动员群众定期净化、美化自家建筑和庭院环境；做好病媒生物滋生环境清理，广泛开展病媒滋生地清理，从源头降低病媒生物密度，防控传染病传播；利用各种平台做好宣传引导，积极动员群众主动践行文明健康行为，提升群众环境健康意识和抗疫防病能力。

（2）健全环境风险防控体系：为了从根本上降低重大突发公共卫生事件的爆发风险，需要从建立健全全过程防控机制、防控技术体系、防控法律制度三方面完善环境风险防控体系。第一，在科学评估、精准识别重点风险污染物的基础上，针对其产生风险的各个环节建立源头禁限、过程减排、末端治理的全过程环境风险管控机制；第二，对重点污染物进行专项治理，构建并采取分类治理、多举措治理、多环境介质协同治理的科学技术体系；第三，形成长效治理的工作管理机制，完善健全环境风险防控相关法律制度体系。

# 3.8 智慧管理与运营维护

健全管理制度，拓展数据获取渠道，搭建智慧管理平台，建立村镇智慧管理运维长效机制，推动乡村数字化变革（图 3-8）。

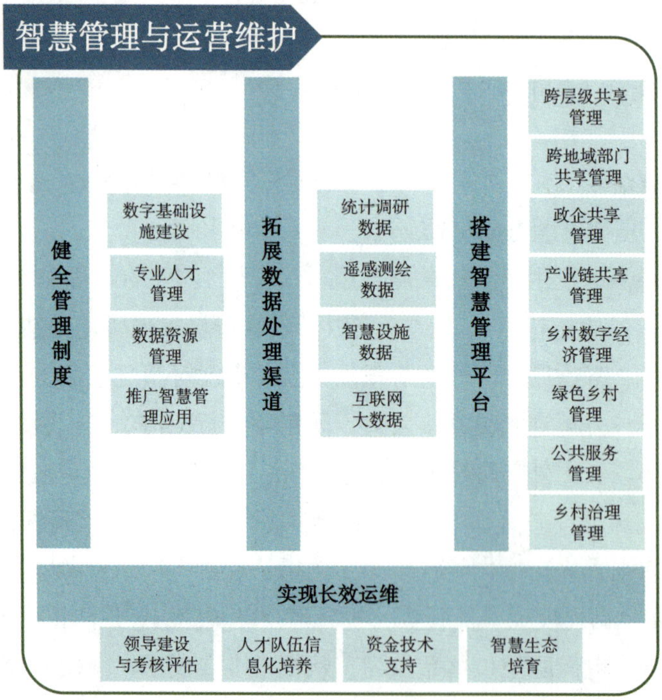


图 3-8 智慧管理与运营维护

## 3.8.1 健全管理制度

村镇智慧管理与运营维护是推进村镇数字化建设的重要一环，是村镇发展的重要突破口和乡村振兴的重要抓手。国家高度重视数字村镇建设，作出实施大数据战略和数字村镇战略、大力推进“互联网 +”现代农业等一系列重大部署；省级层面响应国家战略部署，确定各省内的村镇建设目标，提出行动方案与实施意见；市县层面依据上位行动方案进行细化落实，探索开展村镇数字化发展试点等工作。

村镇层面依托省市级管理制度，因地制宜，重点突破，分步推进农业农村生产经营精准化、管理服务智能化、村镇治理数字化，具体内容包括四个方面。

（1）推进数字基础设施建设：加快村镇网络普及覆盖与升级换代，推动 5G 网络与泛在感知、万物互联等物联网技术融合应用，收集和反馈各类涉农主体真实信息与需求，扩大农业农村场景应用，开发生产经营管理等领域特色应用，发展信息化产业和社会化服务。在村镇基础设施建设中同步做好网络安全工作，依法打击破坏电信基础设施、生产销售使用“伪基站”设备和电信网络诈骗等违法犯罪行为。

（2）创新专业化人才管理：以人才培育为核心，创新农村人才管理模式。一方面加强培训，提高农民的信息化素养，另一方面加强与高等院校、科研院所、相关领域企业等协作，建设一支村镇发展领域高端人才队伍。通过政府补贴、培养培训等形式，加大专业化人才的引进力度，打造智慧村镇建设专业人才梯队及培养机制，保障可持续发展。

（3）完善数据资源管理：完善村镇级数据资源目录，通过建立开放的数据库，实现数据定级、数据开放、数据分析、数据服务等功能。各区域村镇考虑自身特色产业与数据优势，建立村镇特色大数据资源体系，实现农业数据、农民数据、村镇数据及农业农村服务数据的全面汇聚与融合，完善数据资源共享服务体系，有效支撑后续各层级、各部门的大数据资源应用。

（4）推广智慧管理应用：发挥基层治理的先天优势，推广落实智慧村镇基础性、通用性应用体系，推进地方特色性应用体系。鼓励有条件的村镇在智慧城市应用体系拓展基础上，开发市场化应用体系，对村镇内部生产经营主体开展生产经营设施数字化改造，积极探索、创新、开发符合农民需求和村镇发展需求的智慧应用功能，顺应新一代信息技术发展趋势，积极探索新技术在村镇的应用。

### 3.8.2 拓展数据获取渠道

数据基础和数据质量是村镇实现智慧管理的重要基础工程，也是大数据、云计算、人工智能、5G、物联网等数字技术的核心前提。数据采集能力不足、更新缓慢以及数据意识淡薄是村镇数字化进程中重要的阻滞因素，各村镇应强化数据归集和治理，以保障数据真实性、准确性和完整性为基本原则，完善村镇数据资源目录和共享服务体系，建立数据资源体系，提高村镇治理需求和供给之间的数据匹配度。

当前村镇数据主要来源包括统计调查数据、遥感测绘数据、智慧设施数据、互联网大数据等。

（1）统计调查数据：包括全国普查、抽样调查、重点调查、典型调查等公开数据，如户籍信息、人口规模、就业情况、产业经济等，可通过国家统计局网站、地方各省市统计局网站、国家和各省市统计年鉴等获得，数据获取便利但数据类别有限。

（2）遥感测绘数据：包括地图地形数据、农田数据、森林数据、资源矿产数据等，可实现水田、旱地、公路、森林、工业用地地物精细分类，具有数据量大、更新周期短等特点，可通过村镇基础时空数据监控（包括遥感监测、卫星定位、基础测绘等）获取。注意建立全县（市）统一标准，形成天空地一体化的实时动态观测网络。

（3）智慧设施数据：由各感知终端得到的实地监测传感数据，包括水网、电网、通信网络等，具有实时准确的特点，数据获取主要依托于各类村镇信息基础设施，如水表、电表、视频监控、环境感知等设施设备。鼓励完善各类监测传感设施，构建天空地数字农业管理系统。

（4）互联网大数据：包括交通、文娱、就业、公共服务数据、POI 数据、舆情数据等，具有数据来源广泛、种类丰富、实时更新等特点，可对村镇数据资源体系加以完善与补充，获取渠道包括政府公开数据、企业开源数据、公众提供数据、电商平台和数据交易平台等。

各村镇应参照省级层面相关文件，依据自身情况构建农业自然资源、重要农业种质资源、村镇集体资产、村镇宅基地、农户和新型农业经营主体数据库。

### 3.8.3 搭建智慧管理平台

一体化智慧管理平台搭建是开展数据采集和智慧管理的中枢，是促进农业农村全领域、全主体、全周期数字化改革的重要支撑。管理平台包括共享数据资源管理以及不同领域场景的应用管理。

共享数据资源管理方面，村镇可依托国家及省市级别公共数据管理平台，以公共利益最大化为目标，建立健全跨层级、跨部门、跨地域、跨主体、跨业务数据互联互通的共享机制，避免出现因各自建设、重复建设而形成的信息孤岛。

（1）跨层级共享管理：国家层面应根据现代农业大数据工程的部署要求，搭建统一开放的国家农业农村大数据中心，包括数据储存专有云平台、整合数据信息的大数据平台和统一政务信息系统；省级层面应推出相关业务应用平台及业务系统建设技术与管理规范，统一数据规范标准，归集全省性数据，实现覆盖全省、上下联动、横向协同的智慧管理；市县层面应搭建区域性数字化管理平台，加快推进平台有效对接，打通数据通道，实现省市县（区）三级联动。

（2）跨地域、跨部门共享管理：在跨地域和跨部门共享方面，建议省市县各级政府建立联合开发和推广机制，并全面对接全国一体化在线政务服务平台，与区域内（如长三角区域、珠三角地域等）及其他省（区、市）的市场主体建立跨地域合作服务体系，进行基础平台和服务系统数据共享和业务对接，并对各村镇开展业务延伸，打通“最后一千米”。

（3）政企共享管理：推进政府数据开放共享、推动数据流向从以往的由企业向政府单向流动向政企双向流动转变。建议数据平台由政企合作开发，鼓励并支持企业开展设施建设、运营维护等服务，同时强调数据共享过程中的数据安全管理，包括商业秘密、个人隐私、敏感信息等。

（4）产业链共享管理：村镇层面产业链共享管理中，以农产品为典型代表，从生产—流通—销售端开展对行业数据的监测，降低经营成本，提高农民收益。龙头企业可与村镇产业链上下游企业间开展多元化合作，如“农户—合作社—龙头企业”的组织模式，建立市场化的业务协同体系，引导小农户对接大市场。

不同领域场景的应用管理方面，村镇层面应从实际需求出发，遵从“以用促建”原则，对村镇生产、流通、监管、服务、治理等领域场景进行应用管理，并鼓励特色产业探索精细化、专业化的融合数据管理。

（1）村镇数字经济管理：生产管理方面，对动植物生长感知、环境温湿度、土壤肥力、病虫害、动物检疫防疫、屠宰等农牧业生产过程、环境以及服务质量进行精准监测，结合数字化农业气象服务系统做出调控；流通营销方面，对农副产品进行产业化信息管理和动态监测分析，为各类型经营主体提供省、市、县级产销对接平台，提高流通效率，提升服务体系标准化水平；零售方面，对小商业、小集市和农资经营零售数据进行动态统计分析，与电商、邮政快递等平台有效对接，实现村镇零售转型，促进城乡资源双向流通，并对村镇物流信息资源进行高效整合与合理配置。

（2）绿色村镇管理：建立平台管理系统及村镇饮用水源、垃圾分类、养殖污水等检测网络，对村镇空气、水源、土壤环境、自然生态质量以及人居环境进行数字化分析，推动农业绿色生产、生态精准保护和人居环境监督整治，全面提升乡镇环境污染预警与分析能力。建立省、市、县分层分级管理模式，省级层面优化平台架构并健全问题线索发现处理机制与管理机制，村镇层面设置举报机制，引导村镇居民参与网络监督。

（3）公共服务管理：涉及农业农村水、能源、气象、交通、社保、医疗、教育、养老等基本公共服务内容。酌情搭建乡镇财政服务平台及“互联网＋扶贫”“互联网＋医疗健康”“互联网＋社会救助”“互联网＋金融服务”等平台，对各类民生补贴财政资金、健康档案、信贷档案、老年人信息等进行统筹管理，实现城乡资源的顺畅对接，提高村镇教育、医疗、社保和社会救助水平，推动村镇信贷、保险和担保等活动合理便捷地进行。

（4）村镇治理管理：省级层面建设村镇“三资”管理平台，推动“三资”管理制度化、规范化；县级层面依托省级政务服务平台，编制发布政务服务办事指南；村镇层面做好信息收集、录入、更新、管理及维护工作，将党务、村务、财务信息公开，进行数据分析应用、智能研判预警和信息反馈。充分发挥网络“瞭望哨”的作用，对矛盾纠纷、社会治安及其他民众关注的问题作出及时有效的处理，落实服务监督功能。

### 3.8.4 实现长效良性运维

省、市县、村镇各层级应积极践行村镇智慧管理与监督机制，加强能力建设，保障资金支持和人才支撑，调动各方积极性，从上到下、以点带面，实现长效良性运维。具体内容如下。

（1）加强领导建设与考核评估。将数字村镇、智慧村镇建设纳入年度重点工作内容，建立对应工作台账，实现项目化推进、清单式管理、销号式落实。探索建立数字村镇评估体系，以县域为单位开展各村镇智慧管理建设的评价工作，将评价结果纳入乡村振兴考核，具体评估指标可由基础设施、数字经济、数字服务、智慧运维、村镇治理、保障体系六类指标组成，可由各省依据村镇发展现状统筹制定。

（2）加强人才队伍信息化培养。人才队伍信息化培养分为信息化管理人才引进和已有人才队伍信息化培养。首先，用好用足各类人才引进激励政策，吸引一批农业信息化高层次管理和技术人才，推进信息化人才下乡进村；在此基础上，优化基层农技人员定向培养机制，加大新型经营主体、返乡创业青年的数字技术教育培训，扩大村镇数字化和智慧化的技术人才队伍。此外，开展新型职业农民的信息化应用能力培训，包括手机、电脑等智慧终端设备的使用、村镇智慧管理平台使用、各类智慧应用软件的应用等，培养造就一支爱农业、懂技术、善经营的新型职业农民队伍。

（3）优化资金技术支持。资金保障包括专项资金支持、金融服务和资本下乡。首先，优化专项资金使用结构，发挥现有财政专项资金的支持和引导作用，指导村镇内符合条件的智慧村镇建设项目纳入政府专项债券申报范围。其次，加强普惠金融服务，广泛收集反馈农户和相关投资者的需求，建立金融服务数据库，形成全方位、多元化的农业农村抵质押融资模式，满足多样化的融资需求。最后，积极引导资本下乡，坚持政府引导、市场主导的基本原则，村镇层面积极宣传、广泛联络，吸引本地人才返乡创业就业、吸引各类企业参与村镇发展，积极引导互联网类、应用技术类、规划类企业为村镇智慧管理长期发展和数字村镇建设提供强大的智力、资金和技术支持。

（4）开展智慧生态培育。培育或表彰一批发展农业农村数字化生产力、提升智慧化管理服务水平的先进典型，发挥示范带头作用。引导基础设施服务商、生产经营数字化服务商、生活数字化服务商、数字治理服务商、配套服务商等各行业企业广泛参与，形成跨行业、跨区域的数字村镇服务资源池，为社会广泛参与智慧村镇建设搭建供需对接渠道。鼓励市场主体和社会公众开展农业农村大数据增值性、公益性开发和创新应用。发挥主流媒体和新闻网站作用，及时宣传村镇建设的成功做法和工作成效，营造社会广泛参与村镇数字化建设的良好氛围。

## 3.9 政策保障与实施机制

聚焦村镇“人、地、钱”资源要素，健全土地管理制度，完善财政支撑体系，推动人才培育壮大，强化管理监督机制（图 3-9）。

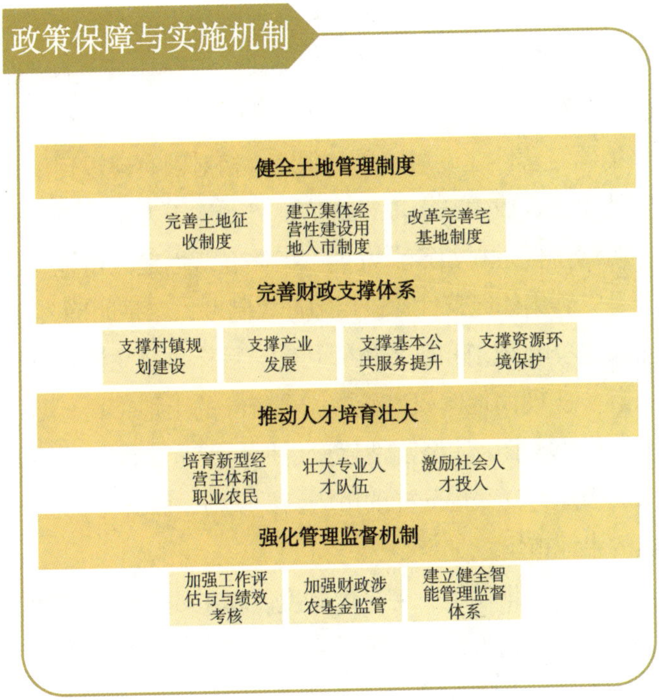


图 3-9　政策保障与实施机制

## 3.9.1 健全土地管理制度

面对当前农民土地财产性收入实现不充分、土地增值收益用于“三农”不足、建设用地安排“重城轻乡”等问题，需要坚持土地公有制性质不改变、耕地红线不突破、农民利益不受损三条底线，在试点基础上继续深入推广以“农村土地征收”“集体经营性建设用地入市”“宅基地制度改革”为主的村镇“三块地”制度改革，为村镇建设发展提供基本的土地资源支撑。

（1）完善土地征收制度：土地征收制度改革主要任务有 3 项，一是缩小土地征收范围，二是规范征地程序，三是完善对被征地农民合理、规范、多元保障机制。目标是建立完善的程序规范、补偿合理、保障多元的征收制度。为了保障被征地农民切实权益，政策实施中应注意在程序上将“征地协商和补偿安置”前置，即先与被征地的村集体经济组织中绝大多数成员就补偿标准等内容达成书面协议，在征地补偿安置资金和社会保障费用落实后方可启动土地征收程序。补偿可采取多元化方式，包括货币补偿、粮食补偿、养老保险参保补贴等，加大对被征地农民的保障力度。

（2）建立集体经营性建设用地入市制度：相对国有建设用地，集体经营性建设用地具有地块小、成本低、取得快的优势，适于为企业特别是微小企业用地提供保障，有利于促进村镇产业发展。集体经营性建设用地入市改革主要任务有 3 项，一是完善集体经营性建设用地产权制度，二是明确入市范围和途径，三是建立健全市场交易规则和服务监管制度。目标是建立流转顺畅、收益共享的入市制度，逐步实现同地同权同价、城乡统一的土地市场。其中“同权”是“同价”的前提，要赋予集体经营性建设用地与国有建设用地同等权能的使用权，在同一市场中运行，采用同样的市场交易规则、服务监管机制和交易平台，构建城乡一体的土地市场。

（3）改革完善宅基地制度：宅基地制度改革主要任务有 4 项，一是改革完善宅基地权益保障和取得方式，二是探索宅基地有偿使用制度，三是探索宅基地自愿有偿退出机制，四是完善宅基地管理制度。目标是建立依法公平取得、节约集约使用、自愿有偿退出的宅基地制度，保障农民“户有所居”，增加农民财政性收入。

## 3.9.2 完善财政支撑体系

以政策保障和财政投资为基础，以社会广泛参与投资和建设为补充，围绕村镇规划建设、产业发展、基础服务提升、资源环境保护几个重点领域建构完善的财政支撑体系。

（1）支撑村镇规划建设：重点支撑国土空间规划的实施，地方财政应预留规划编制费，确保做好、落实各级国土空间规划和村庄实用性规划。专项资金短缺的县、乡镇和村级政府，应由上级政府适当安排财政支持，开展规划帮扶试点等工作。统筹利用村镇建设财政扶持资金政策，积极推进绿色农房建造、装配式农房建造、危房改造、传统村落保护、历史文化名镇名村保护等工作。

（2）支撑产业发展：以绿色生态为导向，完善健全农业支持保护政策，落实农业支持保护补贴，建立农业信贷担保体系，支持耕地地力保护和粮食适度规模经营。坚持互惠互利，优化营商环境，引导工商资本到村镇投资兴办农民参与度高、受益面广的农产品加工厂、村镇旅游、村镇新型服务等特色产业。针对不同地区资源环境条件，完善财政扶持政策，支持现代农业产业园、农业产业强镇、优势特色产业集群、美丽休闲村镇、村镇创新创业园区等建设。鼓励有条件的地方按市场化方式设立村镇产业发展基金，支持村镇产业技术创新。

（3）支撑基本服务提升：把基础设施建设投入的重点放在村镇，加快村镇公路、供水、供气、环保、电网、物流、信息、广播电视、邮政等基础设施建设。完善公共文化服务体系，实施文化惠民工程，将财政支持重点向基层公共文化服务体系建设倾斜，复兴村镇文化。优先发展村镇教育事业，巩固完善“城乡统一、重在村镇”的义务教育经费保障机制，大力支持职业教育、村镇学前教育、特殊教育服务的发展。提升完善村镇社会保障体系和相关财政支撑体系，整合城乡居民基本医疗保险制度，落实城乡医疗救助政策；完善城乡居民基本养老保险制度，完善村镇低保制度、危房改造、残疾人保障等社会救助和福利政策。

（4）支撑资源环境保护：落实以绿色生态为导向的农业补贴制度改革方案，推动绿色循环高效农业发展。严格水资源开发利用管理，实施严格的水资源有偿使用制度。深化矿产资源管理制度改革，探索矿产资源权益金制度、有偿使用制度，完善矿产资源开发收益分配机制。持续改善整治村镇人居环境，支持开展田园综合体建设试点示范。进一步改革完善财税体制，建立健全生态保护的利益补偿机制：支持启动大规模国土绿化行动，加强水土保持和林草生态建设；开展生态工程以奖代补试点，实施生态保护补助奖励政策；完善支付转移制度，归并规范现有生态补偿渠道，逐步加大政府财政对重点生态功能区、禁止和限制开发区域的转移支付力度；推动地区间、流域上下游建立横向生态保护补偿机制，探索开发地区对保护地区、生态受益区对生态保护区通过资金补助、产业转移、人才培训、园区共建等方式实施生态保护补偿。

### 3.9.3 推动人才培育壮大

积极为村镇建设输出人才力量，从培育新型职业农民、壮大“三农”专业人才、鼓励社会人才投入几个方面入手建立多元、开放、高效的人才培育政策。

（1）培育新型经营主体和职业农民：因地制宜扶持种粮大户、家庭农场、农民合作社、农业企业等新型经营主体，培育各类专业化市场化服务组织。建立职业农民制度，实施新型职业农民培育工程，支持新型职业农民通过弹性学制参加中高等农业职业教育，鼓励各地开展职业农民职称评定试点，培养新一代爱农业、懂技术、善经营的职业农民，优化农业从业者结构。创新培训组织形式，探索田间课堂、网络教室等培训方式，支持农民专业合作社、专业技术协会、龙头企业等主体承担培训业务。

（2）壮大专业人才队伍：加大“三农”领域实用专业人才培育力度，提高村镇专业人才服务工作能力。加强农技推广人才队伍建设，探索公益性和经营性农技推广融合发展机制，允许农技人员通过提供增值服务合理取酬，全面实施农技推广服务特聘计划。加强涉农院校和学科专业建设，大力培育农业科技、科普人才，深入实施农业科研杰出人才计划和杰出青年农业科学家项目，深化农业系列职称制度改革。支持科技人员以科技成果入股农业企业，建立健全科研人员校企、院企共建双聘机制，实行股权分红等激励措施。

（3）激励社会人才投入：建立健全激励机制，研究制定完善相关政策措施和管理办法，鼓励社会人才投身村镇建设。以乡情乡愁为纽带，引导和支持企业家、党政干部、专家学者、医生教师、规划师、建筑师、律师、技能人才等，通过下乡担任志愿者、投资兴业、行医办学、捐资捐物、法律服务等方式服务乡村振兴事业，允许符合要求的公职人员回乡任职。实施“三区”（边远贫困地区、边疆民族地区和革命老区）人才支持计划，深入推进大学生村官工作，因地制宜实施“三支一扶”、高校毕业生基层成长等计划，开展乡村振兴“巾帼行动”、青春建功行动。建立城乡、区域、校地之间人才培养合作与交流机制，全面建立城市医生教师、科技文化人员等定期服务村镇的机制。

## 3.9.4 强化管理监督机制

强化政策实施和财政使用的管理监督，重视绩效考核与激励约束机制，加强财政涉农基金监管，形成多领域、多部门、多目标协同的智能化管理监督体系。

（1）加强工作评估和绩效考核。以定期开展“村镇体检”评估工作为抓手，摸清相关规划实施情况以及基础设施效率提高、生态建设、人居环境提升、历史文化保护传承等重点工作的实施情况，并依法向社会公开检测评估结果，出现重大情况及时向上级部门报告。在此基础上，建立各项工作考核监督和激励约束机制，以绩效评价结果作为财政预算安排和人员任用选拔的重要依据：建立健全以结果导向配置涉农资金的绩效管理机制，并实现全过程绩效管理，在预算编制环节明确绩效目标，执行中强化绩效监控，执行后开展绩效评价；将规划实施成效纳入地方各级党委和政府及有关部门的年度绩效考评内容，考核结果作为有关领导干部年度考核、选拔任用的重要依据，确保完成各项目标任务。重大工程、重大项目、重大政策和重要改革任务，要明确责任主体和进度要求，适时开展过程评估和总结评估，确保质量和效果。

（2）加强财政涉农基金监管。重点加强教育、医疗、养老、扶贫等民生资金监管。建立资金实时动态监控机制，依托动态监控平台建立资金总台账，将转款财政资金全部纳入台账，实行精细化管理。加强涉农资金事前、事中监管，充分借助审计、纪检监察等力量，发挥社会监督作用，在涉农资金项目管理中大力推行公示公告公开，让农民群众依法享有知情权、监督权。严肃财经纪律，对发现的违法违规违纪问题，严格依法依规依程序处理。

（3）建立健全多领域、多部门、多目标协同的智能化管理监督体系。强调规划引领和“多规合一”，统筹村镇规划建设、产业发展布局、基本服务建设、生态环境保护等多方面工作。构建村镇建设发展领域监管事项清单，完善监管事项信息化数据指标体系，建立事项和责任部门之间协调耦合的监管网络体系，将监管责任细化分解落实到具体部门、环节。从技术上，可借助多元信息化手段和人工智能技术，综合运用网络大数据、手机信令数据、智慧设施数据等建立村镇规划建设管理的数据监测、集成、分析和共享平台，通过人工智能识别分析大量数据，以信息化、智能化手段辅助监管决策，切实提升村镇监管能力。

祖法振乎

# 4 村镇建设发展实践案例

为了实地了解我国广大村镇建设发展的整体情况、产业经济模式、建设管理模式、生态环境状况、基础设施建设、公共服务设施建设、建筑与风貌、建设发展亮点等方面内容，调研组人员于2019—2020年间走访了我国贵州、河北、江苏、陕西、广西五省（区）内5个县域的19个乡镇、25个村庄。这些村镇在特色产业发展、历史文化保护、易地扶贫搬迁、人居环境整治、基本公共服务提升、集体产权制度改革等方面体现了现阶段我国村镇建设的典型特征。通过系统性的实地调研和总结分析，我们形成了内容客观、表述简洁、特色突出、形式生动的系列调研成果，适用于村镇规划建设领域从业人员、相关专业院校师生、各级规划建设管理人员，以及关心村镇建设与乡村振兴的各界人士查阅引用。

## 4.1 贵州省湄潭县：黔北丘陵特色茶产业与制度改革

### 4.1.1 整体概况

湄潭县隶属于贵州省遵义市，是国家级新型城镇化综合试点县、农村改革试验区，是全国著名的产茶大县。湄潭县城距遵义市区58千米、距遵义机场20千米、距省会贵阳180千米，总面积1865.54平方千米，共辖3街道12镇、132个村（居、社区），总人口50余万。湄潭县地处云贵高原至湖南丘陵的过渡地带，岩溶地貌占三分之二，境内山谷平坝地貌多样，气候水土条件较好，自然景观独特，被誉为“黔北小江南”。

湄潭县在美丽宜居乡村建设方面堪称我国典范，在特色产业培育、农村产权制度改革、人居环境整治、乡土风貌控制等方面积累了不少值得借鉴的先进经验。总体来看，当地村镇利用绿色生态资源发展特色农旅产业，促进了以农业为核心的三产融合，为当地社会经济发展提供了基础动力。结合农村集体资产股份权能改革和“三块地”改革实现了“资源变资本、资金变股金、农民变股民”的目标，探索形成了可持续的产业发展模式和土地政策。湄潭县在产业经济发展的同时积极改善提升村镇人居环境，通过“10+N”行动计划全面提升村镇基础设施、公共服务、文化保护、安全保障、信息数据与产业发展等关键领域建设，着力打造“黔北民居”风格的特色乡村风貌，并通过制定“一图一表一说明”、组织发动“群众会 +”等方式有效提升了村镇建设的实施管理水平，推动了乡村振兴的落地实施。

2020 年 10 月 23 日至 25 日，调研组走访调研了当地三个乡镇（街道）四个村庄，分别为湄江街道及下辖核桃坝村、金花村，鱼泉街道及下辖偏岩塘村，兴隆镇及下辖田家沟村，村镇区位及基本信息见图 4-1。其中，湄江街道为湄潭县城所在地，具有较好的区位优势，交通网络完善，重点发展商贸流通、农业服务、风景旅游和历史文化多种功能，是湄潭县茶旅产业和贸易服务的中心；毗邻县城的兴隆镇以工业发展、农业服务和风景旅游为主要发展方向，是邻近县、乡镇的农副土特产品集散地，也被称为湄潭后花园；区位稍为偏远的鱼泉街道土地肥沃、地下水资源丰富，以农业服务和风景旅游为主要发展方向。

从村镇发展的优劣势上看，调研村镇拥有丰富的农业和文化资源，区域内盛产优质茶叶、水稻、水果、烤烟、油菜等特色农作物，同时孕育了远近闻名的茶文化、酒文化。但在调研过程中，三个乡镇普遍提出存在配套资金匮乏、土地和劳动力资源紧张的问题，反映出现阶段我国特色产业型乡镇增长的发展需求与不充分的资源、政策支持之间的矛盾；此外还部分存在生态承载力弱、劳动力短缺和交通不便的问题。

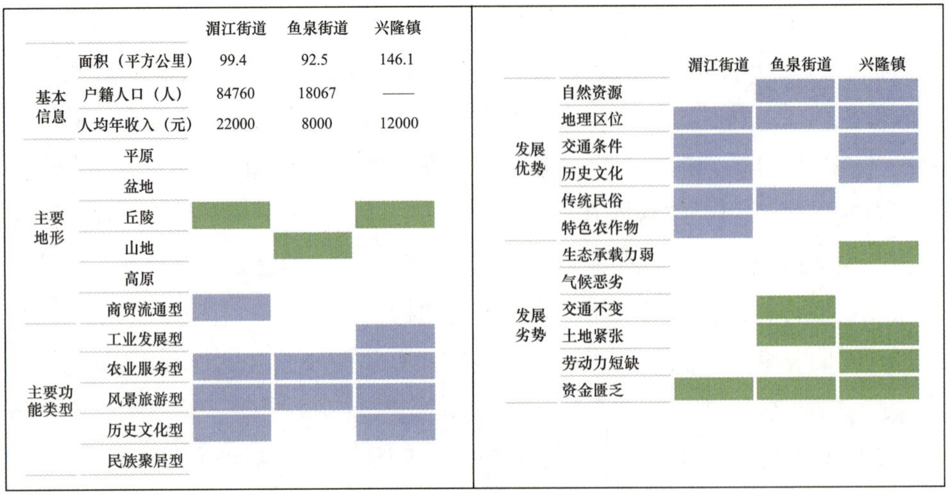


图 4-1　区位条件与资源禀赋

## 4.1.2 产业经济模式

湄潭县村镇依托特色农业资源和优美的田园风光，主要发展生态农业、农产品加工业和休闲旅游产业，这些产业成为当地村镇脱贫致富的重要支撑产业。2020 年，全县农林牧渔服务业总产值 89.93 亿元，休闲旅游综合收入 37.02 亿元，一三产业已成为湄潭县主要收入来源。

茶产业是湄潭县产业经济的最大特色。截至 2020 年，全县茶园面积达到 60 万亩，被誉为贵州茶业第一县、全国第二产茶大县，其中“湄潭翠芽”和“遵义红”是国家级著名的茶叶品牌。当地农业除了茶叶种植以外，兼有精品水果、烤烟、辣椒等多种特色农作物种植，并有稻虾综合养殖、生猪养殖等。产业经济基础和区位交通条件较好的湄江街道和兴隆镇发展了酿酒、茶叶加工、烟叶复烤等精品农产品加工业，并积极发展采摘农业、创意农业、休闲农业、康养农业等农业新业态，通过产地加工、产地直销、产地旅游的形式引导以农业为核心的三产融合渗透，将二三产业环节产生的农业增加值保留在本地。

调研村镇中，湄江街道核桃坝村是全县茶产业发展最早、最好的典型代表，该村从20世纪80年代就开始探索茶叶种植，被誉为西部生态茶叶第一村。目前，核桃坝村内约有12000亩国际标准认证茶园，1700平方米茶青交易市场，4家省级龙头企业，在村内实现了家庭和大户承包种茶、统一标准专业制茶、统一市场茶青交易、统一品牌合作社销售的科学分工，产业链条完善，茶叶亩产经济效益位居全国名茶基地之首。

湄江街道金花村是发展茶旅一体、农旅融合发展模式的典型代表。金花村地处湄潭“翠芽27°”茶旅一体化4A级景区核心地带，全村共有茶园6800亩，大型茶企业5家。近年来该村依托资源禀赋打造了“美丽乡村，七彩部落”为主题的乡村茶旅项目，并结合集体产权制度的“三变”改革探索出可持续的产业发展经营模式，调动了本地村民、村集体经济组织和投资企业多方积极参与，成功打造了湄潭县现代乡村旅游的精品项目（图4-2、图4-3）。

核桃坝村“三产融合”茶产业园

核桃坝村茶青交易市场

金花村湄潭“翠芽27°”4A级景区

金花村“七彩部落”茶旅项目

图4-2 特色产业

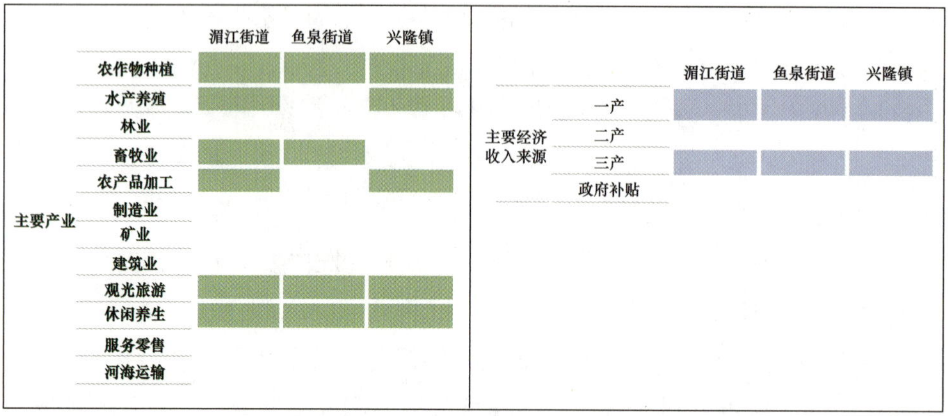


图 4-3　产业经济模式

### 4.1.3 建设管理模式

湄潭县推广整体改善农村人居环境的“10+N”行动计划，涉及村镇绿化工程、垃圾污水治理、道路硬化、电网建设、清洁能源、特色文化保护、公共服务、安全保障、信息数据与产业发展十个关键领域，并通过每村定制“一图一表一说明”公示牌直观明确地展示各项目建设内容，实现量体裁衣，有效指导了各村镇整治升级项目的分类分期实施。

2006 年以来，调研村镇大力实施以村庄整治和产业培育为主要内容的新农村建设，主要项目类型为基础设施建设、公共服务设施建设、特色产业建设、整村改造和危房改造。建设项目以政府为主导联动企业投资合作，其中基础设施项目县、镇每户补助现金 7000 元，配套建设 1 口沼气池，并补助水泥等物质。十多年来，湄潭县累计补助资金超过 7 亿元，撬动农户和社会资金投入超过 80 亿元。村镇建设项目中主要采取的模式是设计—招标—建造 DBB 模式，还有部分采取了设计采购施工总承包 EPC 模式、项目管理承包 PMC 模式以及合伙模式（图 4-4、图 4-5）。

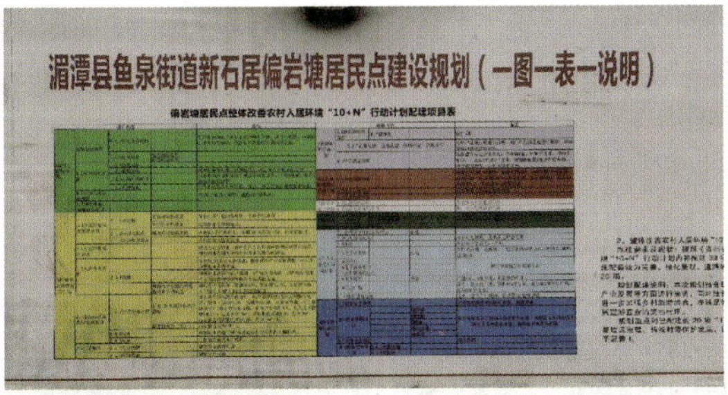


“一图一表一说明”：村庄居民点整体改善人居环境“10+N”行动计划配建项目表

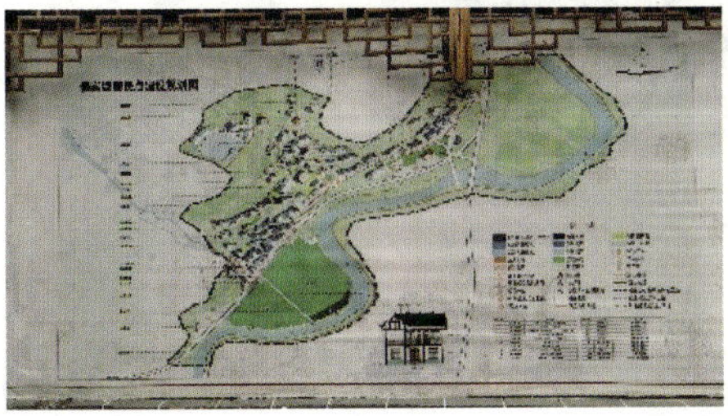

“一图一表一说明”：村庄居民点建设规划图

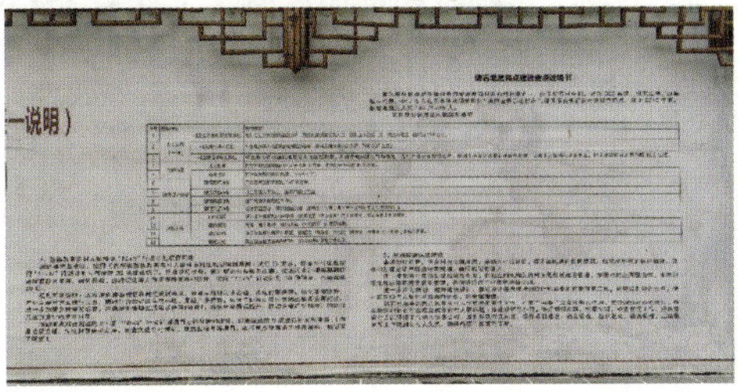

“一图一表一说明”：居民点建设要点说明书

图 4-4 建设管理模式

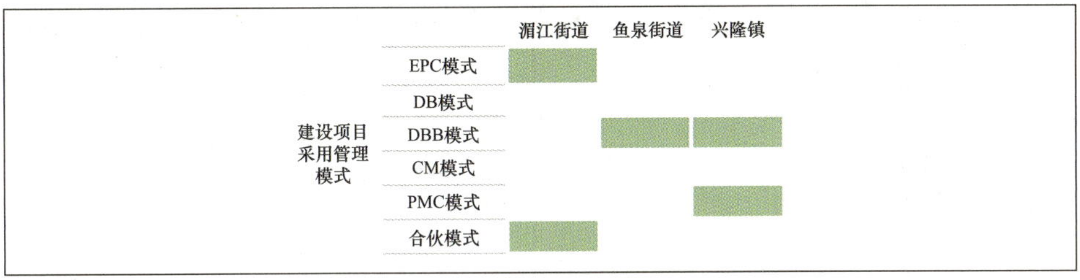


图 4-5 建设管理模式

## 4.1.4 生态环境状况

调研乡镇普遍提出生态承载力弱的生态环境问题，这是由于当地喀斯特山地地貌复杂破碎，平坝耕地资源有限，部分地区存在土壤板结，一定程度上制约了农业大规模发展。目前生态环境污染问题不严重，主要污染源为生活垃圾，也存在部分工业废弃物污染和土壤污染。除了生活垃圾，湄江街道建设项目较多，产生了大量建筑垃圾，兴隆镇农业生产导致塑料农膜等生产垃圾较多。主要污水来源于生活污水，此外还有部分生活垃圾堆放污染、农业化肥污染、养殖动物粪便污染导致的水体污染（图 4-6、图 4-7）。

丘陵茶园

村庄绿化

图 4-6　当地生态环境

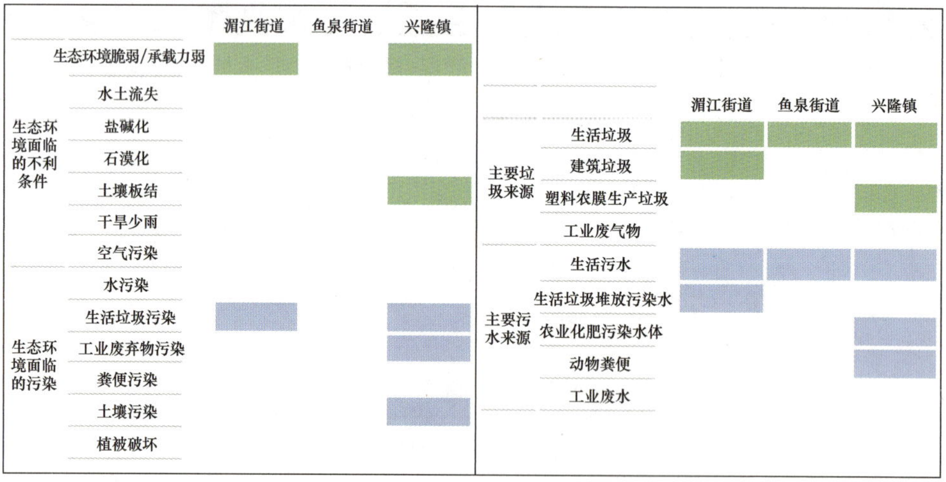


图 4-7　生态环境状况

## 4.1.5 基础设施建设

总体来看，调研村镇已基本实现了水电供应、污水处理、通信网络、道路交通、停车场、公共厕所等一般基础设施的全面覆盖，但在燃气和热力供应、垃圾处理率和污水处理率上仍存在不足，反映出现阶段我国大部分乡镇地区基础设施建设存在的普遍短板。调研样本中，县城所在地湄江街道和下辖居民点的基础设施配置和建设水平较高，鱼泉街道新石居村各项基础设施建设运维成效显著，是当地人居环境改造提升的典范。

在供水方面，当地主要饮用水源来自自然水体和地下水，包括来自喀斯特溶洞地貌下天然存储的“龙洞”泉水，此外还有部分水库水和井水。主要灌溉用水来自自然水体、雨水和水库水，部分也使用地下水灌溉。供水方式上，由于湄江街道和兴隆镇属于或毗邻城镇区域，均主要采取了市政管网集中供水方式；此外，湄江街道还存在联片集中、单村集中供水和居户分散供水的方式；鱼泉街道以分散供水为主。

在能源方面，当地主要使用煤电能源。目前，湄江街道已经配备了燃气管道和太阳能热水装置，其他乡镇也在筹备推进燃气管道铺设和清洁能源利用工程。当地使用的能源还包括燃油、燃气（液化气）和生物质燃料。湄潭县是我国太阳辐射最低的地区之一，年总辐射量 3488 兆焦耳 / 平方米，太阳能资源优势并不明显，未来在发展太阳能热水和光伏能源的同时还应注重发展生物质燃料、沼气、地热等可再生能源类型。

具体来看，在污水排放与处理模式上，调研村镇主要采取了有组织的污水排放模式，包括明沟排放、暗沟排放与地下管道排放，仅有部分村落还存在无组织自由排放的情况；湄江街道和兴隆镇人口和产业规模较大，配备污水处理厂、污水处理站；鱼泉街道人口和产业规模较小，主要采取了景观生态湿地结合化粪池的处理污水方式。

在垃圾处理上，湄潭县推行了细致的乡镇垃圾分类回收制度，为了鼓励引导村镇居民执行还相应设置了垃圾分类兑换日用品等鼓励机制，从下到上形成了“户分类、村收集、镇转运、县处理”的垃圾处理方式。

湄潭县村镇人居环境改善工作取得了一定成果，但目前调研乡镇的垃圾和污水处理率仍未达到 100%，部分地区处理率仅为 40%~60%，对此调研村镇均提出了仍需对污水处理、垃圾处理等公共卫生设施进行提质升级的需求（图 4-8、图 4-9）。

偏岩塘村水坝

地埋式垃圾桶

图 4-8　基础设施

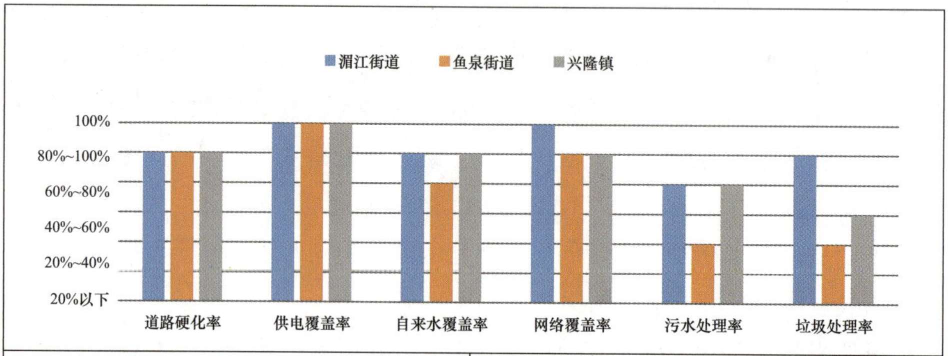


| | | 湄江街道 | 鱼泉街道 | 兴隆镇 |
|---|---|---|---|---|
| 现有基础设施 | 铁路 | | | |
| | 高速公路 | ● | | ● |
| | 国道 | ● | ● | ● |
| | 省道 | ● | | ● |
| | 自来水 | ● | ● | ● |
| | 供电网 | ● | ● | ● |
| | 燃气管道 | ● | | |
| | 供热管网 | | | |
| | 污水管网 | ● | ● | ● |
| | 污水处理设施 | ● | ● | ● |
| | 垃圾填埋点 | | | |
| | 垃圾处理设施 | ● | | ● |
| | 有线电视 | ● | ● | ● |
| | 电话通信 | ● | ● | ● |
| | 信息网络 | ● | ● | ● |
| | 消防站 | ● | | ● |
| | 加油站 | ● | ● | ● |

| | | 湄江街道 | 鱼泉街道 | 兴隆镇 |
|---|---|---|---|---|
| 饮用水源 | 水库 | ● | | ■● |
| | 自然水体 | ■● | ■● | ■● |
| | 地下水 | ■ | | ■● |
| | 井水 | | | ■ |

● 灌溉水源

| | | 湄江街道 | 鱼泉街道 | 兴隆镇 |
|---|---|---|---|---|
| 供水方式 | 雨水 | ■ | | ■ |
| | 市政管网集中供水 | ■ | | ■ |
| | 联村集中供水 | | | |
| | 联片集中供水 | ■ | | |
| | 单村集中供水 | ■ | | |
| | 分散供水 | ■ | ■ | ■ |
| 生活污水排放方式 | 明沟排放 | ■ | | |
| | 暗沟排放 | ■ | | ■ |
| | 地下管道排放 | ■ | ■ | |
| | 无组织自由排放 | | | |

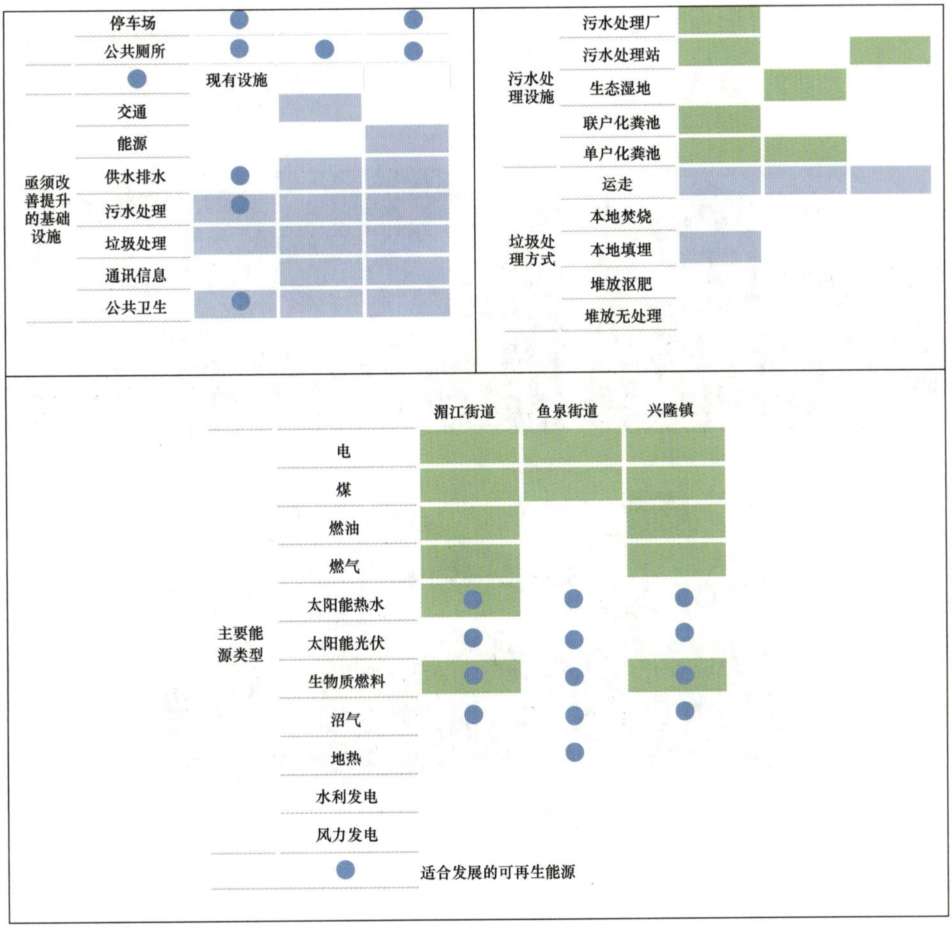


图 4-9　基础设施建设

## 4.1.6 公共服务设施建设

湄潭县在整体改善农村人居环境的“10+N”行动计划中重点部署了公共服务提升行动计划，各村镇结合自身需求对便民服务中心、幼儿园、小学、卫生室、卫生厕所、活动广场、体育健身设施、养老服务机构等重点服务设施进行了摸底和提升规划，以农村社区便民服务中心为建设重点，综合了图书室、文化活动室、电子商务平台、公共服务代办等功能以提升公共服务效率。调研村镇普遍提出进一步优化教育、医疗、养老设施的需求；产业经济发展较快的核桃坝村、金花村还希望对金融服务和邮政快递设施进行改善升级（图4-10、图4-11）。

核桃坝村电子商务服务中心

核桃坝村养老院

田家沟村游客服务中心

图 4-10 公共服务设施

| 现有公共服务设施 | 湄江街道 | 鱼泉街道 | 兴隆镇 |
|---|---|---|---|
| 银行 | ● | ● | ● |
| 邮政快递 | ● | ● | ● |
| 农业合作社 | ● | ● | ● |
| 中学 | ● | ● | ● |
| 小学 | ● | ● | ● |
| 幼儿园 | ● | ● | |
| 专科院校 | ● | | |
| 培训机构 | ● | | |
| 医院 | ● | | ● |
| 卫生所 | ● | ● | ● |
| 文化活动站 | ● | ● | ● |
| 图书馆 | ● | | ● |
| 体育馆 | ● | | |
| 展览/博物馆 | ● | | |

| 亟须改善的公共服务设施 | 湄江街道 | 鱼泉街道 | 兴隆镇 |
|---|---|---|---|
| 金融服务 | | ■ | |
| 邮政快递 | ■ | | |
| 文化设施 | ■ | | ■ |
| 教育设施 | ■ | ■ | ■ |
| 体育设施 | ■ | | ■ |
| 医疗设施 | ■ | ■ | ■ |
| 养老设施 | ■ | ■ | ■ |
| 休闲娱乐设施 | | | ■ |

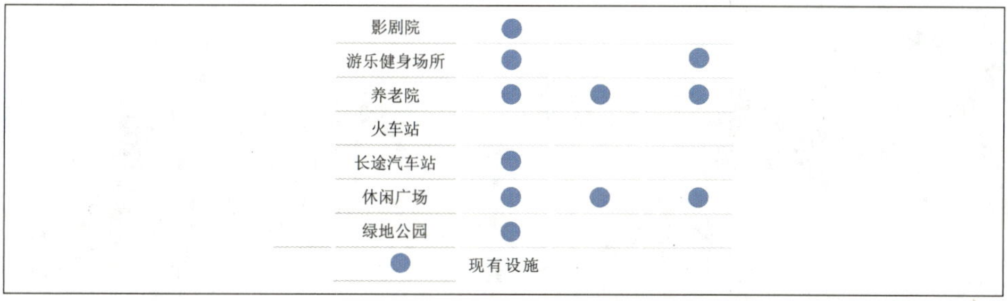


图 4-11　公共服务设施建设

## 4.1.7 建筑与风貌

2006 年以来，湄潭县所在的遵义市通过统一提供规划、图纸、财政补贴、加强工匠培训管理等方式推广“黔北民居”风格的农房建设。至今已累计新建改建黔北民居 70000 多栋，县财政补助资金近 7 亿元，撬动农户及社会资金投入约 80 亿元，形成了和谐统一且别具地域特色的乡土风貌，成为了湄潭对外展示的一张亮丽名片。调研乡镇内除县城所在地湄江街道住宅自建比例较低外（20%~40%），其余调研乡镇自建比例为 80%~100%，基本上都采取了“黔北民居”风格。该风格农房汲取了贵州北部传统民间庭院风格，以小青瓦、坡屋顶、转角楼、穿斗枋、白粉墙、雕花窗、三合院构成的“七要素”为特点对民居的宅基地面积、住宅层数、平面布局、建筑材料、外观色彩和特色构造进行了统一规划设计，充分融入了现代农房建筑功能，具有漂亮、实用、经济的优点，在当地广受民众欢迎（图 4-12、图 4-13）。

黔北民居设计图

新民居

传统民居

传统民居

图 4-12　当地民居

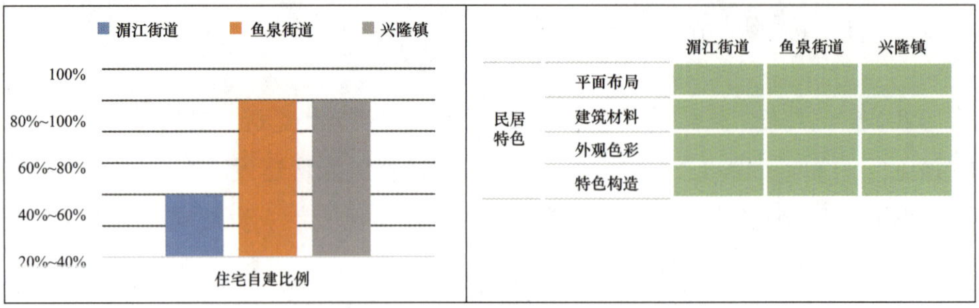


图 4-13　建筑与风貌

# 4.2 陕西省洛南县：秦岭腹地产业培育与搬迁撤并

## 4.2.1 整体概况

洛南地处秦岭东段南麓，华山之阳，洛河源头，东与卢氏、河南灵宝毗连，有“陕西东南门户”之称。距西安 108 千米，距商洛市中心城区 26 千米。全县辖 16 个镇办，1 个工业集中区管委会，244 个村（居），面积 2830

平方千米，人口46.1万。洛南横跨黄河、长江两大流域，地处亚热带与暖温带分界线，四季分明，气候温和，雨量充足，夏无酷暑，冬无严寒，空气质量达到国家一级标准，森林覆盖率达到69.8%，宜居宜游，有“天然氧吧”“避暑之都”之称。洛南是华夏汉字文化故里，传说字圣仓颉造字于此，故洛南又是华夏文明的发祥地之一。

洛南县紧扣特色农业、新材料、大健康、大旅游“四大产业增长极”，完善产业体系，加快转型升级，着力发展壮大实体经济。着力壮大特色农业，紧扣“菌果药畜”主导产业，坚持做优基地、做大龙头、做精品牌、做亮园区，形成百亿元级农业产业集群。抓好烤烟、核桃、中药材、畜牧等主导产业，发展食用菌、红仁核桃、辣椒、魔芋等特色产业，加快基地建设，培育龙头企业，实施品牌培育，增强洛南农产品市场竞争力。着力发展新型材料，打造金属材料、非金属材料、含能材料“三大新材料集群”，抓好钼、镁、铜等新材料延链补链，推进硅石、钾长石、白云石等精深开发，依托204含能材料产业园，拓展开发军民融合项目，推动新材料产业取得突破发展。着力培育大健康产业，坚持“药、医、健、养、食、游”融合发展，构建生物医药、绿色食品、健康养生产业集群，策划一批康养综合体项目，大力发展健康养生、休闲运动等新业态，做实大健康产业。着力做强大旅游产业，围绕“一心三线”旅游布局，推动现有景区高A级创建，打造精品线路，提升旅游服务业水平，加快创建省级全域旅游示范县。

2019年4月15日至17日，调研组在陕西省洛南县安保镇开展为期三天的实地调研，村镇区位及基本信息见图4-14。调研组走访了三要镇、古城镇、景村镇、石坡镇、巡检镇、保安镇6个镇。其中保安镇地处大秦岭深处，洛河流经境内，“六山夹三川”，山清水秀，生态资源丰富，是洛南县的重点发展镇。古城镇政府大力发展当地“烟、畜、药、果”四大主导产业。值得一提的是，该镇涂鸦艺术村由文化和旅游部牵头，举办了两届国际涂鸦大赛，吸引了海内外艺术家和艺术院校的学生前来，以洛南当地优美的自然生态环境、人文历史等元素为灵感，在玫瑰小镇560户村民墙体上进行了当代艺术创作。

从村镇发展的优劣势上看，调研村镇拥有丰富的农业和自然资源：区域内盛产核桃、辣椒、魔芋等特色农作物，同时，打造了“仓颉造字”“中华字都”金字招牌。但在调研过程中，六个乡镇普遍提出存在配套资金匮乏和交通不便的问题，反映出现阶段我国特色产业型乡镇增长的发展需求与不充分的资源、政策支持之间的矛盾；此外还部分存在生态承载力弱、劳动力短缺的问题。

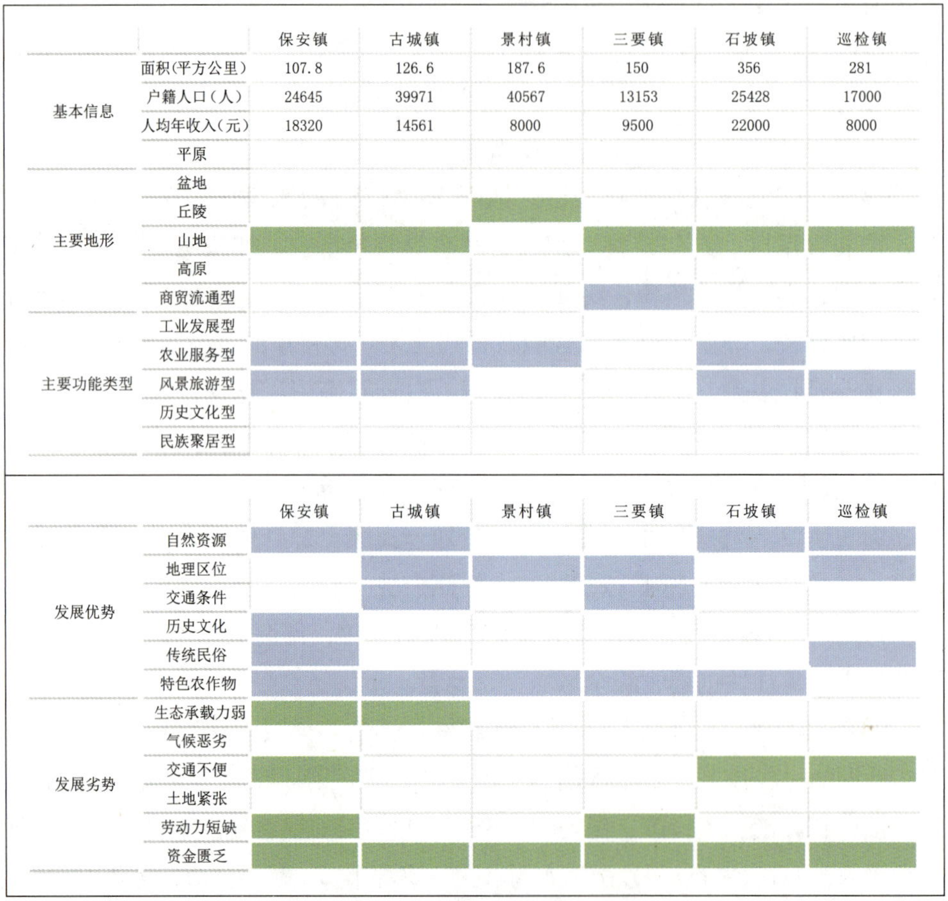


图 4-14　区位条件与资源禀赋

## 4.2.2 产业经济模式

洛南地处秦岭东段，横跨黄河、长江两大流域。土地总面积 423.8 万亩，其中耕地 67.6 万亩，素有“陕西小关中”之称。先后获得全国“十大金牌核桃县”“全国整县推进现代烟草农业建设试点县”“陕西省百万头生猪大县”“全省生猪特色品牌县”等荣誉称号。近年来，洛南县委、县政府紧紧围绕现代农业，采取农业强优等有力措施，倾力打造“生猪、烟、果、薯、桑”五大特色产业。

洛南县特色农业蓬勃发展，建成现代农业园区 18 个，发展市级以上龙头企业 16 家，核桃种植面积达到 70.7 万亩，核桃深加工产业链不断延伸，年产中药材 4 万吨，农产品加工企业数量明显增加，粮食连续稳定增收，通过“国家农产品质量安全县”考核验收。围绕延伸矿业产业链和提升尾矿资源综合利用，使产业链向中高端延伸、工业经济向高质量发展，陶岭工业园区被确定为省级示范县域工业集中区。在旅游业方面，实现全域旅游“从无到有”的突破，基本形成“特色产业 + 文化 + 旅游”的发展模式，成功创建 1 个 4A 级、6 个 3A 级景区，建成洛南巡检田园综合体和仓颉文化艺术园，南沟社区荣获全国第二批乡村旅游重点村，仓圣社区、巡检街社区、草店村、北斗村创建为省级乡村旅游示范村，四皓街办、巡检镇荣获省级旅游特色名镇，旅游品牌效应不断凸显。

保安镇历史悠久，文化积淀深厚，《帝王世纪》记载“黄帝史官仓颉，取象鸟迹，始制文字”，经考证，仓颉造字之地即位于保安镇眉底村南境，与洛河之地阳虚山对峙。全长 63 千米的洛惠渠谱写了中国水利建设史上的壮丽篇章，创造了世界水利史上的奇迹，体现了大国工匠精神。得天独厚的生态人文资源，形成了保安镇人文生态发展模式和人文生态旅游 + 手工业 + 养殖业的主导产业，也使保安镇成为了洛南县的乡村振兴示范镇。

保安镇“十三五”期间投资 7.5 亿元，建设了仓颉文化艺术园、北斗美丽乡村一亲农 · 溪乐谷等文化生态旅游项目，生态移民搬迁和易地扶贫搬迁安置工程，欧标兔业、巧手草编及等产业及合作社，道路、水电、供热等基础设施项目，仓颉文化主题广场、商业街、医院、学校、购物中心等公共配套设施项目，污水处理及垃圾处理等环境整治项目。

北斗村大力发展旅游业，打造溪乐谷项目等旅游项目。溪乐谷项目是洛南县苏陕协作项目，由洛南县与南京市江宁区合作打造。项目总面积 1.32 平方千米，投资 3000 万元，主要包括游客服务中心、餐饮区、露天观影区、民宿区、民俗记忆区、书屋咖啡屋、石头乐园、扶贫农特超市、仓颉书法廊、党建中心等 12 个板块。项目充分利用当地丰富的山水资源和厚重的文化积淀优势，挖掘“秦岭洛河源下的农耕文明”，寻觅“来自大山里的乡（香）味”，打造极具陕西特色的秦岭美丽乡村。在主体房屋的建造上，采用因地制宜和就地取材的方式，大量保留原有房屋的土墙或石头墙，在屋顶上增加钢架结构，既保证了结构安全性和房屋的采光性，又保证了建筑的原生态（图 4-15、图 4-16）。

三要镇美仑工艺品厂

古城镇玫瑰小镇

景村镇八一村红仁核桃示范基地

洛南县 “五大模式”旅游脱贫项目

图 4-15 特色产业

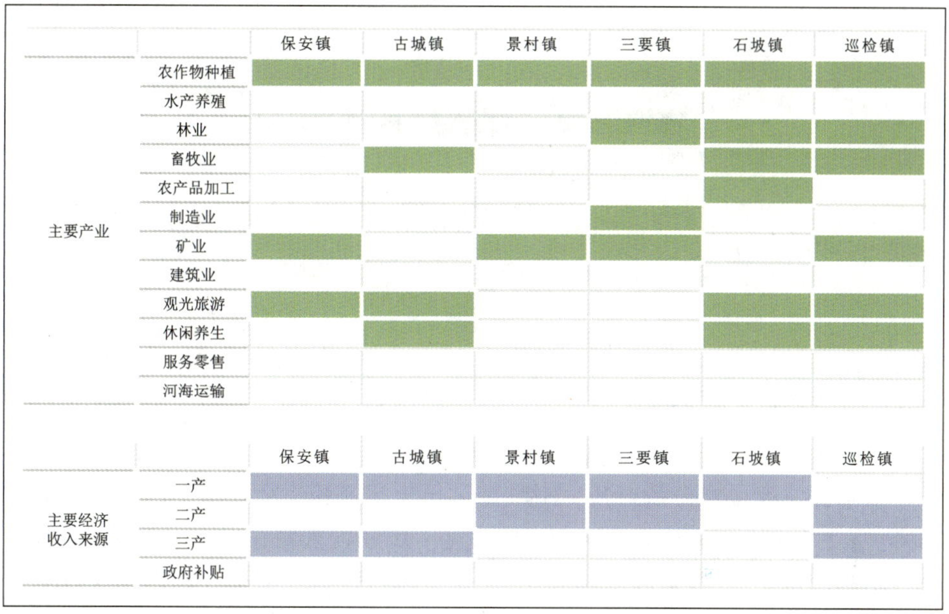


图 4-16　产业经济模式

## 4.2.3 建设管理模式

洛南县聚焦长远需求谋深，紧盯“双碳”战略、乡村振兴战略，立足构建开放型经济体系，谋划储备光伏、抽水蓄能电站、澄商高速、商洛支线机场等一批打基础、利长远的战略项目；聚焦发展需求谋准，紧扣产业项目延链补链、集群发展，谋划有色金属、尾矿综合利用、核桃、食用菌、康养等 8 大产业集群，总投资 1600 亿元以上。谋划推进灾后重建、脱贫巩固、乡村振兴、城市建设等重点项目，充分发挥项目建设的政治效益、社会效益、民生效益。

由于经费不足等多方面原因，洛南县政府投资的绿色宜居村镇建设项目采用 DBB 方式的占比较高，采用工程总承包和全过程咨询的占比很少，且政府部门管理人员不足，工程建设中大量沟通协调工作不到位，造成部分基础设施项目建设方案论证不足，建成后的工程质量和技术性能不能满足使用需求。村镇建设项目中主要采取的模式是设计—招标—建造 DBB 模式，部分采取了设计采购施工总承包 EPC 模式、项目管理承包 PMC 模式以及合伙模式（图 4-17）。

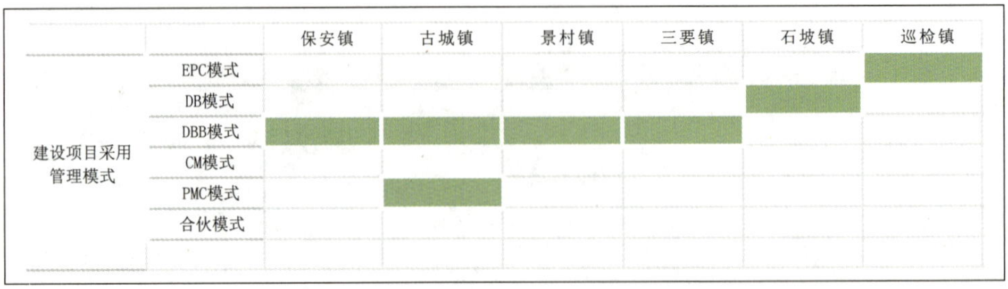


图 4-17　建设管理模式

## 4.2.4 生态环境状况

洛南县生态环境持续好转。秦岭地区违规建筑和生态环境突出问题得到全面治理，污染防治成效显著。黄龙河流域污染治理取得新成效，投资 3979 万元，治理污染源 13 处，修复河堤 46 千米，栽植垂柳 5 万株，建设生态微景观 3 处、水质监测站 1 座，河水质已从地表水Ⅲ类提升到Ⅱ类。

环境监测能力大幅提升。洛河灵口自动监测站和黄龙河水质监测站相继建成并投入使用，购置了监测仪器设备 5 台，圆满通过水质能力验证考核、省资质认定监督检查和灵口国考断面采测分离质控检查，全县 16 条重点河流均达到水功能区划要求，有力地保障了人民群众用水安全。

大气污染治理效果显著。建立 PM2.5、PM10 专家会商制度，科学制定治理方案，实行重污染天气应急管理机制。明确部门责任职责，逐步建立了完善的监管责任体系，实现了全县生态环境立体化、动态化监督管理，空气质量优良天数达到 322 天。

土壤污染防治工作稳步实施。制定了《产粮大县土壤环境保护方案》《洛南县 2018 年土壤污染防治工作方案》，开展了 45 家尾矿库企业信息采集，完成了 11 家企业用地土壤环境状况调查基本信息采集、全县土壤环境质量国控监测点位设置及国控点位采样工作；启动了土壤污染状况详查，详查重点行业企业 56 家，布设详查单元 32 个，详查点位 332 个；对 57 家重点行业企业用地调查信息采集和风险筛查，加强疑似污染地块排查和土壤重金属污染监测与防治，建立了涉重金属重点行业企业清单，土壤污染防治工作稳步推进。

农村环境治理四类项目提前竣工验收。争取专项资金 1100 万元，实施饮用水水源地保护、生活垃圾污染治理、生活污水污染治理、农村环保宣传教育四类项目，涉及景村、古城、四皓等 5 个镇办所辖 22 个行政村，受益人口 42068 人，建设古城镇垃圾焚烧炉、玫瑰小镇污水处理站、景村垃圾中转站、四皓街办垃圾焚烧炉等项目（图 4-18）。

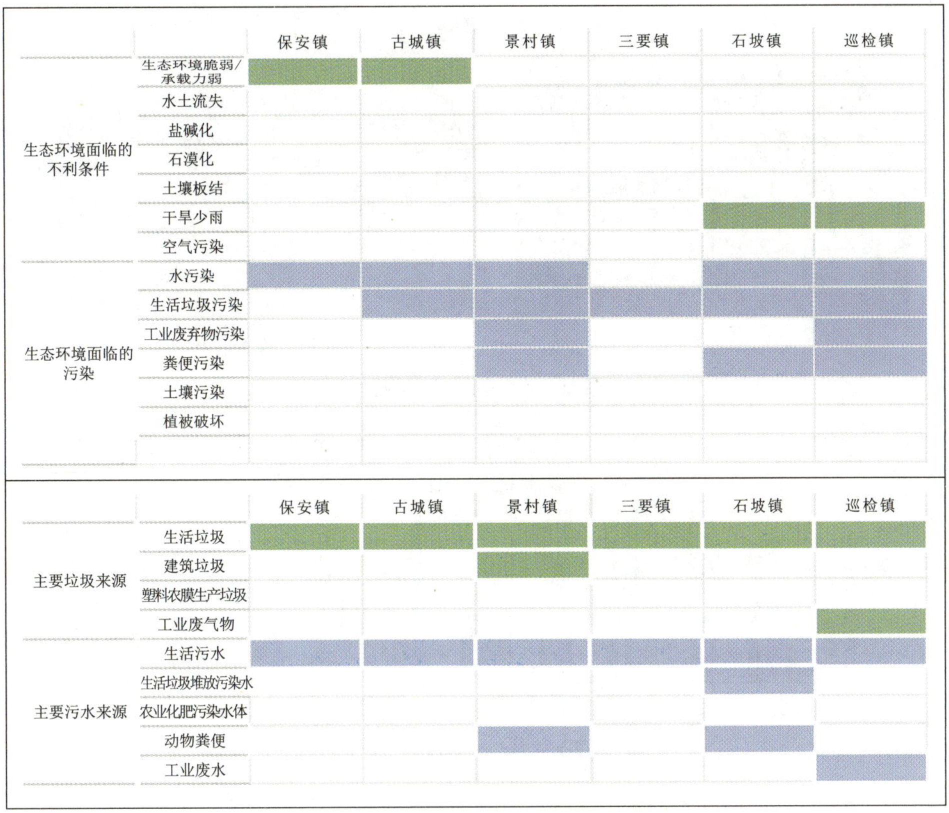


图 4-18　生态环境状况

## 4.2.5 基础设施建设

村镇基础设施不断提升。到 2020 年，全县公路总里程为 4556.4 千米，建成各类农村安全饮水工程 146 处，累计解决 30.52 万农村人口的饮水安全问题；新建及改造农网 10 千伏线路 206 千米和 0.4 千伏线路 358 千米。县城功能逐步完善，城西客运站建成投用，县体育场建成投用，气化洛南、集中供暖全部实现，老城区地下综合管廊 PPP 项目加快实施。洛南县村镇未来亟须建设的基础设施项目主要有污水处理、改厕以及垃圾处理方面的设施（图 4-19、图 4-22）。

保安镇圣仓广场

古城镇玫瑰小镇电网

图 4-19　基础设施情况

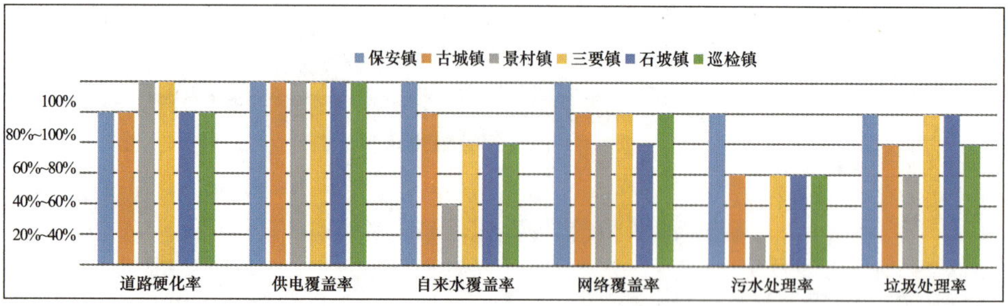


图 4-20　基础设施覆盖情况

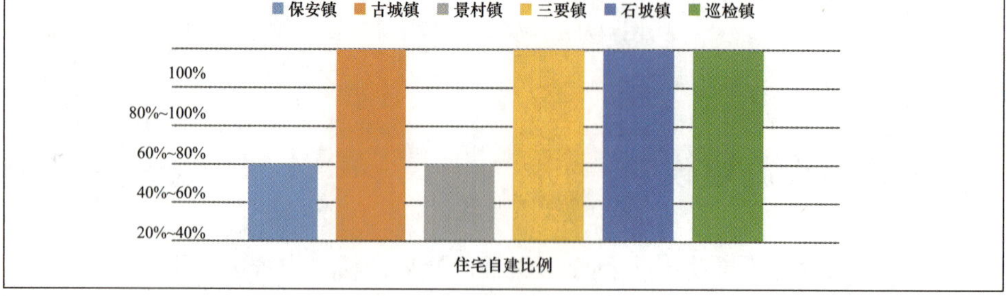


图 4-21　住宅自建比例

| | | 保安镇 | 古城镇 | 景村镇 | 三要镇 | 石坡镇 | 巡检镇 |
|---|---|---|---|---|---|---|---|
| 现有基础设施 | 铁路 | | | | | | |
| | 高速公路 | | | | | ● | ● |
| | 国道 | | | ● | ● | ● | ● |
| | 省道 | ● | ● | ● | ● | ● | ● |
| | 自来水 | ● | ● | ● | ● | ● | ● |
| | 供电网 | ● | ● | ● | ● | ● | ● |
| | 燃气管道 | ● | | | | | |
| | 供热管网 | | | | | | |
| | 污水管网 | | | | ● | ● | ● |
| | 污水处理设施 | ● | ● | | ● | ● | ● |
| | 垃圾填埋点 | ● | | | | ● | |
| | 垃圾处理设施 | ● | ● | ● | ● | ● | ● |
| | 有线电视 | ● | ● | ● | ● | ● | ● |
| | 电话通信 | ● | ● | ● | ● | ● | ● |
| | 信息网络 | ● | ● | ● | ● | ● | ● |
| | 消防站 | ● | | | | | |
| | 加油站 | | | ● | ● | ● | ● |
| | 停车场 | ● | | | | ● | |
| | 公共厕所 | ● | ● | | ● | ● | ● |
| | ● | 现有设施 | | 现有设施 | | 现有设施 | |
| 亟须改善提升的基础设施 | 交通 | ■ | ■ | | | ■ | ■ |
| | 能源 | | | | | | |
| | 供水排水 | ■ | ■ | | | | ■ |
| | 污水处理 | ■ | ■ | ■ | ■ | ■ | ■ |
| | 垃圾处理 | ■ | ■ | | | ■ | ■ |
| | 通讯信息 | | ■ | | | | ■ |
| | 公共卫生 | | ■ | ■ | ■ | ■ | ■ |

图 4-22　基础设施建设

为抓好农饮工程建设，洛南县创新体制机制，加大资金投入，加强建设管理强化监督检查，促进建设工程良性运行。目前，全县共建成村级饮水安全工程 270 处，其中单村集中供水工程 220 处，联村集中供水工程 15 处，管网延伸集中供水工程 35 处，解决 285 个村（居）22.81 万人饮水安全问题。

按照市场化运作模式，积极探索已建成的古城、景村、保安三镇供水工程后期运行管理机制，对以国家投入为主的集镇供水工程，交由县水厂、梁源水厂和县自来水公司托管，确保规范运营，供水正常安全。对于村级供水及分散供水工程通过组建村级农民用水协会，对建成验收的农村饮水安全工程进行即时移交，并与镇村供水运行管理单位签订管护协议，落实建后维修和管护责任，确保全县农饮工程运行有序、安全（图 4-23）。

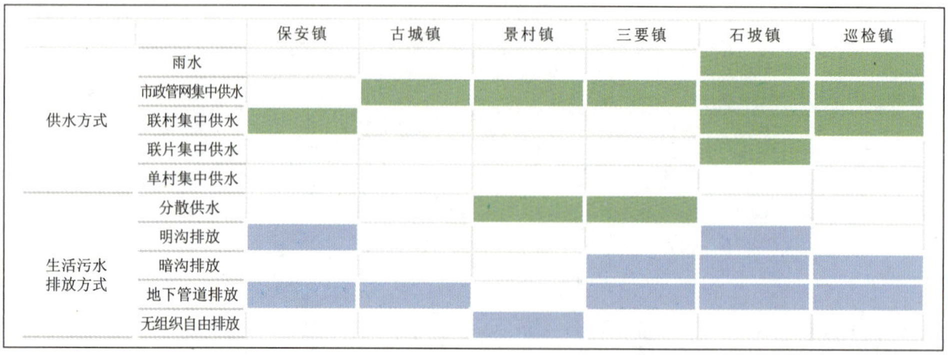


图 4-23 镇域供水方式与排污

商洛市洛南县积极抢抓国家大力支持新能源发展的机遇，立足资源优势，大力发展风电、水电、光伏发电等新能源产业。洛南地跨黄河、长江两大流域，是黄河一级支流，全县水电资源蕴藏量达 12 万千瓦，水电开发前景广阔。伊洛河干流白洛、官桥和伊洛河支流石人滩、桑坪、薛湾等水电站规划编制等前期工作正在进行。2011 年，该县与中国大唐集团新能源股份有限公司、国电陕西水电开发有限公司签订项目协议，建立风力发电厂，其中大唐集团在洛源镇五龙沟至古城镇沙河口洛河沿线的 8 个镇，建设规模为 30 万 ~50 万千瓦的风力发电场；国电陕西水电开发有限公司在洛源镇黑彰台林场与草链岭区域，建设总装机量达 20 万千瓦的风力发电场（图 4-24）。

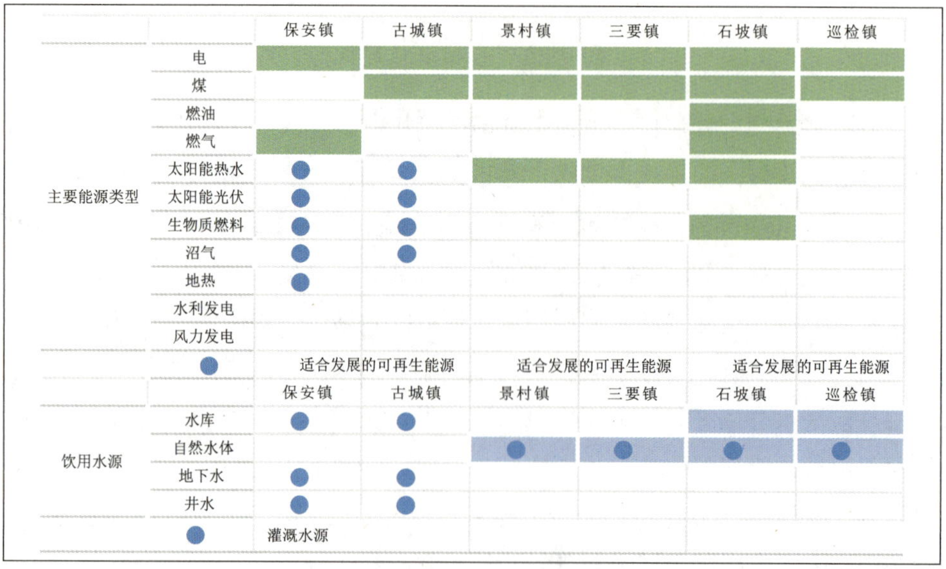


图 4-24 各镇域主要能源类型

入户调研反馈，村民对污水处理设施有一定的需求且尚未满足。如玫瑰小镇所在的古城镇草店村，玫瑰小镇景区和村庄共同使用一个污水处理设备，由于管网铺设未能到达所有住户，大部分的村民污水仍是采用简陋的分散处理或者渗坑处理方式。且由于污水不能达标处理，大部分的村民还是采用旱厕，这种形式易对环境造成污染且影响村落的整体整洁程度（图 4-25）。

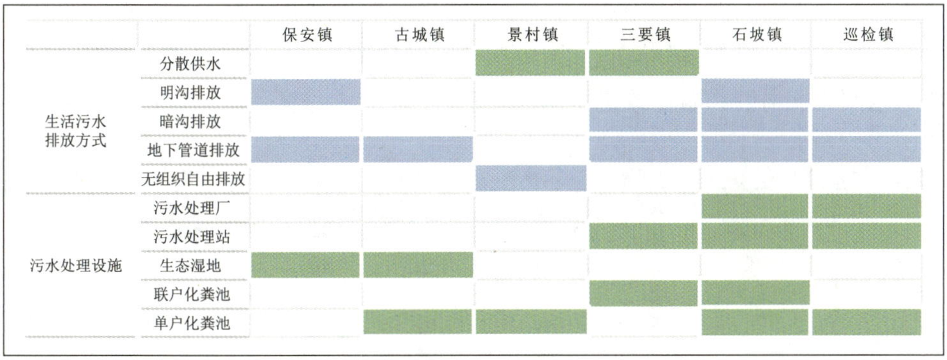


图 4-25　镇域污水处理方式

村民对于垃圾的处理存在简单、随意的问题。村民往往按照就近原则处理，将垃圾倒在沟边路边等空旷地段。村庄集中处理的方式一般分为垃圾填埋与垃圾焚烧，但焚烧垃圾使得空气污染严重，影响村民的身体健康；采用垃圾填埋的方式又缺乏合适的基础设施与资金支持，无法做到每镇或每村具备一个垃圾填埋设备（图 4-26）。

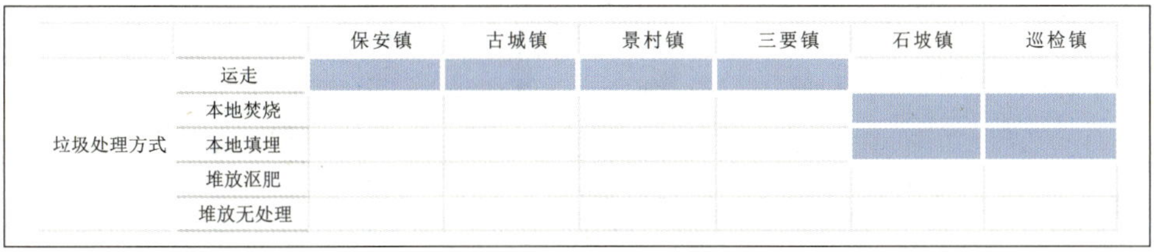


图 4-26　镇域垃圾处理方式

## 4.2.6 公共服务设施建设

基础教育质量稳步提升。2020 年高考本科上线率为 95%，其中一本上线率为 39.6%。基层医疗设施不断加强，244 个村级卫生室全面达标，全面建成 65 个基层文化服务中心，成功创建 2 个省级文化产业示范基地。全面落实创业就业扶持政策，共引进各类人才 1054 人，新增城镇就业 16747 人，城镇登记失业率控制在 3.2% 以内。社会保险、社会救助体系不断完善，社区居家养老服务不断完善，“老年互助幸福院”建设和运营管理水平明显提高。

但仍存在一些问题，城镇的综合服务能力有待提高。社区留守妇女反映，公立学校太少，私立学校太贵；文体活动缺乏场所；医院服务态度、服务能力、服务水平和服务意识有待改进（图 4-27）。

| | | 保安镇 | 古城镇 | 景村镇 | 三要镇 | 石坡镇 | 巡检镇 |
|---|---|---|---|---|---|---|---|
| 现有公共服务设施 | 银行 | ● | ● | ● | ● | ● | ● |
| | 邮政快递 | ● | ● | ● | ● | ● | ● |
| | 农业合作社 | ● | ● | ● | ● | ● | ● |
| | 中学 | ● | ● | ● | ● | ● | ● |
| | 小学 | ● | ● | ● | ● | ● | ● |
| | 幼儿园 | ● | ● | ● | ● | ● | ● |
| | 专科院校 | | | | | | |
| | 培训机构 | | | | | ● | |
| | 医院 | ● | | | ● | ● | ● |
| | 卫生所 | ● | ● | ● | ● | ● | ● |
| | 文化活动站 | ● | ● | ● | ● | ● | ● |
| | 图书馆 | ● | ● | ● | ● | ● | ● |
| | 体育馆 | ● | | | | ● | |
| | 展览博物馆 | | | | | ● | |
| | 影剧院 | | | | | ● | |
| | 游乐健身场所 | ● | | | | ● | |
| | 养老院 | ● | ● | ● | ● | ● | ● |
| | 火车站 | | | | | | |
| | 长途汽车站 | | | ● | ● | ● | ● |
| | 休闲广场 | ● | ● | ● | ● | ● | ● |
| | 绿地公园 | ● | | | | ● | |

● 现有设施 现有设施 现有设施

| | | 保安镇 | 古城镇 | 景村镇 | 三要镇 | 石坡镇 | 巡检镇 |
|---|---|---|---|---|---|---|---|
| 亟须改善的公共服务设施 | 金融服务 | ■ | ■ | | | | ■ |
| | 邮政快递 | | | | | ■ | |
| | 文化设施 | | ■ | | | ■ | |
| | 教育设施 | ■ | ■ | ■ | | ■ | ■ |
| | 体育设施 | | | ■ | ■ | ■ | |
| | 医疗设施 | ■ | ■ | ■ | ■ | ■ | ■ |
| | 养老设施 | ■ | ■ | ■ | ■ | ■ | ■ |
| | 休闲娱乐设施 | ■ | | | | | |

图 4-27 公共服务设施建设

## 4.2.7 建筑与风貌

洛南民居反映了兼容川陕的地域文化特色。民居一般以四合天井院为主要空间组织形式，院落尺度介于南北之间；善于利用地形高差组织院落空间，空间形态丰富；街屋用地紧张，形成了较小尺度的窄长或宽窄天井院落。独立式民居多选址场坝建造，天井院落宽大开阔；大挑檐悬山屋顶、木装板壁门窗与穿斗式木构架体现蜀文化特色，而厚重夯土墙等则反映受秦文化影响。

洛南县建筑以“一明两暗”为基本型、四合天井院为主要空间组织形式，封闭性及院落尺度介于北方合院和南方天井式院落之间。由于地势起伏，用地紧张，除遵照住房位序与秩序之外，往往结合地形条件、利用地形高差组织院落，各院通常不在同一水平面上，甚至同一院落的正房与厢房亦有高差，以台阶、楼梯、走廊连接处于不同水平面的房间，使之相互融合、联系贯通（图 4-28、图 4-29）。

保安镇仓圣社区新民居

巡检镇特色民宿

图 4-28　当地特色建筑

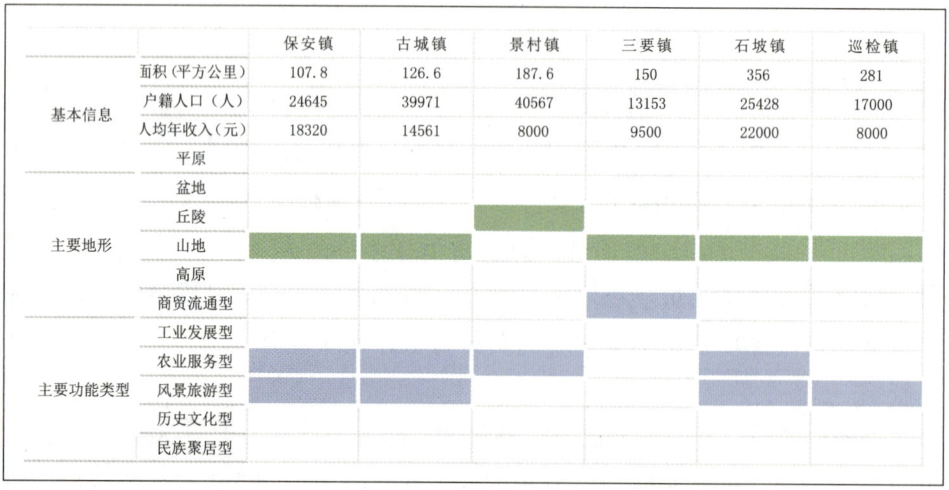


图 4-29 洛南调研镇域的地形及特色

# 4.3 江苏省吴江区：江南水乡产业融合与新型城镇化

## 4.3.1 整体概况

吴江区隶属于江苏省苏州市，位于长江三角洲中心位置，强大的经济基础和有利的区位条件使村镇建设得以高速发展。吴江区城区距苏州市区 22 千米、距上海虹桥机场 86 千米、距上海市区 98 千米，总面积 1176.68 平方千米，共辖 4 个街道 7 个镇、320 个村（居、社区），总人口 150 余万。吴江区地处江南水乡，境内无山，南北高差 2 米左右。西临太湖，河湖水系发达，河道纵横交错，湖泊星罗棋布，被誉为“鱼米之乡”“丝绸之府”。

吴江区在经济建设发展方面成绩突出。20 世纪 80 年代至 90 年代，苏南地区快速崛起的乡镇工业形成了有名的“苏南模式”，吴江就是其中的典型代表。到 2019 年，吴江区规模以上工业企业主营业务收入 3741.87 亿元，主营业务收入超亿元的企业 520 家，超 50 亿元企业 10 家，超 100 亿元企业 3 家。此外，现代农业也在吴江得到迅速发展，2015 年，全区成功创建成国家现代农业示范区，连续两年在全国 281 家国家现代农业示范区建设水平监测评价中名列第二位。截至 2018 年底，全区农业机械化水平达到 92.76%，拥有规模以上农业龙头企业 182 家，其中，国家级 2 家，省级 12 家，挂牌上市农业企业 5 家。2019 年上半年，农业龙头企业实现销售收入 7.6 亿元。强大的经济基础加上独有的古村镇文化资源，助推吴江旅游业的发展，同里古镇、黎里古镇、震泽古镇、平望古镇、盛泽古镇、铜罗古镇等古镇形成了吴江独特的村镇旅游名片，2019 年，吴江区第三产业总产值 912.51 亿元。

2019 年 7 月 22 日至 25 日，调研组走访调研了当地 4 个乡镇 7 个村庄，依照调研顺序依次是震泽镇及下辖众安桥村谢家路、齐心村，七都镇及下辖群幸村、开弦弓村；同里镇及下辖肖甸湖村、北联村洋溢港；盛泽镇及下辖黄家溪村，村镇区位及基本信息见图 4-30。震泽镇位于吴江区南部，距离苏州 0.5 小时车程，1 小时可至上海，1.5 小时可至杭州，交通便利。震泽古镇拥有 3 万平方米古建筑，国家级文保单位 2 个，省级文保单位 3 个。震泽古镇是丝绸之乡，全镇仍保留优质桑园 8000 余亩。七都镇紧邻太湖，有 23 千米太湖水岸，水产养殖十分著名，水产养殖占农业总产值的 70% 以上。五大支柱产业为光电、有色金属加工、家具、建材、纺织、电器，拥有国家级高新技术企业 30 家，500 强企业 3 家。同里镇位于苏州工业园区南侧，向东 80 分钟到达上海，交通便利。江苏省文物保护单位同里古镇作为优秀的旅游资源，古镇内有 3 万平方米古建筑，其中核心保护范围古建筑 28828 平方米，拥有国家级现代农业示范园。盛泽镇主导产业为纺织工业。纺织业占工业产值的 90% 以上，已形成纺织一条龙产业链。东方丝绸市场交易量 1000 亿元 / 年。拥有两家世界 500 强企业。盛泽镇拥有先蚕坛、文旅小镇等旅游资源，可作为发展旅游业的基础。

从村镇发展的优劣势上看，调研村镇拥有较强的工业水平及文化资源，龙头强势企业较多，古村镇旅游资源丰富，现代农业领先发展。桑蚕制品、水产、光纤等产业远近闻名。由于建设发展速度过快，在调研过程中，四个乡镇普遍提出存在土地紧张，建设用地指标不足的问题。尤其是七都镇，整个七都镇都在太湖岸线5千米保护区内，建设发展受到限制。此外还部分存在土地利用不充分、劳动力人才短缺、交通不便利的问题。

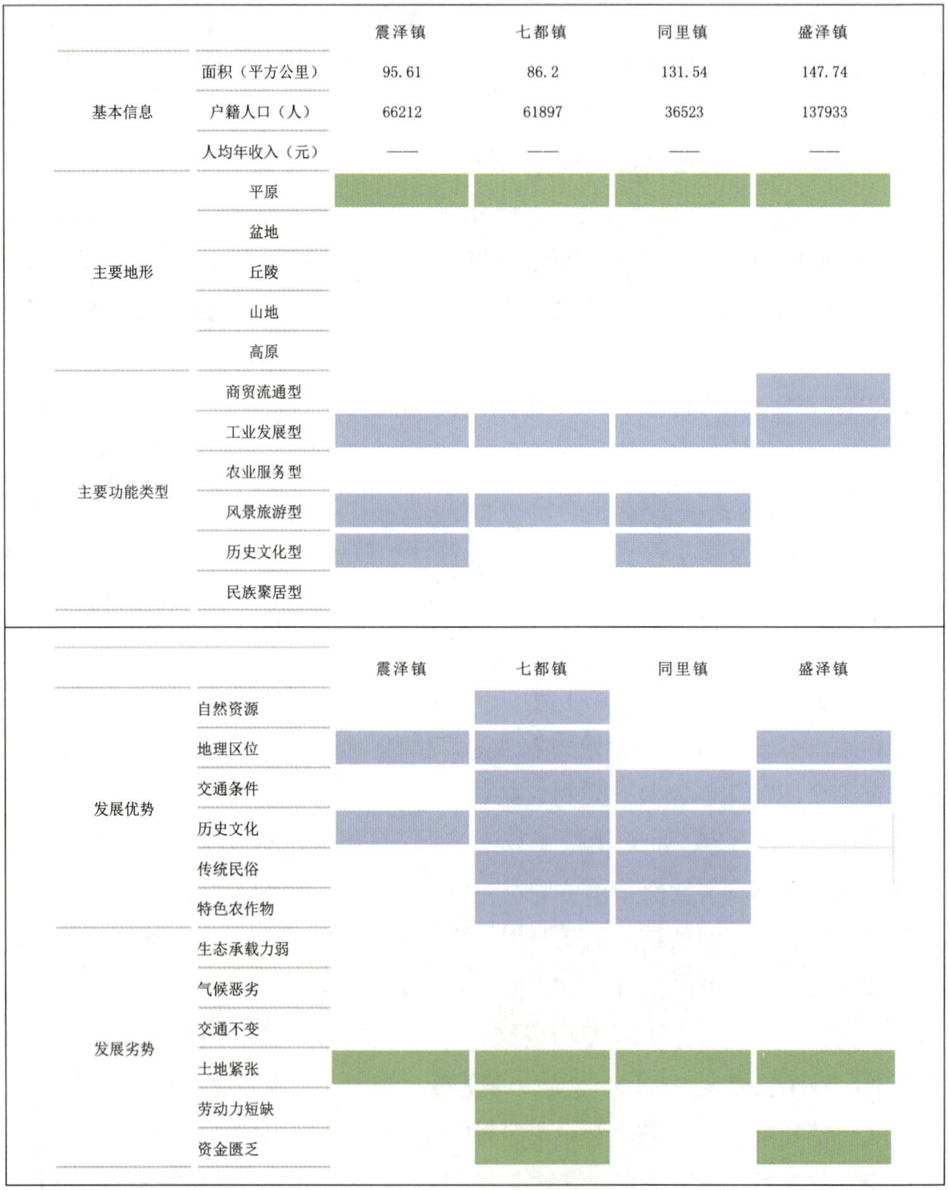


图4-30　区位条件与资源禀赋

## 4.3.2 产业经济模式

吴江区村镇依托优越的区位优势和丰富的古村镇资源，主要发展工业制造产业、休闲旅游产业和农产品加工产业，成为当地经济发展的重要支撑（图 4-31、图 4-32）。2019 年，吴江区第一产业总产值 37.43 亿元，第二产业总产值 1008.22 亿元，其中工业产值 932.63 亿元，第三产业总产值 912.51 亿元，人均生产总值 12.76 万元，二三产业已成为吴江区主要收入来源。

丝绸纺织产业是吴江区产业经济的特色产业。吴江丝绸具有悠久历史，历史上吴江盛泽与苏州、杭州、湖州并列为我国四大绸都，扬名天下，享誉海内外，丝绸纺织产业一直是吴江的传统优势产业。目前，吴江地区不仅是我国真丝绸出口的重要基地，同时又是全国最大的薄型化纤绸生产基地，先后被命名为"国家级丝绸星火技术密集区"和"中国绸都"，具有明显的产业链优势和坚实的产业基础优势。目前吴江区已全面推进丝绸纺织产业改革，从传统工业向现代工业转变，从而提升区域经济核心竞争力，形成丝绸纺织产业集群优势。

按照吴江区震泽镇乡村振兴战略部署，众安桥村谢家路凭借环境优美、底蕴悠久、农业基础扎实、蚕桑特色突出的优势，成为震泽镇推进乡村振兴战略的先导区，以"水韵桑田村"为主题，稳步推进六大类 22 个项目的建设，完成总投资 9260 万元，探索富有丝绸小镇特色的乡村振兴之路。如今，谢家路已实现从长漾湖畔小渔村到特色田园乡村的蝶变，被命名为"苏州市特色田园乡村精品示范村"。重点围绕发展特色蚕桑业和水稻种植业，依托新三板上市企业太湖雪等丝绸龙头企业集群支撑和带动，发展乡村特色农业。下一步，还将全力推进众安桥村谢家路的产业提升，促进以点带面，让悠久的蚕桑文化在农村生根，让多元的发展机遇惠及农民生活。

肖甸湖村作为全国唯一一个建设在湿地公园内的民居点，环境宜人，景色别致。村子东临周庄，北依澄湖千顷碧水，辖区内有同里湿地公园，内含众多的森林植被和动植物资源，生态资源得天独厚。凭借生态资源的优势，近年来肖甸湖村将农业和旅游业结合在一起，大力发展休闲观光农业，逐步走出一条高科技、生态型、乡村化的旅游发展新路子。肖甸湖村主动与同里古镇对接，从同里古镇有两条公交专线开往肖甸湖村，游客若是选择陆路，村内道路已经全部完成硬化覆盖，自驾出行非常方便；若是走水路，则有专项的观光环湖路线，让游客在这里慢享水生活。2014 年，肖甸湖村在村内开展了农村“苏式化”建房，优化美化农村庭院绿化，突出江南民居风貌。小桥流水人家的景致，让人仿佛置身江南水墨画中，为民宿和农家乐打造了良好的运营环境。

太湖“如家小镇”生态旅游

中国历史文化名镇——同里古镇

震泽镇太湖雪蚕桑文化园

恒力集团生产车间

图 4-31　当地特色产业

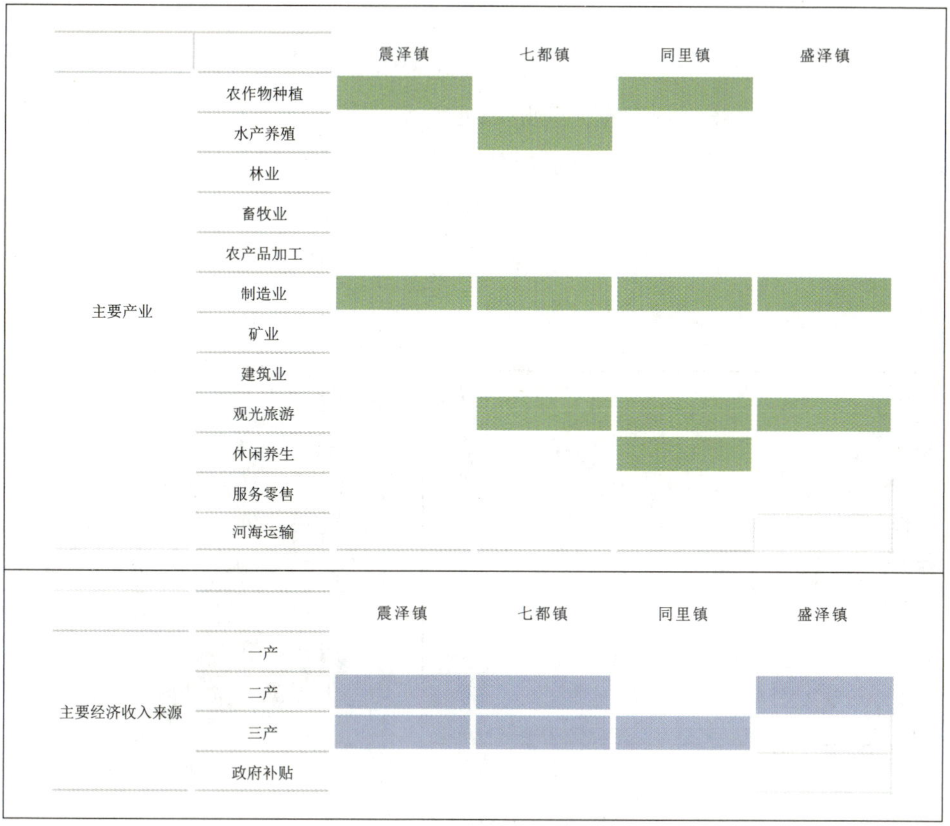


图 4-32　产业经济模式

## 4.3.3 建设管理模式

为改善村镇人居环境，吴江区各村镇重点针对村镇景观改造、道路硬化、垃圾治理、生态修复、特色文化保护、公共服务、安全保障等领域加大资金投入，村镇环境提升工程效果显著，环境优美，配套完备。乡镇建设工程管理体系较为完善，常规项目按照国家标准执行，包括立项、设计、报建、招投标、施工、验收等环节，重点项目政府安排专人跟进。由于吴江紧邻太湖，部分地区属于太湖环境保护区，为保护生态环境，建立了环保优先的正面清单和负面清单制度，实行环保一票否决制。

随着近些年村镇经济的快速发展，调研村镇都存在建设量井喷式增长的现象，相继出现审批及批后跟踪管理人员紧张的情况。由于乡村建设项目体量不大，较大项目约为 5000 万元，因此 EPC 等管理模式运用较少，一般工程项目采用 DBB 模式。而各村镇村民的自住房基本采用自建模式，自行委托农村工匠进行建设，目前对这类工程项目的安全监管与精细化管理的难度较大。此外，目前已经开始着手推广装配式建筑的应用，面临的主要问题是装配式构件供应商及技术工人不足（图 4-33、图 4-34）。

七都镇镇村布局规划

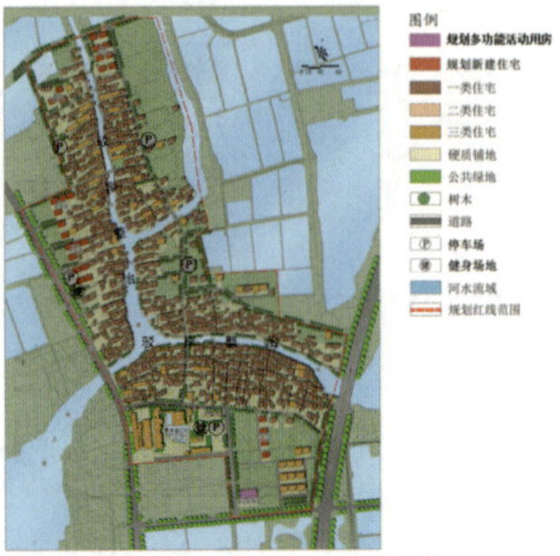


开弦弓村规划

图 4-33　建设管理模式

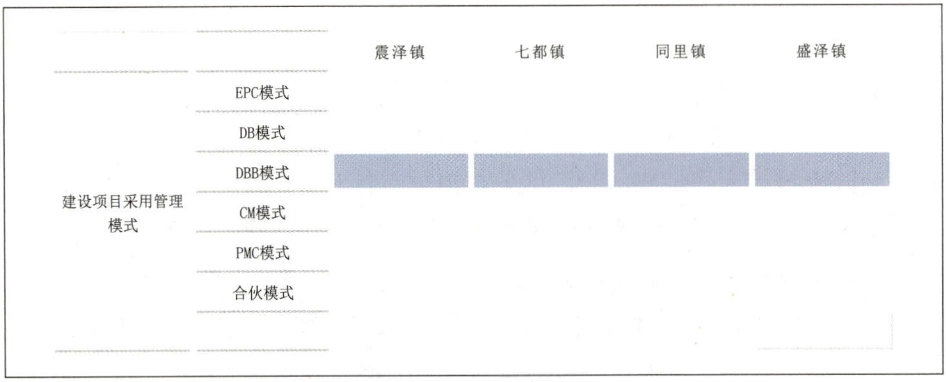


图 4-34　建设管理模式

## 4.3.4 生态环境状况

吴江素有“鱼米之乡”“丝绸之府”的美誉，公元909年建县，区域总面积1176平方千米，户籍人口84万。下辖8个区镇，包括1个国家级开发区、2个省级高新区、1个省级旅游度假区，区政府驻松陵镇，是苏州主城区面积最大的板块。吴江区位优势独特，既是苏、浙、沪两省一市的地理交界处，又是长三角区域一体化发展国家战略的中心区域。先后荣获国家卫生城市、优秀旅游城市、国家环保模范城市、国家生态城市等多项国家级荣誉称号。《中国中小城市绿皮书2018年》显示，吴江区列全国综合实力百强区第7名（图4-35、图4-36）。

盛泽镇

同里镇

图4-35　当地生态环境

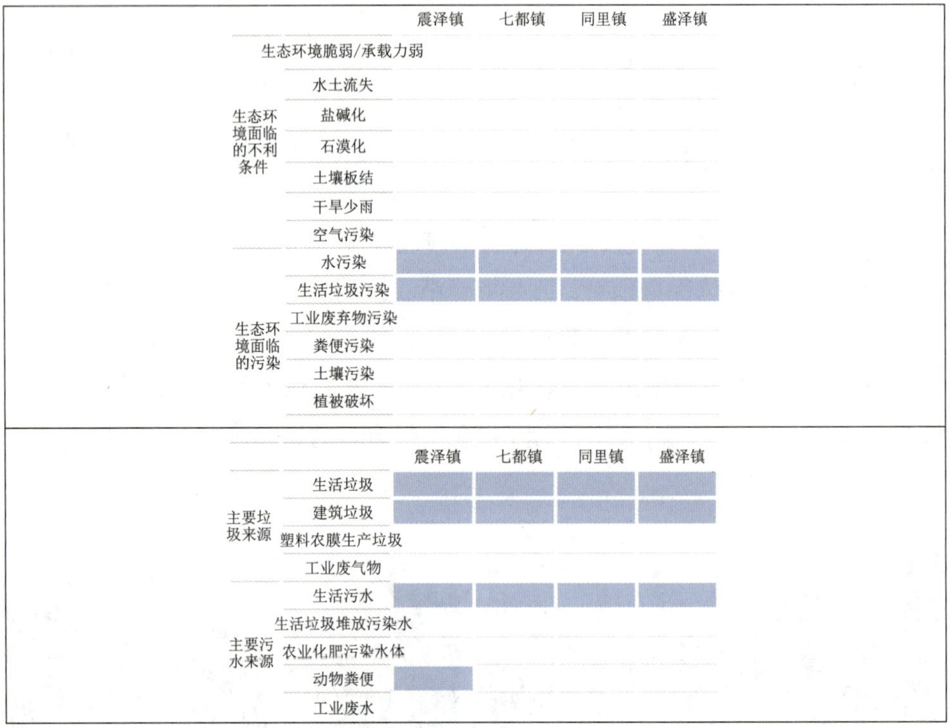


图 4-36　生态环境状况

## 4.3.5 基础设施建设

总体来看，调研村镇内已基本实现了水电供应、污水处理、通信网络、道路交通、停车场、公共厕所等一般基础设施的全面覆盖，调研样本在工业企业的长效管理、文化体育设施和养老服务设施中存在短板。调研样本中，盛泽镇和震泽镇基础设施配置和建设水平较高，各项基础设施建设运维成效显著，是当地人居环境改造提升的典范。

在供水方面，当地主要饮用水源是市政供水管网，震泽镇供水有太湖水水源，水质达标。主要灌溉用水来自自然水体、雨水和水库水，部分使用地下水灌溉。供水方式上，七都镇和盛泽镇主要采用供水管网集中供水方式；震泽镇和同里镇除了集中供水外还利用太湖水作为水源。

在能源方面，当地主要使用煤电能源。七都镇主要使用的是电力、液化气，部分使用天然气，煤、油极少，再生能源——太阳能应用较少，无支持政策，当地没有传统清洁能源利用。盛泽镇生活主要以电和煤气罐为主，工业主要使用煤和电。震泽镇主要以电和燃气为主，个别热电厂仍使用煤。目前震泽镇农村家庭太阳能热水器应用较多，正在重点推广地源热泵，有少数民宿应用了水源热泵，但应用面积少。同里镇以电、燃气（罐装）为主，有些农户应用了家庭太阳能热水器，比例约 30%；对可再生能源应用缺少当地政策支持；同里镇正在进行天然气入户改造，村级天然气未入户。

具体来看，在污水排放与处理模式上，调研村镇主要采取了有组织的污水排放模式，包括明沟排放、暗沟排放与地下管道排放，调研的样本中四个镇都具有污水管网和污水处理站。其中，七都镇建有万吨级工业污水处理厂和生活污水处理厂。盛泽镇实施了黄家溪、胜天喷织污水处理站提标改造及中水回用工程。震泽镇甲鱼场的污水待整治。同里镇镇区接入运东污水处理厂，集中处理，部分农村污水接入市政管网，部分农村建设自处理设施。

震泽镇、七都镇、同里镇、盛泽镇没有垃圾处理设施，都采取统村垃圾分类后收集、镇转运、县处理的无害化处理方式。并且统一采取对易腐垃圾、厨余垃圾进行资源化无害处理，对建筑垃圾进行物理粉碎回收利用处理，对一般生活垃圾进行无害化焚烧处理的合理处理措施。

吴江区村镇人居环境改善工作取得了一定成果，但是镇域内部的交通设施仍然需要改善，目前调研样本中镇的垃圾和污水处理率仍未达到 100%，对此调研村镇均提出了仍需对污水处理设施、垃圾处理设施等公共卫生设施与交通设施进行提质升级的需求（图 4-37）。

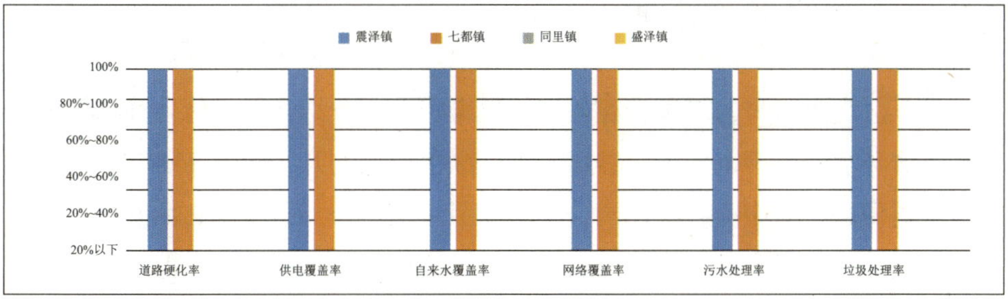

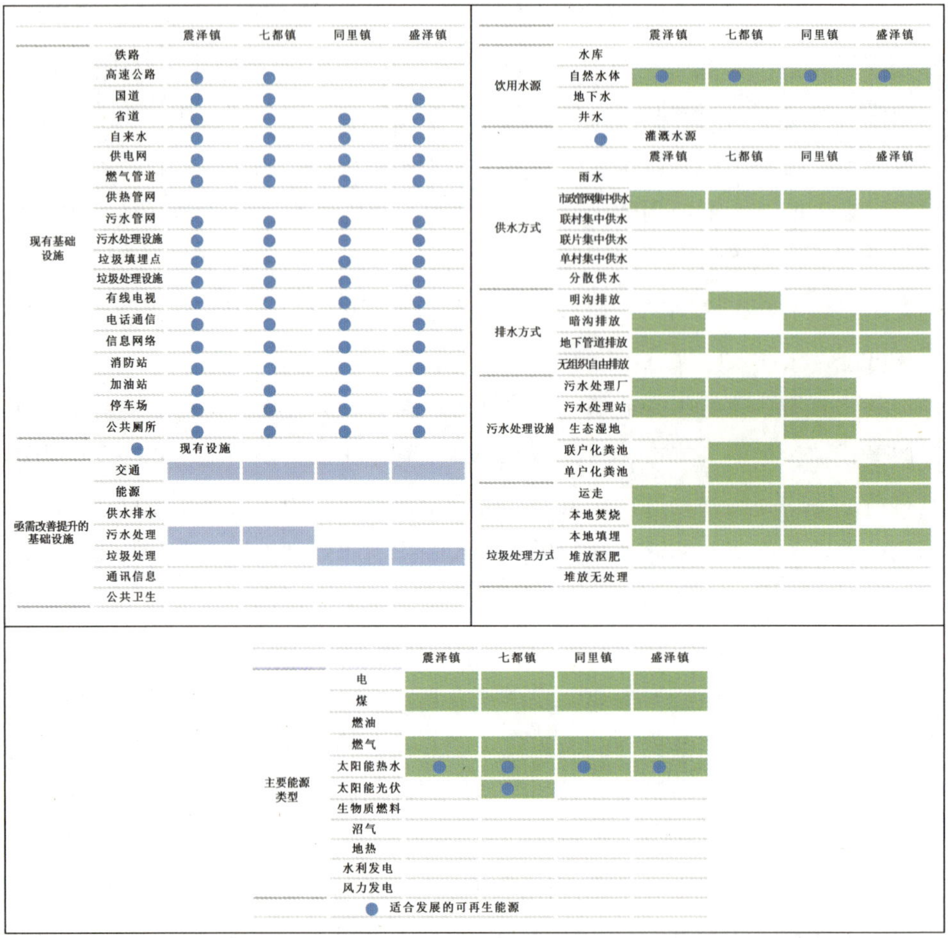


图 4-37　基础设施建设

## 4.3.6 公共服务设施建设

吴江区利用自身的旅游资源与传统建筑资源进行结合，进行居住环境的升级和人居环境的改善，利用自然资源进行绿色产业的升级建设，各村镇结合自身需求对便民服务中心、幼儿园、小学、卫生室、公共卫生间、活动广场、体育健身设施、养老服务机构等重点服务设施进行了服务质量提升的规划，以农村社区便民服务中心为建设重点，综合了图书室、文化活动室、体育运动中心、公共服务代办等功能，逐步提升公共服务效率与质量。

调研村镇为了更好地配合产业发展和保障生活质量，设置了各项公共服务内容，但普遍需要提质升级。其中，每个村镇都提出了进一步优化教育、医疗、养老设施的需求；产业经济发展较快的震泽镇提出了对文化和体育设施的升级要求（图 4-38、4-39）。

震泽镇镇政府

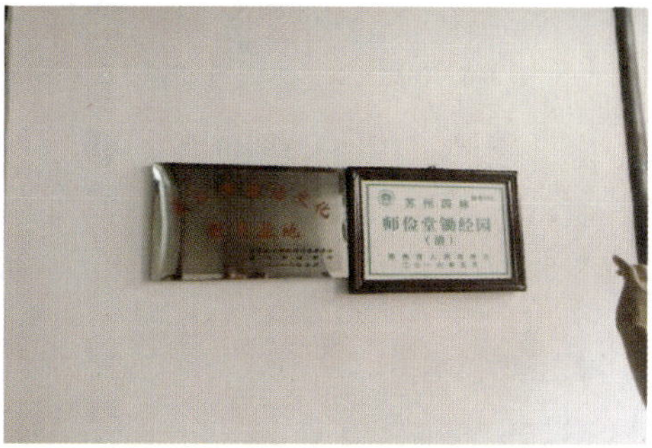

吴江市震泽古镇廉洁文化教育基地

谢家路村指示牌

健身活动设施

图 4-38　当地公共服务设施

| | 震泽镇 | 七都镇 | 同里镇 | 盛泽镇 |
|---|---|---|---|---|
| 银行 | ● | ● | ● | ● |
| 邮政快递 | ● | ● | ● | ● |
| 农业合作社 | ● | ● | ● | ● |
| 中学 | ● | ● | ● | ● |
| 小学 | ● | ● | ● | ● |
| 幼儿园 | ● | ● | ● | ● |

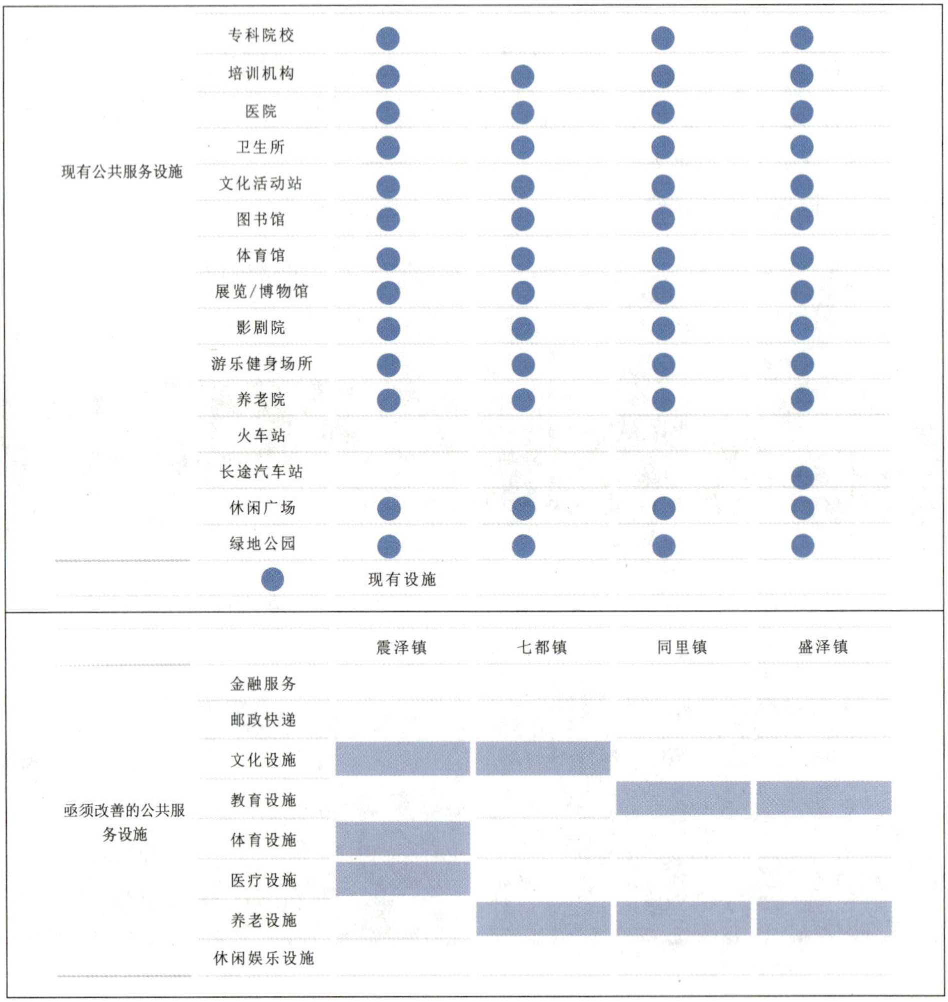


图 4-39 公共服务设施建设

## 4.3.7 建筑与风貌

吴江区建筑地方风格的形成得力于古城得天独厚的河道水系。以水为中心的城市规划结构，河道与街巷平行相邻，又纵横交织成双棋盘式水城格局，使水在古城中萦绕贯穿。传统民居缘水而筑、与水相依、置园造林、引山入水、轻巧简洁、古朴典雅、粉墙黛瓦、色彩淡雅，集清、淡、雅、素于一体。为进一步提高农房品质和功能，加快美丽乡村建设，全力展现江南韵、小镇味、现代风的“新鱼米之乡”和“新江南空间”风貌，切实增强人民群众的获得感、幸福感和安全感，根据苏州市吴江区农村住房建设风貌管控指导意见，区住建局向全区公开征集农房建设设计方案，听取各方意见，编制农房设计图集，作为吴江区农房建设指导性图纸，供各地选用推广。各村镇加强对选用图纸的刚性管理，图纸会审，结合拟建村庄规划、周边环境、风貌管控要求进行审定。符合要求的，严格按公布图集审批；有一定差异的，请有资质的设计单位优化设计，会审通过后选用。调研乡镇内除县城所在地吴江街道住宅自建比例较高外（40%~60%），其余调研乡镇自建比例为 30%~60%，基本上都采取了“吴江民居”风格。该风格农房汲取了吴江地区传统民间庭院风格，以白色涂料、灰色涂料、小青瓦、铝合金窗为特点对民居的宅基地面积、住宅层数、平面布局、建筑材料、外观色彩和特色构造进行了统一规划设计，充分融入了现代农房建筑功能，具有漂亮、实用、经济的优点，在当地广受民众欢迎（图 4-40、图 4-41）。

吴江新民居设计图

新民居

传统民居

传统民居

图 4-40 当地民居

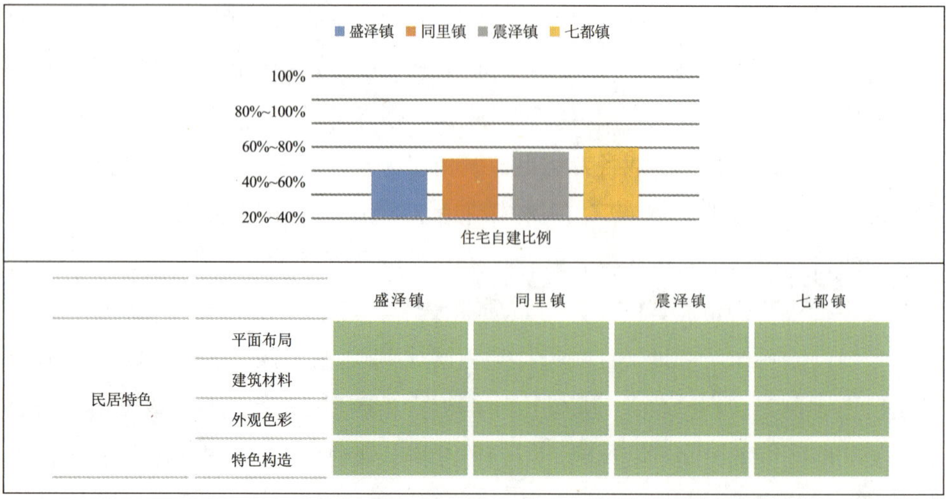


图 4-41　建筑与风貌

# 4.4 河北省于家乡：太行井陉特色保护与文化旅游

## 4.4.1 整体概况

于家乡隶属河北省石家庄市井陉县，位于井陉县西部山区，距县城 18 千米。于家乡青山环绕，重峦叠嶂，沟壑交错，一条大沟由西向东横穿全乡。地势西南高，中间低，平均海拔 500 米，最高峰为与南障城镇交界的山棱垴，海拔 891.1 米。于家乡属暖温带半湿润大陆季风气候，降水主要源于东南季风，每年随季风到来的降水的迟早与强弱，呈现年际和季节变化。

民俗文化旅游是于家乡的亮点。于家乡位于井陉县的西部山区，建筑风格深受太行山脉、井陉地域文化影响。以于家乡石头村为龙头的民俗旅游在河北全省乃至北京都有很大的市场，正积极通过内引外联扩大宣传，发展旅游业。2006年，于家乡投资30万元，完善了于家乡旅游发展规划和两大景区详规；投资200万元对当泉、高家坡、水窑洼民俗旅游景点进行整合。通过做好每年一度的贡茶采摘节、旅游年会、重大节日等多种形式的民俗文化活动的宣传促销活动，逐步拓宽于家乡旅游与县、省、全国旅游线路对接。

2020年9月21至30日，调研组走访调研了于家乡6个村庄，分别为高家坡村、南张井村、当泉村、石头村、狼窝村、张家村，村镇区位及基本信息见图4-42。于家乡面积34.33平方千米，常住人口6674人（2017年）。乡政府驻于家村，辖于家村、史家村、樊家村、张家村、康家村、郝家坡村、高家坡村、狼窝村、当泉村、水窑洼村、南张井村、张井沟村。

从村镇发展的优劣势上看，于家乡具有雄厚的传统文化底蕴、悠久的历史，尤其是村落的布局和建筑风格大都具有较高的学术价值和观赏价值，个别村落已经围绕“集体+合作社+农户”的村集体经济经营模式，利用古村落、旅游天路等优质资源，大力发展乡村特色旅游。然而在调研过程中，大部分村镇的典型问题是，人口外流严重，劳动力资源紧张，很多具有典型风格的建筑群落由于无人看管，导致年久失修，加之配套资金匮乏、政策扶持力度不够，这些极具文化底蕴、学术价值以及观赏价值的传统村落正加速衰亡。

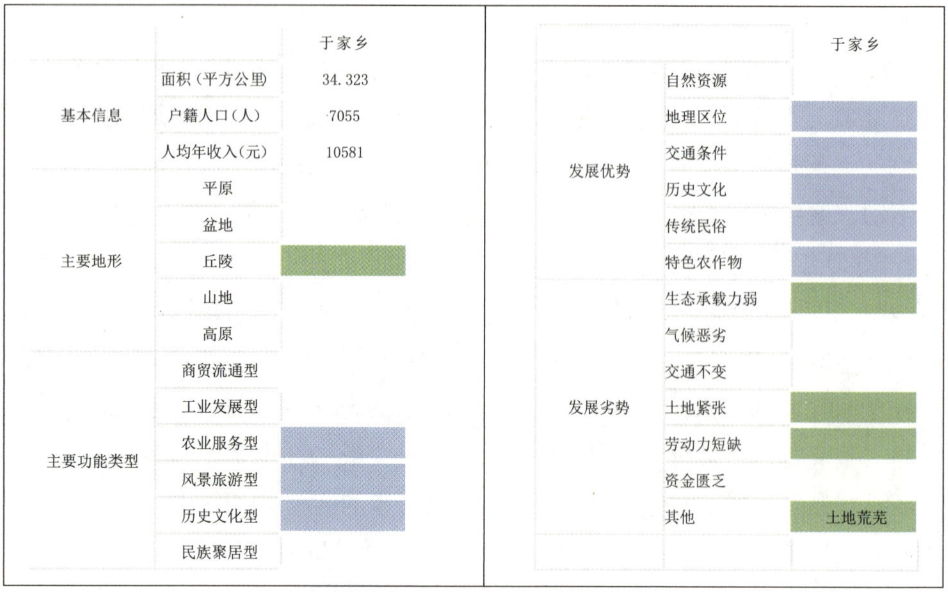


图 4-42　区位条件与资源禀赋

## 4.4.2 产业经济模式

于家乡当地产业丰富，主要经济收入来源以第一产业和第三产业为主，依托丰富的农业资源，于家乡的第一产业仍然以农作物种植为主，于家乡粮食作物以小麦、玉米、杂粮为主。年生产粮食约 5000 吨，蔬菜产量 1000 余吨，主要品种有西红柿、豆角、白菜、萝卜、山药等。农业主要经营模式是家庭承包、分散经营，以及部分农业合作社集体经营，现代农业产业园公司经营和大户承包个人经营模式未获得有效发展。

于家乡石头村是河北省唯一一处古村落省级文物保护单位，它具有深厚的石头文化底蕴和很高的学术价值和观赏价值，是一个奇特的旅游胜地。该村地处四面环山的洼地，山峦环抱，绿树掩映，不到村头见不到人家。村中石房石院，石桌石凳，石磨石碾，石街石巷，石桥石栏，村路也是古老的石头铺就的。石头多是青灰色，石质坚硬，岁月的摩擦使石头棱角圆润光亮，石头村凝聚了中国北方村落光辉灿烂的石头文化，积淀并传承了丰富多彩、极具特色的石头文化民俗，现基本保持着明清时期的建筑风格，整个村落是一座规模宏大的天然石头博物馆。1998 年 6 月，在国家及省、市专家指导下，当地政府开始对于家村民俗文化进行挖掘和开发，先后开发景点 50 多处，维修省级文物 20 处。1998 年 11 月 1 日被河北省民俗协会命名为“于家石头民俗村”；1999 年 4 月被确定为井陉县八大旅游景区之一；1999 年 5 月 1 日作为“民俗旅游点”正式对外开放，当月被中国村社发展促进会授予“中国文化民俗村”的称号，荣登中国 300 个“民俗文化村”之列；同年又成为“国际亚细亚文化研究会考察基地”；2001 年 2 月被河北省人民政府批准为“河北省第四批重点保护单位”。2002 年井陉县成立“于谦研究会”，并于 2004 年建成“于谦纪念馆”（图 4-43、图 4-44）。

**物质文化遗产：石头村**

**非物质文化遗产：社火**

图 4-43　特色旅游产业

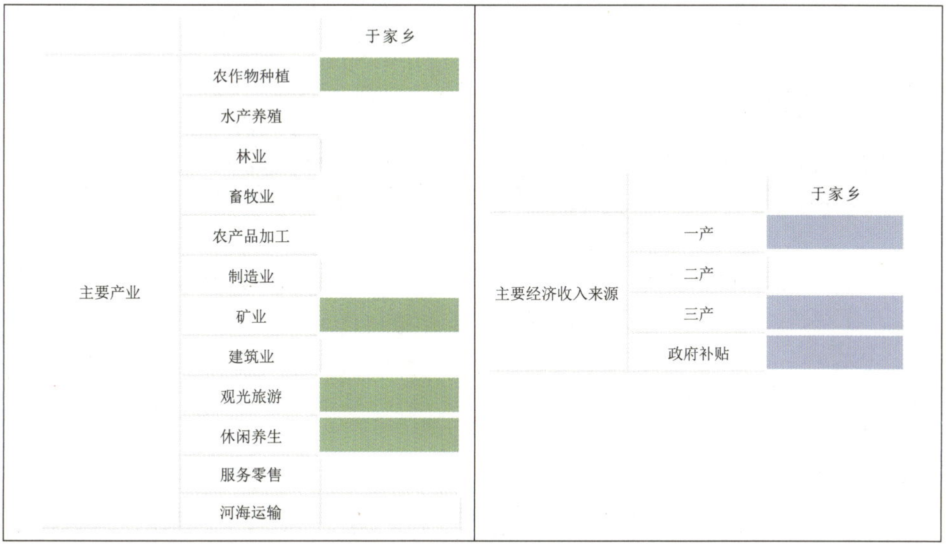


图 4-44　产业经济模式

## 4.4.3 建设管理模式

于家乡在县委、县政府的正确领导下，以习近平新时代中国特色社会主义思想、邓小平理论和“三个代表”重要思想为指导，紧紧围绕县委、县政府提出的实施“五大战略”、打造“四张名片”的总体部署，坚持和落实最新的五大发展理念、习近平生态思想等，从乡情出发，制定并完善了“念好石头经，唱好旅游戏，修好富民路，办好强乡厂，打好山区开发仗”的总体发展思路。全乡民营经济、基层党建、文明生态村创建、综合治理、计划生育、民心工程等实现新突破，全乡经济建设和社会各项事业都取得了显著成绩，近几年，于家乡农业产业结构全面调整，旅游业和钙业均有了快速的发展。

从村镇建设管理模式的典型性来看，于家乡存有老区保护和新区建设项目，建设内容较为丰富。于家乡依托当地文化传说与自然景观，建造了于氏宗祠、清凉阁、于谦纪念馆、石头民俗博物馆等文化景观建筑，依托其自然地理优势与文化底蕴，建造静谧山居村落。于家乡的建设项目采用最传统的工程项目管理模式 DBB 模式。个别村落建设工程体量大，采用 PPP、EPC 等工程管理融资模式与管理模式（图 4-45）。

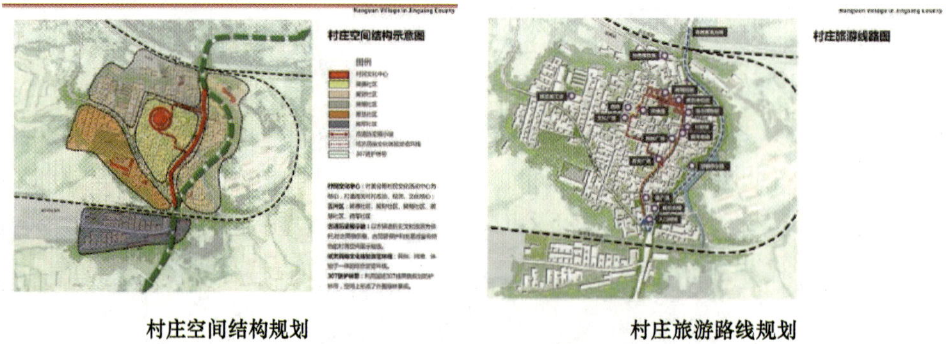


村庄空间结构规划　　　村庄旅游路线规划

图 4-45　当地建设管理情况

## 4.4.4 生态环境状况

于家乡地处太行山东麓，河北省西陲。北邻平山县，东部和东南部与获鹿、元氏、赞皇三县毗连，西部和西南部同山西省盂县、平定、昔阳三县接壤。于家乡属半干旱半湿润大陆性季风气候，其特点是四季分明。生态环境面临的最大考验是干旱少雨，年均降水量 571.9 毫米，极端年最大雨量 1235.7 毫米（1963 年），极端年最少雨量 215.7 毫米（1972 年），这种不利条件在一定程度上制约了该乡农业的大规模发展。

于家乡目前生态环境良好，不存在严重污染问题，主要污染源为空气污染、生活垃圾污染以及部分工业废弃物污染，主要垃圾来源为生活垃圾和建筑垃圾，主要污水来源于生活污水（图 4-46、图 4-47）。

**当泉村村貌**

**村庄周围环境**

图 4-46　当地生态环境

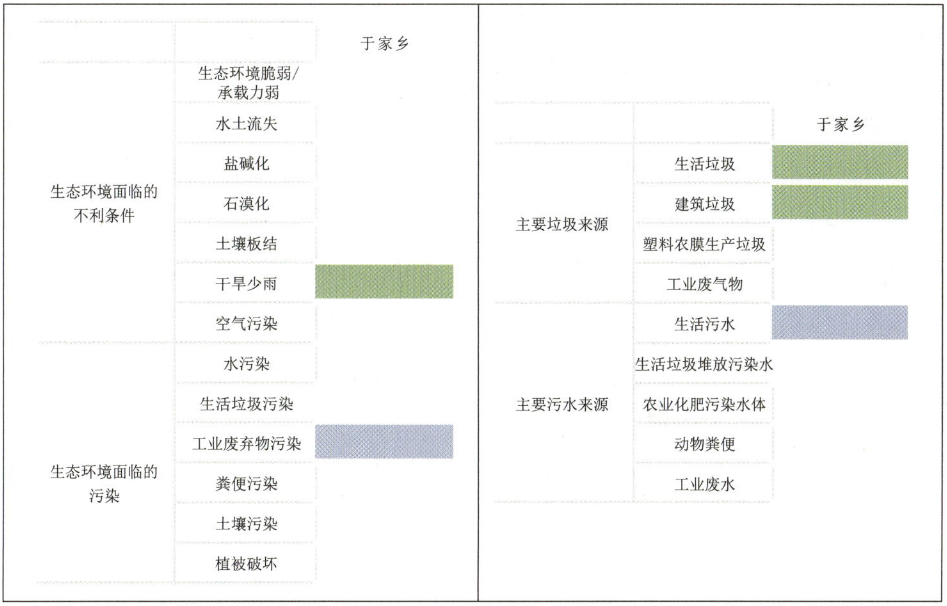


图 4-47　生态环境状况

### 4.4.5 基础设施建设

农村基础设施建设为保证农村地区的经济发展、社会稳定和村民生活水平的提高起到了重要的作用，于家乡近几年在基础设施上投入较大，在交通方面，投资200万元，完成了天长单家至秀林西柏山全长10千米的乡级公路建设化。在绿化方面，结合旅游搞绿化，共栽植各种树木、花卉10万株。在净化与亮化方面，修建沼气池100座，全乡安装路灯100多盏。先后修建文化广场、活动中心、街心花园等综合设施20个，完成了农村电网改造，特别是南张井的红土嘴自然村通了路和电，有4个村实现了电视光缆入户。

于家乡所处的井陉县人均年水资源量只有560立方米，且水资源时空分布不均，区域性水资源严重紧缺，因此当地的农田灌溉水源主要靠雨水，调查的6个村庄只有石头村有水库。当地政府的水资源综合服务中心强化水资源管理、加强水源地保护，保证了居民的正常用水。在供水方面，当地主要饮用水源来自地下水，供水方式以单村集中供水方式为主。

在能源方面，于家乡毗邻冀中能源井陉矿业集团，煤矿资源丰富，当地政府积极推进新能源和可再生能源项目建设，谋划和推进太阳能光伏发电项目。于家乡山区面积广，不易耕种造林的未利用地众多，大面积坡度适宜、光照时间长的荒山荒坡对于修建山坡集中式光伏发电站十分有利。此外，在农业发达的当地，生物质燃料（秸秆等）也是居民普遍使用的一种能源。

农村污水收集与处理率较低，从调研数据看，只有高家坡村具有完备的污水管网和污水处理设施。农村污水整体收集处理率严重偏低，这一方面与农村污水量大、点多且分散、收集处理难度大、维护管理困难的特点有关；另一方面还在于排水管网建设不完善，并且严重滞后。从调研大部分住户看，各家采取的主要措施是敷设明沟排放、暗沟排放与地下管道排放，尽管设施简陋，但无组织自由排放的情况相对较少。

于家乡全面推广“分类减量”法，即农户按“可降解”和“不可降解”标准进行二次分类。为每一垃圾场所配备垃圾桶（两个及以上），分类标准按“可降解”与“不可降解”进行划分，去繁从简，培养农户的垃圾分类意识。由垃圾收运员在村内访查，记录垃圾分类情况，及时清运垃圾。

虽然近几年来于家乡的基础设施建设显著改善，但于家乡的基础设施整体需要完善提升，尤其是在交通和供排水设施方面仍需要继续完善，包括交通的便捷性、供水的水质、污水处理等（图 4-48、图 4-49）。

**南张井村交通**

**地埋式垃圾桶**

图 4-48　当地基础设施

| | 铁路 | 于家乡 |
|---|---|---|
| 现有基础设施 | 高速公路 | |
| | 国道 | |
| | 省道 | |
| | 自来水 | ■ |
| | 供电网 | ■ |
| | 燃气管道 | |
| | 供热管网 | ■ |
| | 污水管网 | ■ |
| | 污水处理设施 | |
| | 垃圾填埋点 | ■ |
| | 垃圾处理设施 | |
| | 有线电视 | ■ |
| | 电话通信 | ■ |
| | 信息网络 | ■ |
| | 快递网点 | ■ |
| | 加油站 | ■ |
| | 停车场 | ■ |
| | 公共厕所 | ■ |

| | | 于家乡 |
|---|---|---|
| 供水方式 | 雨水 | |
| | 市政管网集中供水 | |
| | 联村集中供水 | |
| | 联片集中供水 | |
| | 单村集中供水 | ■ |
| | 分散供水 | |
| 生活污水排放方式 | 明沟排放 | |
| | 暗沟排放 | ■ |
| | 地下管道排放 | ■ |
| | 无组织自由排放 | |
| 污水处理设施 | 污水处理厂 | |
| | 污水处理站 | |
| | 生态湿地 | |
| | 联户化粪池 | |
| | 单户化粪池 | ■ |
| 垃圾处理方式 | 运走 | ■ |
| | 本地焚烧 | |
| | 本地填埋 | |

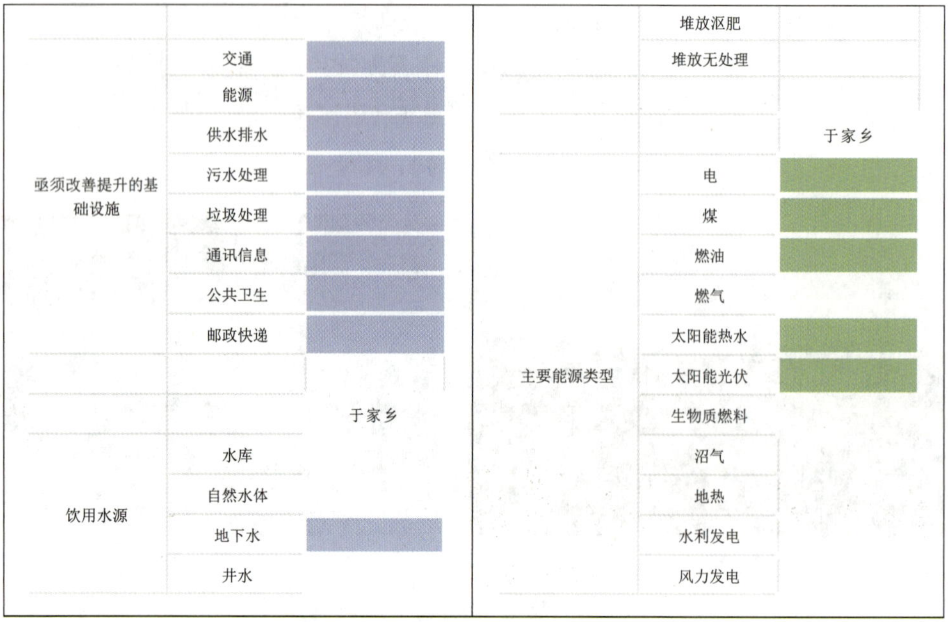


图 4-49　基础设施建设

## 4.4.6 公共服务设施建设

近几年，于家乡的文教、卫生事业蓬勃发展。全乡共有中学 1 所、小学 2 所，建有 1 所卫生院；村办卫生所 8 个，800 平方米的敬老院 1 所。群众文化生活丰富多彩，主要剧种有丝弦、山西梆子；民间文化活动有跑龙灯、扭拉花、耍社火、踩高跷、跳秧歌等。卫生所、文化活动站、图书馆以及游乐健身场所基本实现了全覆盖。其中旅游产业较为发达；经济发展较好的石头村甚至配备了体育馆、展览（博物馆）、休闲广场和绿地公园等公共服务场地。

村镇为了更好地配合产业发展和保障生活质量，设置了各项公共服务内容，但对于教育、文化体育、养老等设施均提出了更高的需求。需进一步优化和完善金融服务、邮政快递、养老设施、休闲娱乐设施等，从而提高村民的幸福指数，同时这也是推进新农村建设的重要内容和关键环节（图 4-50、图 4-51）。

南张井服务村

村公交站点

图 4-50　当地公共服务设施

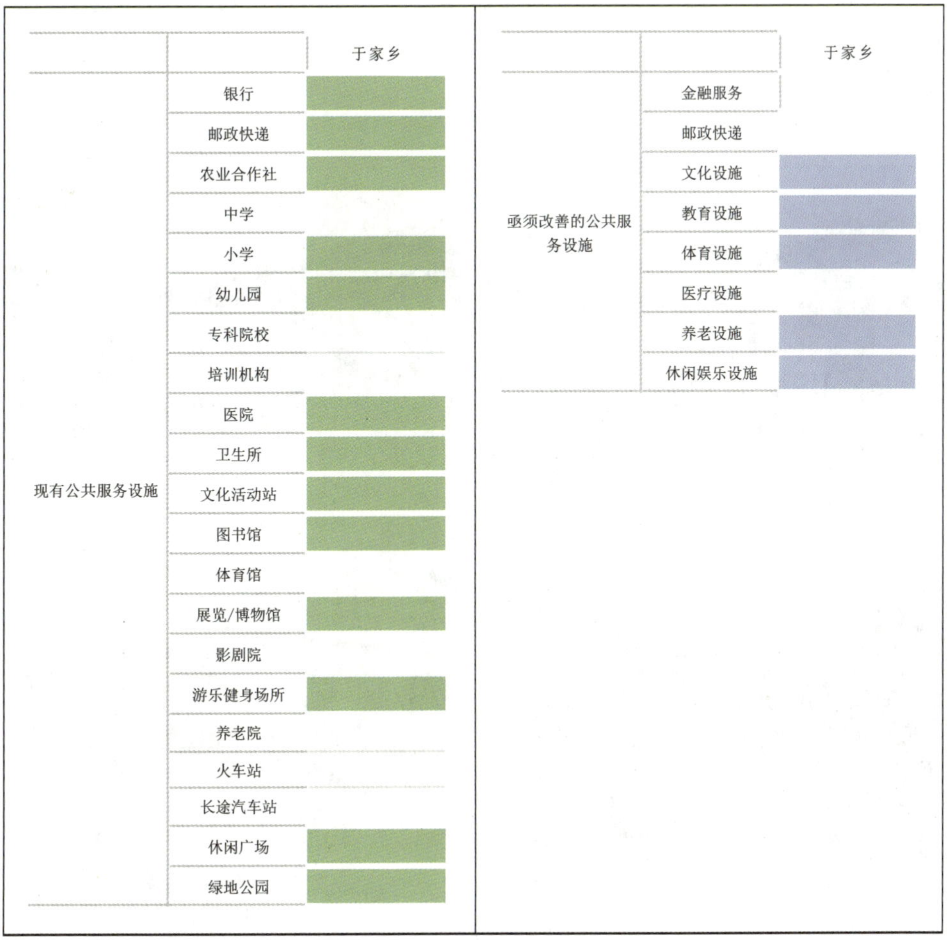


图 4-51　公共服务设施建设

## 4.4.7 建筑与风貌

于家乡位于井陉县的西部山区，建筑风格深受太行山脉、井陉地域文化影响。于家乡当地建筑主要分为两类：传统砖木结构和石券窑洞结构。明清时期建造的瓦房为前一类砖木结构，现仍保存有近千间，采用青石墙、灰瓦顶，古色古香，雅俗兼备；第二类石券窑洞是当地特有建筑，窑洞墙宽近一米，用加工过的石头垒砌，屋顶厚一米，以天然石拱券。石头窑洞就地取材，无梁无柱，墙宽顶厚，左拱右券，结构奇特，坚固耐用，美观大方，冬暖夏凉。除了瓦房和窑洞外，还有一种介于两者之间的建筑，俗称无梁殿，其主体为石券窑洞，房顶或前檐扣瓦，屋内以石拱券，屋外以瓦飞檐，里看为窑洞，外看是瓦房，独具特色（图 4-52、图 4-53）。

新民居

新民居

传统民居

传统民居

图 4-52　当地民居

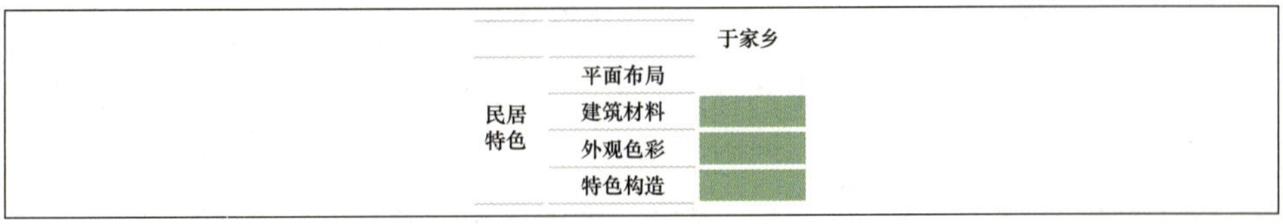


图 4-53 建筑与风貌

# 4.5 广西壮族自治区隆安县：岩溶山地特色农业与脱贫攻坚

## 4.5.1 整体概况

隆安县位于广西壮族自治区中部偏西南，南宁市西北部，右江下游两岸。县城距南宁市区 85 千米，现辖 4 乡 6 镇，118 个行政区，15 个社区，全县总面积 2305.59 平方千米。隆安县是一个以壮族为主的多民族聚居县，截至 2018 年，总人口 41.94 万。全县整体气候温和，动植物资源丰富，熔岩地貌分布广泛，景观格局别致，旅游资源丰富。

隆安县是“国家级生态示范区”，也被称为中国“那”文化之乡，以隆安为中心的南宁周边地区是世界稻作发源地之一。隆安县曾被列入国家扶贫开发工作重点县。党的十八大以来，隆安县推出一系列举措促进村镇建设，实施跨区域集中连片供水工程，引出源头活水；实施震东扶贫生态移民与城镇化结合示范工程，“搬”出崭新生活；实施“一户一增收”项目，现代农业产业基地“五金合一”带贫益民、带富益富；改善基础设施、提升基本公共服务，完成 12 家乡镇卫生院、118 个村卫生室标准化建设。隆安县以火龙果产业作为扶贫优势产业，建设特色农业基地，转变农业生产方式，扶持引导龙头企业联盟闯市场，

“那之乡”火龙果品牌叫响全国。隆安县在全县63个贫困村均建起产业扶贫示范园，80%以上贫困村建起电商扶贫站点。截至2020年，隆安已退出贫困县序列。

2019年6月11日至13日，调研组走访调研了当地四个乡镇（街道）四个村庄，分别为屏山乡及下辖屏山社区、文化村、雅梨村，雁江镇及下辖那郎村，布泉乡，那桐镇，村镇区位及基本信息见图4-54。其中，那桐镇位于隆安县南部，具有得天独厚的区位、交通优势和丰富的自然资源，是隆安东南部的经济中心，重点发展农业及农业加工服务等。雁江镇位于隆安县的西北部，区位优势显著，依水而居，水运交通发达，是旧时商业重镇，目前正在申报国家历史文化名镇。屏山乡离隆安县城区位较远，有隆安龙虎山自然保护区，野生动植物资源极为丰富，主要发展农业和旅游业等。位于隆安县的西南部、区位较为偏远的布泉乡，环境优美，水域风光优势明显，有布泉河、更望湖、独秀峰、高峰天坑、月牙山等众多旅游资源，以农业和旅游业作为主要发展方向。

从村镇发展的优劣势上看，调研村镇拥有丰富的农业和文化资源，布泉乡主要种植玉米、花生、木薯，著名土特产有山羊、土鸡等。辖区内有富达工艺厂，主要生产藤编、竹编、草编等精致的工艺品，产品出口欧美28个国家和地区；屏山镇毗邻隆安县龙虎山自然风景区，拥有丰富的植物、自然景观及野生动物等，除了旅游业，主要依靠传统农业，农业粮食作物主要以水稻、玉米、黄豆为主，特色产业主要有八角、砂仁，面积达1.2万亩；而那桐镇农业发展的规模化程度较高，镇盛产水稻、玉米、甘蔗、木薯、龙眼、荔枝、香蕉、芒果等，大型企业有金穗集团（地方明星企业），主要经营火龙果、香蕉种植，生态示范园。那桐社区内有制糖、化工、淀粉、食品加工企业十多家。社区建设有广西华穗农产品物流中心，集物流仓储、集散交易、加工配送、商业服务、信息中心5大功能。除了农业生产外，还有“那”文化旅游节，是那桐最重要的传统节日，每年的“四月八”吸引周边县乡十多万商家和群众参加。但是在调研过程中，四个乡镇大部分都提出了劳动力不足、土地资源利用效率低等问题；此外，部分村镇还存在生态承载力弱、交通不便的问题。

图 4-54　区位条件与资源禀赋

## 4.5.2 产业经济模式

隆安县村镇依托特色农业资源和优美自然风景区及保护区等，主要发展农业、农产品加工业和休闲旅游业及传统民俗产业。一三产业是隆安县主要收入来源。2018 年，隆安县农林牧渔业总产值 45.51 亿元，旅游社会总收入 29.59 亿元。

隆安县特色农业是促进全县经济发展的重要组成部分。2020 年，隆安县完成粮食种植面积 51.73 万亩，产量 15.29 万吨；水果产量 62.08 万吨。“隆安火龙果”品牌获“中国品牌农业神农奖”。隆安县通过对农村零散产业的再整合，采用“公司承租 + 发包型”的农村土地流转创新模式，建立特色农业示范区，形成规模化农业，让“经营组织化、装备设施化、生产标准化、要素集成化、产业特色化”，形成农民收入增长与公司发展同步的良性联结机制。特色农业优势也带动了关联产业的发展，那桐镇的金穗香蕉产业示范区内建有香蕉标准化种植产业园、香蕉产品深加工产业园、香蕉交易产业园、蕉园新村观光体验园，发展香蕉上中下游产品，延长香蕉产业链，将农业与旅游业紧密联系起来，结合布泉乡、屏山乡自然山水资源优势，发展生态旅游、农家乐，推进贫困村休闲农业与乡村旅游建设。除水果之外，隆安县兼有板栗、大米等农产品种植，猪牛羊禽养殖等，同时也积极发展糖料蔗等带贫益农特色产业。

调研村镇中，布泉乡地处大石山区，主要种植玉米、花生、木薯，著名土特产有山羊、土鸡等。辖区内有富达工艺厂，主要生产藤编、竹编、草编等精致的工艺品，产品出口欧美 28 个国家和地区。除了传统农业，布泉乡以“休闲旅游型”为村镇发展模式。因为布泉乡交通方便，环境优美，境内旅游资源丰富。有布泉河、龙抬头、大天坑、独秀峰、更望湖、月牙山、布泉溶洞等多个著名景点。在当地素有“小桂林”之称。2010 年 3 月通过 AAAA 级旅游景区规划。

那桐镇北距隆安县城 26 千米，东南距南宁 63 千米。南昆铁路、南宁—百色高速公路、贵港—隆安高速公路、隆安—硕龙高速公路、南百（色）二级公路、那桐至大新县二级公路、云桂高铁、隆安县至武鸣县公路及右江河穿境而过。商品交易额达 500 多万元。

屏山乡是革命老区，地处大西南出口交通要道，位于隆安县南部，距离广西壮族自治区首府南宁市 100 千米，乡政府所在地是隆安、大新两县交汇中心点，316 国道（那桐至大新二级公路）贯穿该乡全境，水电充足，交通便利。

旅游资源得天独厚，怀拥广西龙虎山风景区、绿水江漂流、仙缘谷景区等多处名胜，风景秀美如画，是名副其实的旅游之乡。出产八角、砂仁、绞股蓝、金银花、灵芝等中药，是隆安最大的八角生产基地。

雁江镇位于隆安县西北部，右江两岸。2018 年全镇实现农业生产总值 2.99 亿元，工业总产值 4121 万元，财政收入 199.41 万元，农民人均收入 8379.90 元。雁江镇主要以农作物种植、河海运输及食品加工业为主，右江以西的 7 个村，地势较平缓，以种植水稻、玉米、黄豆、花生、蔬菜、甘蔗等农作物为主，右江以东 3 个村，以土岭为主，林木资源比较丰富，主要种有杉木、松木、速生桉等林木及板栗、酸梅、柑橘、三华李等果树，还有砂仁等名贵药材。农业发展的规模化程度高。境内福颜、红良、雁江三村（街）地属右江河谷冲积小平原，其余为丘陵地带。农作物种植以水稻、玉米、蔬菜、花生为主。所产大米因色味俱佳而闻名全县，柠檬产量占全县首位（图 4-55、图 4-56）。

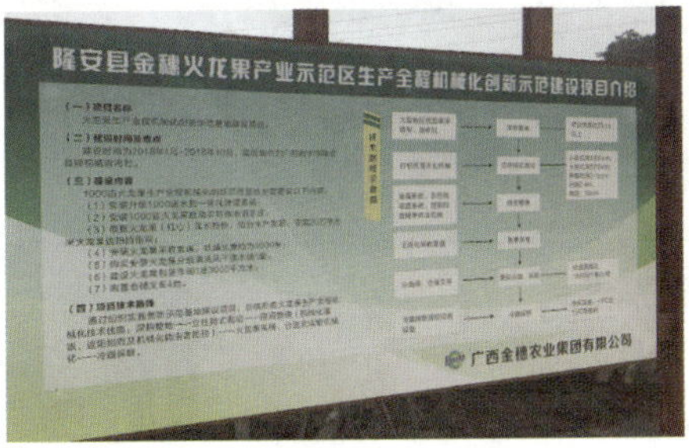


隆安县火龙果产业示范区

火龙果基地采用夜间催花补光新技术

隆安万亩蕉林

隆安板栗

图 4-55 当地特色产业

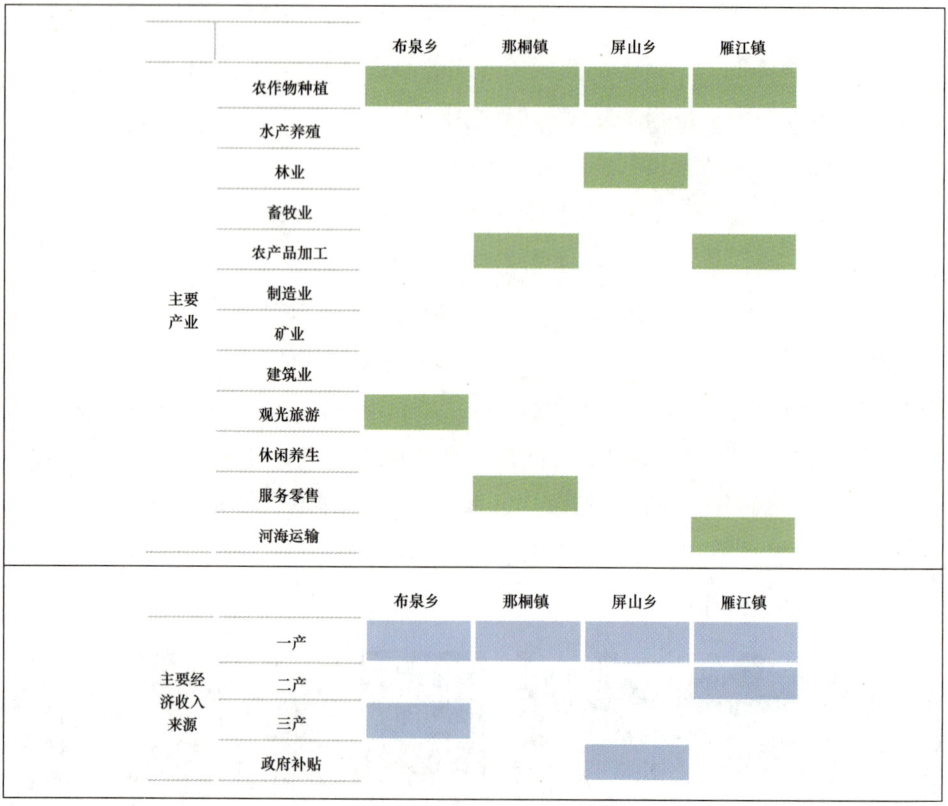


图 4-56　产业经济模式

## 4.5.3 建设管理模式

隆安县在深入推进“清洁乡村”巩固提升及“生态乡村”活动基础上，全面开展“宜居乡村”活动。结合脱贫攻坚、乡村振兴、农村环境整治等工作实施产业富民、服务惠民、基础便民工程，持续改善乡村环境卫生，完善基础设施，优化升级农村产业结构，便捷普惠农村公共服务，改善提升农村环境设施。

隆安县的新农村建设坚持政府管理与引导相结合。一方面，加强建设管理，防止农民不按规划分散建房；另一方面，合理布局村镇，搞好中心村规划，完善公共设施，改善农村居住条件。科学指导农民建房，为农民提供科学合理的住房方案，注重保护和体现隆安特色的农村风貌。加强以小型水利设施为重点的农田基本建设，改善农业灌溉条件。加强农村教育、医疗卫生、交通、通信、文化等公共基础设施建设。开展创建生态示范文明村、镇活动，推进农村改水、改路、改厕、改灶等工作，大力推广沼气综合利用，加强垃圾、污水等污染物处理，改善农村面貌（图 4-57）。

图 4-57　乡村建设制度

## 4.5.4 生态环境状况

调研乡镇生态环境质量总体良好。屏山乡区域内有龙虎山风景区，野生动植物资源极为丰富，目前发现有维管束植物种类 178 个科、690 个属、1200 多种，其中药用植物过半；属于国家一、二级重点保护的植物有宽叶苏铁等 13 种。有野生脊椎动物 215 种，其中哺乳动物 50 种，鸟类 132 种；属国家重点保护动物的有黑叶猴等 26 种。其他乡镇生物多样性简单，动物为本地常见的爬行类、锯齿类、昆虫和鸟类。主要污染源为生活垃圾和废水，那桐糖厂的废水对当地水环境构成一定威胁。布泉乡由于排水沟渠不成系统和沟渠内生活垃圾淤积，有排水不畅和水体污染的问题。屏山乡的山泉水源受到了林场速生桉污染，导致水源匮乏（图 4-58、图 4-59）。

隆安县布泉乡

隆安县布泉乡

图 4-58　当地生态环境

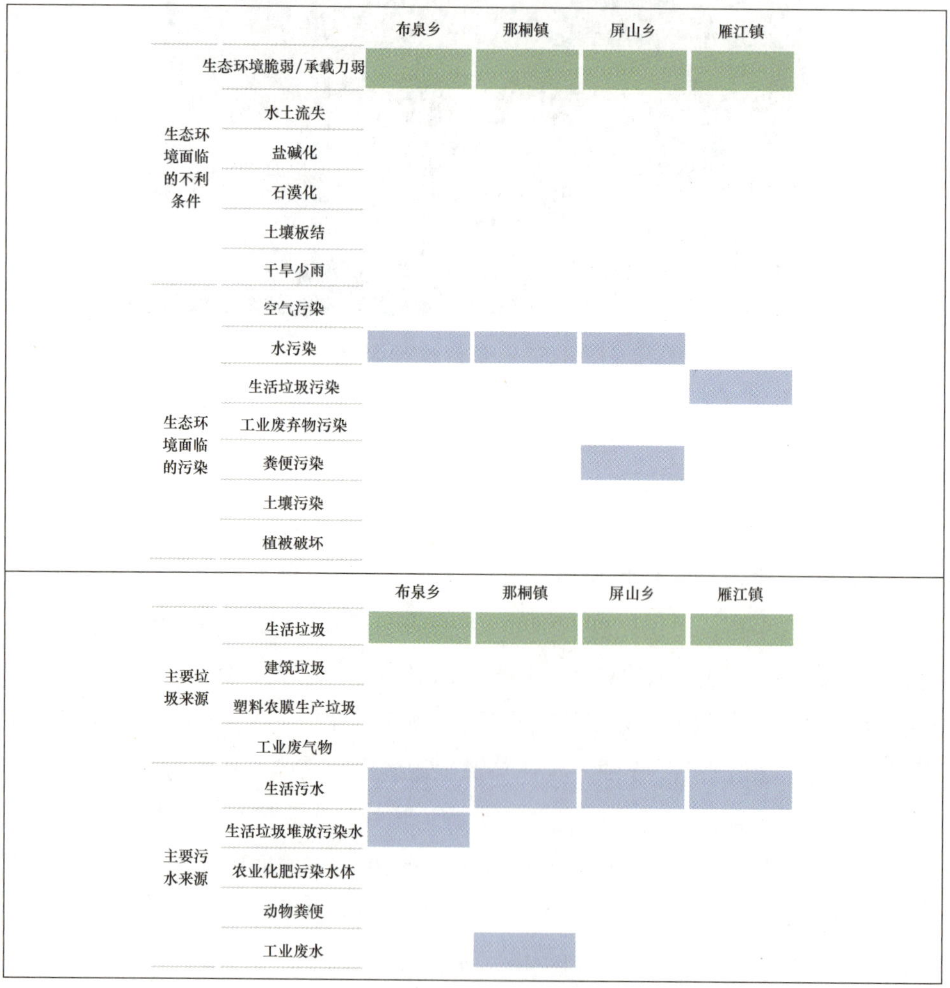


图 4-59　生态环境状况

### 4.5.5 基础设施建设

2018 年隆安县持续改善乡村环境卫生，完善基础设施，实施村屯特色建设水平提升、农村道路通行水平提升、污水治理水平提升等工程，计划利用三年时间开展农村人居环境整治。实现全县农村基本安全保障、基本生活保障、基本卫生保障，农村生活垃圾处理率 90% 以上，贫困村无害化卫生厕所普及率不低于 85%，有条件的村屯开展生活污水治理，实现全县人居环境干净整洁的目标。总体来看，供水供电、污水处理、通信网络、道路交通等一般基础设施在调研村镇基本上已经全面覆盖，燃气、供热管道还有待完善。

在供水方面，当地主要饮用水源为地下水和自然水体。农田灌溉主要水源有河流、地下水和水库水等。供水方式主要为单村或联村集中供水，雁江镇和布泉乡存在部分分散供水，分散供水方式为公用水井。

在能源方面，当地主要能源类型为薪柴、煤气和电，其中柴、煤气、电的比例为 4:4:2。除了常规能源，当地还有沼气利用和少量太阳能利用。布泉乡有一座小型水力发电站，但是已经损坏。屏山乡有政府投资村民出力建设的沼气池，由于大型牲畜喂养越来越少，原料不足，只有少数家里养牛、养猪的村民仍在使用沼气池用于炊事，气源充足，应用效果很好。

调研的四个乡镇中都有污水处理设施，采用“水解酸化 + 生态滤槽 + 接触氧化 + 人工湿地”多功能综合处理工艺，处理规模为 20~40 吨 / 日。县环保局也制订了一系列农村生活污水整治项目计划，提高污水处理范围。

隆安县引导群众对厨余垃圾及农业垃圾进行堆肥处理，对可用生活垃圾进行回收，不可用的进行分类处理。隆安县有垃圾处理设施项目 17 个，其中垃圾填埋场 1 个（隆安县生活垃圾卫生填埋场）。乡镇垃圾处理站采用热熔气化工艺，处理后运送县垃圾填埋场进行无害化处理。全县全年生活垃圾清运、处理 2.87 万吨，无害化处理率 100%。

现有排水系统无明显排水分区，排水口分散，污水未经处理直接排放，对水体造成污染。乡镇的污水处理率未达到 100%。对此调研村镇均提出了仍需对污水处理等公共卫生设施进行提质升级的需求（图 4-60、图 4-61）。

那桐镇垃圾转运站

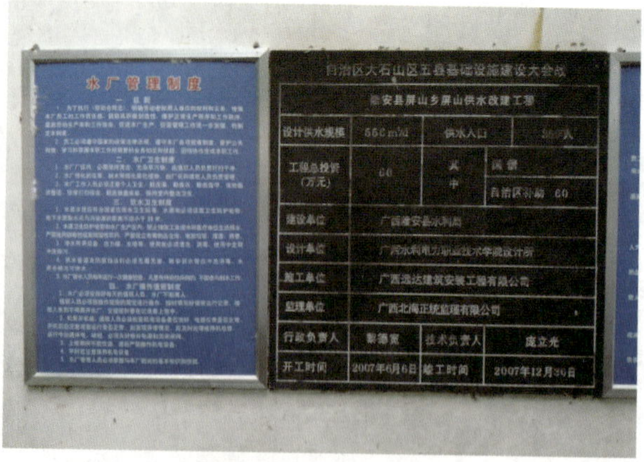


隆安县屏山乡水厂管理制度

图 4-60　当地基础设施

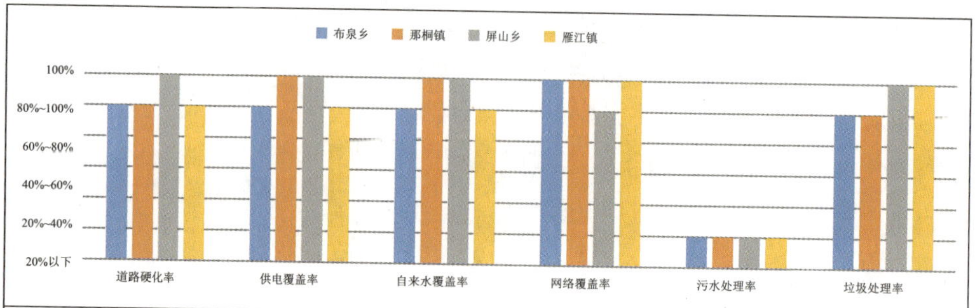


| | | 布泉乡 | 那桐镇 | 屏山乡 | 雁江镇 |
|---|---|---|---|---|---|
| 现有基础设施 | 铁路 | | | | |
| | 高速公路 | | | | |
| | 国道 | | ● | ● | |
| | 省道 | ● | ● | | ● |
| | 自来水 | ● | ● | ● | ● |
| | 供电网 | ● | ● | ● | ● |
| | 燃气管道 | ● | ● | | |
| | 供热管网 | | | | |
| | 污水管网 | | ● | | |
| | 污水处理设施 | | ● | ● | ● |
| | 垃圾填埋点 | | | | |
| | 垃圾处理设施 | ● | ● | ● | ● |
| | 有线电视 | ● | ● | ● | ● |
| | 电话通信 | ● | ● | ● | ● |
| | 信息网络 | ● | ● | ● | ● |
| | 消防站 | | | | |
| | 加油站 | | ● | | |
| | 停车场 | | | | |
| | 公共厕所 | | ● | ● | |

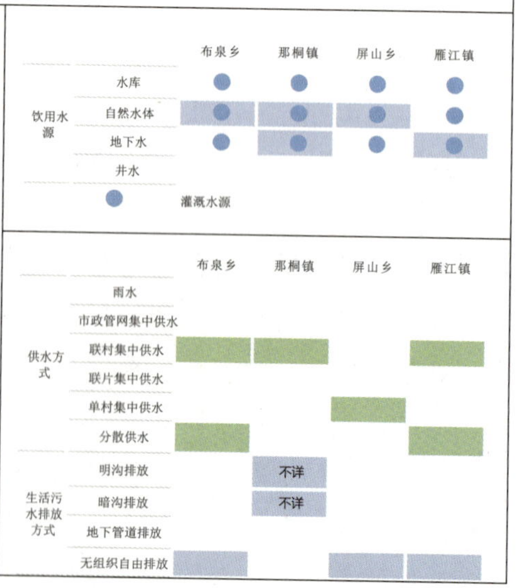

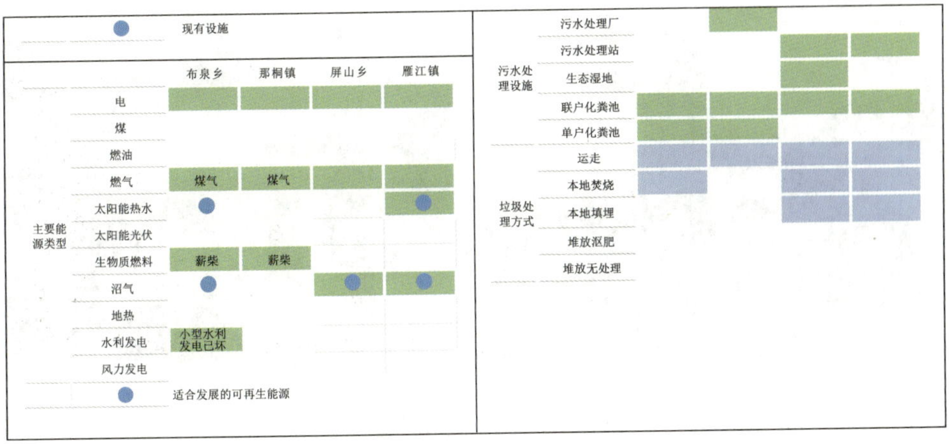


图 4-61 基础设施建设

## 4.5.6 公共服务设施建设

隆安县积极开展公共服务设施提升工作，实施文化体育扶贫项目工程，为贫困村建造村级公共服务中心、篮球场、乒乓球场和健身路径；建设覆盖所有贫困村的 138 个农家书屋，满足农民群众图书文化的要求。调研的四个村镇公共服务设施基本由政府投资建设，中小学、幼儿园、卫生所、体育健身设施、养老服务机构等重点设施都已经全部建成。

目前公共服务方面存在的问题主要在教育、医疗和邮政快递上。布泉乡和屏山乡都存在师资力量和医务人员欠缺的问题，那桐镇邮政服务范围较大，设置的服务网点较少，不方便群众日常投递（图 4-62、图 4-63）。

屏山乡文化村综合服务中心

隆安县公共服务设施项目

那朗村体育设施

养老院

图 4-62　当地公共服务设施

| | | 布泉乡 | 那桐镇 | 屏山乡 | 雁江镇 |
|---|---|---|---|---|---|
| 现有公共服务设施 | 银行 | ● | ● | ● | ● |
| | 邮政快递 | ● | ● | ● | ● |
| | 农业合作社 | ● | ● | | |
| | 中学 | ● | ● | ● | ● |
| | 小学 | ● | ● | ● | ● |
| | 幼儿园 | ● | ● | ● | ● |
| | 专科院校 | | | | |
| | 培训机构 | | | | |
| | 医院 | ● | | ● | ● |
| | 卫生所 | ● | ● | ● | ● |
| | 文化活动站 | | | ● | |
| | 图书馆 | | ● | | |
| | 体育馆 | ● | ● | ● | ● |
| | 展览/博物馆 | | ● | | |
| | 影剧院 | | ● | | |
| | 游乐健身场所 | | ● | ● | |
| | 养老院 | ● | ● | ● | ● |
| | 火车站 | | | | |
| | 长途汽车站 | | ● | | |
| | 休闲广场 | | ● | | |
| | 绿地公园 | | | | |

● 现有设施

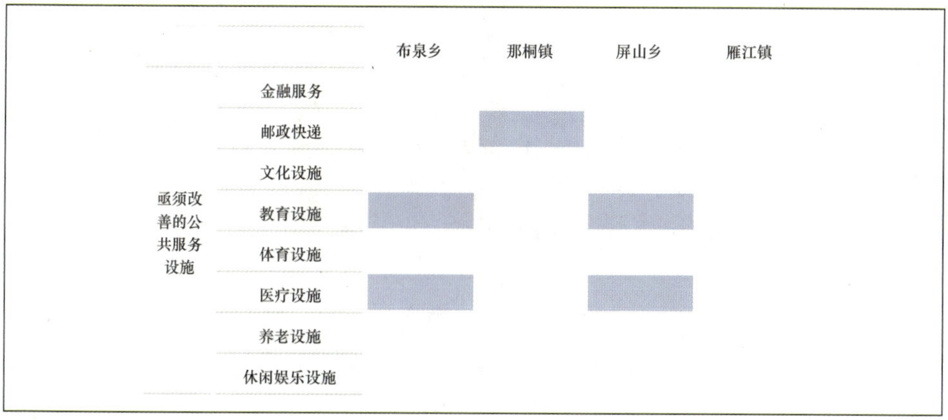


图 4-63　公共服务设施建设

## 4.5.7 建筑与风貌

调研村镇住宅既有木结构的旧民宅，也有农民在原有宅基地上陆续修建的住宅。新建住宅最普遍的是平屋顶、2 或 3 层楼的砖混结构民房。由于各户宅基地彼此紧靠，房屋间距很小，建筑密度较大，建筑外立面的装饰比较少，多为黏土砖或抹灰装饰（图 4-64、图 4-65）。

那朗村新民居

那朗村新民居

图 4-64　当地民居

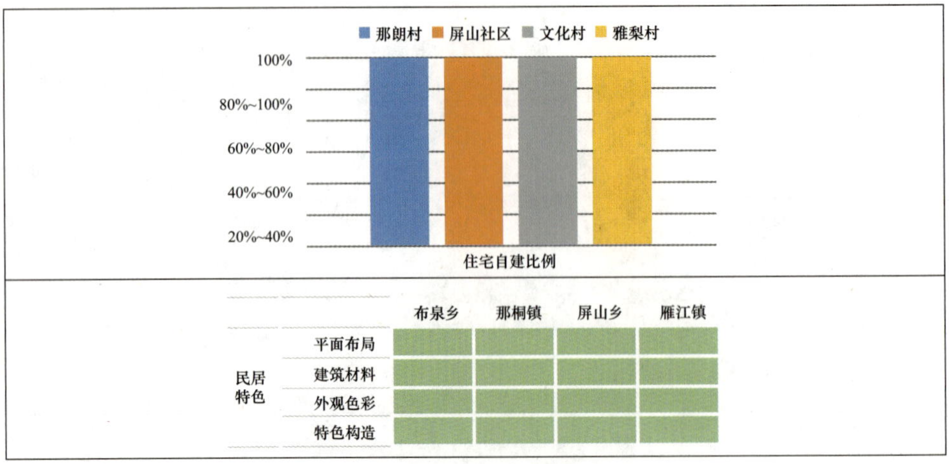
那朗村
屏山社区
文化村
雅梨村
100%
80%~100%
60%~80%
40%~60%
20%~40%
住宅自建比例
布泉乡
那桐镇
屏山乡
雁江镇
民居特色
平面布局
建筑材料
外观色彩
特色构造

图 4-65　建筑与风貌

# 参考文献


［1］ 李德智，杨茜，朱蕾，等．新中国70年农村基础设施政策演进研究——基于中央政府层面的政策文本量化分析［J］．小城镇建设，2021，39(8):6.

［2］ 龙灵娟．政策工具视角下农村人居环境整治政策研究［J］．生产力研究，2021(10):70-73+86.

［3］ 张晶，杨颖，崔小妹．从金融抑制到高质量均衡——改革开放40年农村金融政策优化的中国逻辑［J］．兰州大学学报：社会科学版，2018(5):10.

［4］ 谢治菊，陈香凝．政策工具与乡村振兴——基于建党100年以来扶贫政策变迁的文本分析［J］．贵州财经大学学报，2021(5):12.

［5］ 孙志建．政府治理的工具基础：西方政策工具理论的知识学诠释［J］．公共行政评论，2011，04(3):67-103.

［6］ 王春萍，段永彪，任林静．中央部委乡村振兴政策文本量化研究：基于政策工具视角的一个三维分析框架［J］．农业经济与管理，2021(03):15-27.

［7］ 国家统计局．中国成立70周年经济社会发展成就系列报告［R/OL］.(2019.7.1). http://www.gov.cn/xinwen/2019-07/11/content_5408071.htm?_zbs_baidu_bk.

［8］ 蔡昉，都阳，杨开忠，等．新中国城镇化发展70年［M］．北京：人民出版社，2019.

［9］ 曹璐，谭静，魏来，等．我国村镇未来发展的若干趋势判断［J］．中国工程科学，2019，21(2):6-13.

［10］ 王明田，薛玉峰，钟晨．新时期农村社区建设模式探讨［J］．小城镇建设，2021，39(3):17-22，40.

［11］ 杜立柱，王婷婷．大农业背景下东北村镇居民点布局优化策略［C］// 中国城市规划学会．2019:9.

［12］《村镇规划建设与管理》项目组．村镇规划建设与管理［M］．北京：中国建筑工业出版社，2020.

［13］ 杜心栋．中国农用地整理对耕地产能提升影响研究［D］．南京：南京大学，2016.

［14］ 冯启高，毛罕平．我国农业机械化发展现状及对策［J］．农机化研究，2010，32(2):245-248.

[15] 姜峥. 农村一二三产业融合发展水平评价、经济效应与对策研究 [D]. 哈尔滨：东北农业大学，2018.
[16] 苏杨，程红光，马宙宙. 解决农村现代化进程中的环境污染问题 [J]. 经济研究参考，2006(57):37-44.
[17] 兰春. 农村生态环境污染及环境保护对策分析 [J]. 宁夏农林科技，2012，53(12):163-164.
[18] 宋晓凯. 我国农村环境问题的现状、成因及责任主体 [J]. 青岛农业大学学报(社会科学版)，2010，22(1):28-31，35.
[19] 邹蕴涵. 我国农村基础设施建设现状及存在的主要问题 [J]. 财经界，2018(2):3-5.
[20] 盛广耀. 中国城乡基础设施与公共服务的差异和提升 [J]. 区域经济评论，2020(4):52-59.
[21] 张姗琪，甄峰，秦萧，等. 面向城市社区规划的参与式感知与计算——概念模型与技术框架 [J]. 地理研究，2020，39(7): 1580-1591.
[22] 郑志明，焦胜，熊颖. 区域历史文化资源特征及集群保护研究 [J]. 建筑学报，2020(S1):98-102.
[23] 崔海洋，苟志宏. 传统村落保护与利用研究进展及展望 [J]. 贵州民族研究，2019，40(12):66-73.
[24] 晋国亮. 乡村景观多元价值体系与规划设计控制研究 [D]. 上海：上海交通大学，2011.
[25] 张立，王丽娟，李仁熙. 中国乡村风貌的困境、成因和保护策略探讨——基于若干田野调查的思考 [J]. 国际城市规划，2019，34(05):59-68.
[26] 陈栋，张翔，陈能成. 智慧城市感知基站：未来智慧 城市的综合感知基础设施 [J]. 武汉大学学报(信息科学版)，2021，46(5):1-39.
[27] 张姗琪，甄峰，秦萧，等. 面向城市社区规划的参与式感知与计算——概念模型与技术框架 [J]. 地理研究，2020，39(7): 1580-1591.
[28] 于静，刘丹，王曦晨，等. 探索 5G 技术在住房和城乡建 设领域的应用场景 [J]. 城市发展研究，2021，28(4):16-20.
[29] 沈费伟. 乡村技术赋能：实现乡村有效治理的策略选 择 [J]. 南京农业大学学报(社会科学版)，2020，20(2):1-12.
[30] 樊振宇. BP 神经网络模型与学习算法 [J]. 软件导刊，2011，10(07):66-68.
[31] 宁东坡，徐志明. 基于 BP 神经网络的星外设备温度预测 [J]. 工程热物理学报，

2019，40(07):1601-1606.

[32] 王志玲，董彦，张琳，等．乡镇国土空间总体规划编制重点及对策——以广西融水县香粉乡国土空间总体规划为例［J］．规划师，2020，36(11):9.

[33] 赵博超．国土空间规划体系下村庄规划编制方法研究［M］．南昌：江西师范大学，2020.

[34] 曹春霞，张臻，朱雯雯．基于三条控制线的重庆市国土空间用途管制探索［J］．规划师，2020，36(12):8.

[35] 谢海燕，程磊磊．国土空间开发保护制度建设现状，问题及建议［J］．中国经贸导刊，2020(19):3.

[36] 秦中春．将优化城乡空间结构实行规划融合作为乡村振兴的重要基础［J］．发展研究，2019-09-01

[37] 袁源，赵小风，赵雲泰，等．国土空间规划体系下村庄规划编制的分级谋划与纵向传导研究［J］．城市规划学刊，2020(6):6.

[38] 彭震伟，张立，董舒婷，等．乡镇级国土空间总体规划的必要性，定位与重点内容［J］．城市规划学刊，2020(1):6.

[39] 马凤，申丽琼，马玲利．浅谈农产品收储运环节中的质量安全监管［J］．农业开发与装备，2016(9):1.

[40] 邱丽敏．我国农产品加工业税收政策存在的问题及对策［J］．经济纵横，2010(7):3.

[41] 本刊评论员．转方式调结构，推进农村产业融合发展［J］．江苏农村经济，2015(5):1.

[42] 王悦．农村基础设施分类和规划研究［D］．苏州：苏州科技学院，2010.

[43] 刘凯．实例分析环卫设施现状与建设［J］．工业 C，2015，000(001):205-205.

[44] 申文韬．农村地区通信工程项目规划问题研究［J］．农家参谋，2020(15):23.

[45] 戴学珍，闫晶．基于级配理论的农家书屋建设问题初探［J］．出版发行研究，2012(5):4.

[46] 王春彦．甘肃省农村公共卫生体系建设研究［D］．兰州：兰州大学，2008.

[47] 马珊珊，李晴晴，李伟．现代化畜牧场规划设计要点［J］．现代畜牧科技，2017(11):2.

[48] 谭平君．中央厨房设计概述［J］．建材与装饰，2019(26):2.

[49] 厉套．胶东传统村落环境保护性设计研究［D］．哈尔滨：哈尔滨理工大学，2018.

[50] 张萍，陈华．明长城沿线军事寨堡文化遗产保护刍议——以永泰龟城为例［J］．西部人居环境学刊，2016，31(2):6.

[51] 黄家平．历史文化村镇保护规划技术研究［D］．广州：华南理工大学，2014.

[52] 柴发合，薛志钢，支国瑞，等．农村居民散煤燃烧污染综合治理对策［J］．环境保护，2016,44(06):15-19.

[53] 许永兵，张云，翟佳羽．低碳背景下农村能源消费结构优化的路径与对策——以河北省为例［J］．经济与管理，2015，29(1):4.

[54] 马立明．满足群众需求 守住安全底线——市人大常委会推进燃气管理条例修订工作［J］．北京人大，2020(9):2.

[55] 唐晓波，张林军，王进，等．我国小水电行业的现状分析及信贷建议［J］．农业发展与金融，2009(2):3.

[56] 李咏华，傅晓，马淇蔚．基于绿色基础设施评价的低碳乡村景观优化策略初探［J］．西部人居环境学刊，2015，30(2):4.

[57] 姜霞，王坤，郑朔方，胡小贞，储昭升．山水林田湖草生态保护修复的系统思想——践行“绿水青山就是金山银山”［J］．环境工程技术学报，2019，9(5):475-481

[58] 蒋惠琴．资源节约型社会建设研究［D］．杭州：浙江工业大学，2007.

[59] 王岩，杨柏松．浅谈秸秆综合利用技术［J］．现代化农业，2014(7):3.

[60] 熊竹楠．我国农村大气污染现状及治理措施［J］．乡村科技，2020(8):2.

[61] 张书晴．水污染防治行动计划对温室气体的影响研究［D］．天津：天津大学，2019.

[62] 张宝军，马玉玲，李仪．我国自然灾害分类的标准化［J］．自然灾害学报，2013，22(5):5.

[63] 石君宁．农村防灾减灾能力建设思考——以2019年广西汛期自然灾害为例［J］．中国防汛抗旱，2020，30(5):4.

[64] 王潇烨．完善机制注重实效 扎实开展安徽综合防灾减灾工作［J］．中国减灾，2012，21(237):22-25.

[65] 徐娜，田琳．创新机制 落实责任 努力提升江苏省防灾减灾救灾水平——专访江苏省人民政府副省长，省减灾委员会主任许津荣［J］．中国减灾，2015，13(No.256):11-15.

[66] 詹曜成．计算机技术在智能城市发展中的应用［J］．环球人文地理，2017，000(020):348

[67] 苏红键．我国数字乡村建设基础，问题与推进思路［J］．城市，2019(12):10.

[68] 兰亚宾，罗薇，黄雨．农村集体“三资”管理的探索与实践——以四川宜宾市为例［J］．现代农业，2015(10):4.

[69] 张文静.发展智慧农业背景下新型职业农民培育机制研究[J].现代职业教育，2018(25):3.
[70] 赵龙.为乡村振兴战略做好土地制度政策支撑[J].行政管理改革，2018(4):4.
[71] 高国力，王继源.新中国70年来我国农业用地制度改革：回顾与展望[J].经济问题，2019(11):8.
[72] 徐选余.多领域试点探索向纵深推进改革——泽州县征地制度试点工作情况综述[J].华北国土资源，2017(6):2.
[73] 黄晓芳."三块地"改革试点临近"收官"沉睡的农村土地加快苏醒[J].农村.农业.农民(A版)，2018，495(11):12-14.
[74] 余宇赤.郫县促进集体经营性建设用地增值收益合理分配的案例研究[D].成都：电子科技大学.2017.
[75] 宁汇荣，王伟.基于金寨县农村宅基地制度改革实践的思考[J].安徽工业大学学报：社会科学版，2019，36(3):6.
[76] 国务院.国务院关于促进乡村产业振兴的指导意见[J].国土资源通讯，2019，000(013):6-9.
[77] 黄征学.地区间横向生态补偿制度的内涵特征[J].区域经济评论，2015(06):124-129.
[78] 佟海洋."互联网+"背景下石家庄市新型职业农民教育问题研究[D].保定：河北农业大学，2019.
[79] 景远见.全面实施乡村人才振兴计划做好精准扶贫工作[J].中国经贸，2018(15):2.
[80] 宋江川.乡村振兴战略视域下农村文化建设研究[J].2021(7):167-168.
[81] 邵群.金融服务乡村振兴战略的思路与措施[J].中国农业会计，2019(8):3.